关于朝辉（私募）投资管理机构

朝辉（私募）投资管理机构由国内顶级操盘大师伍朝辉先生于1999年在广州发起创立，是一个纯民间私募投资理财组织。朝辉（私募）投资管理机构主要为内部会员提供个性化投资决策、全权委托理财服务，并由伍朝辉先生直接负责指挥操盘。

机构自创立以来，与国内多家证券公司、投资机构均有不同深度的合作，如广发证券、中投证券、联合证券、湘财证券、大鹏证券、光大证券等；近10年来，组织大量资金跟进每波主流行情，内部会员获利极为丰厚。仅2005年以来，内部钻石会员的平均收益率达到468%！白金会员的平均收益率达到300%以上！普通会员平均收益率达到190%以上（普通会员以随机调查取样统计结果）。以2006年12月11日入会的钻石会员邓先生为例：入市资金为132万元，截止2007年12月，资产总额已经达到1595万元，收益率超过10倍！

朝辉（私募）投资管理机构经过10多年的发展，由最初仅1800万元启动资金5个钻石会员客户，到如今，已经拥有200亿以上资金总量，并在全国20个省80多个城市100余家证券公司拥有会员交易账户，从而成为华南地区特大型民间私募组织之一。

特大型私募机构职业操盘手培训教程

《中国证券职业操盘培训教程》系列丛书

道破K线天机

伍朝辉 著

彩图版

（上册）

必将为你带来终生财富的工具书

广东省出版集团
广东经济出版社
·广州·

图书在版编目（CIP）数据

道破K线天机：彩图版. 上册 / 伍朝辉著. —广州：广东经济出版社，2013.5

（《中国证券职业操盘培训教程》系列丛书）

ISBN 978－7－5454－2121－7

Ⅰ.①道… Ⅱ.①伍… Ⅲ.①股票交易—基本知识 Ⅳ.①F830.91

中国版本图书馆CIP数据核字（2013）第077596号

出版发行	广东经济出版社（广州市环市东路水荫路11号11～12楼）
经销	全国新华书店
印刷	佛山市浩文彩色印刷有限公司（南海狮山科技工业园A区）
开本	787毫米×1092毫米 1/16
印张	16.5 2插页
字数	171 000字
版次	2013年5月第1版
印次	2013年5月第1次
印数	1～10 000册
书号	ISBN 978－7－5454－2121－7
定价	88.00元

如发现印装质量问题，影响阅读，请与承印厂联系调换。

发行部地址：广州市环市东路水荫路11号11楼

电话：（020）38306055 38306107 邮政编码：510075

邮购地址：广州市环市东路水荫路11号11楼

电话：（020）37601950 营销网址：http://www.gebook.com

广东经济出版社新浪官方微博：http://e.weibo.com/gebook

广东经济出版社常年法律顾问：何剑桥律师

《中国证券职业操盘培训教程》策划手记

《中国证券职业操盘培训教程》系列丛书是我国第一套以证券职业操盘技术为基础、以提高普通投资者投资技能为手段、以规避投资风险为要领、以创造神奇绩效为目的的系统性专业化培训教材。它将开创我国首次将证券职业操盘技术作为一门学科进行理论化研究应用的先例。《中国证券职业操盘培训教程》全套教材设想共分为10大系列80分册，合计超过1680余万字数，超过18880幅股票实战图谱，全部按照职业化、系统化、细节化、工具化和模块化的思路来架构，并本着简洁明了、通俗易懂的行文方式来写作。力求做到简明实用、针对性强，以便对投资者有切实的帮助，进而达到职业操盘手的专业水准。

一、《中国证券职业操盘培训教程》系列丛书的显著特色

本套教材具有系统化、模块化、工具化、细节化和职业化等特色。所谓系统化，是指教材根据股市投资操盘技术的各个方面进行系统化分类展开创作和出版。所谓模块化，是指教材的行文格式全面采用图文结构的模块思路。所谓工具化，是指教材的用途力求做到成为中小投资者的操盘技术指导工具。所谓细节化，是指教材根据系统化分类原则，对各个操盘技术分别进行细节性描述，力求精练易懂易学实用。所谓职业化，是指教材突出职业化培训特色，打造职业化投资者队伍，培养投资者的职业素质。

二、《中国证券职业操盘培训教程》系列丛书的发展目标

我们策划出版这套丛书，希望能够成为我国第一套基于中小投资者职业技能与素质教育的培训教材。希望能够获得政府机关、监管部门、行业机构和广大中小投资者一致认可。希望能够成为机构投资者首选职业技能培训教材。而且希望能够争取发行量达到 100 万套以上。这是我们的追求，这是我们的宏愿，希望能够得到广大朋友们的鼎力支持。

三、《中国证券职业操盘培训教程》系列丛书的出版计划

《中国证券职业操盘培训教程》系列丛书全套教材共 80 册，每册约 20 万字和 240 幅实战图谱，总字数为 1600 万，共 19320 幅图谱左右。本教材计划分为 10 辑，第 1 辑为入门知识篇，共 12 册，计划于 2012 年 12 月创作完毕并交稿，并于 2013 年 12 月出版完毕。以后每年出版一批，力争在 10 年内完成所有工作。

四、《中国证券职业操盘培训教程》系列丛书的写作规划

《中国证券职业操盘培训教程》系列丛书规模宏大，册数众多，按照规划，将首先出版最基础的入门教程，分别涵盖盘口技术、短线技术、涨停技术、趋势技术、K 线技术和选股技术几个方面，这部分内容是最重要的基础知识，将在《道破股市天机》系列丛书的基础上修订，并于 2013 年完成所有工作。这是第一辑。接下来，还将出版的教材详细计划参见下边的表格所示，这里列举一个例子，供大家参考。例如盘口波形就包括以下内容：

序号	核心教程	内容方案
第 1 册	试盘波	技术理论、图谱讲解、实战案例
第 2 册	冲击波	技术理论、图谱讲解、实战案例
第 3 册	攻击波	技术理论、图谱讲解、实战案例
第 4 册	回头波	技术理论、图谱讲解、实战案例
第 5 册	脉冲波	技术理论、图谱讲解、实战案例
第 6 册	蚯蚓波	技术理论、图谱讲解、实战案例
第 7 册	震仓波	技术理论、图谱讲解、实战案例
第 8 册	假升波	技术理论、图谱讲解、实战案例
第 9 册	瀑布波	技术理论、图谱讲解、实战案例
第 10 册	跌停波	技术理论、图谱讲解、实战案例

等等，因为内容众多，限于篇幅，不作一一列举，敬请谅解。

《中国证券职业操盘培训教程》系列丛书全套教材通过模块化、工具化、细节化、职业化和系统化的教学程序，让所有的读者得到更全面的指导和更加系统化的职业教育。

《中国证券职业操盘培训教程》系列丛书作为操盘学研究会在新的市场背景下对中国股市作出的重要贡献，同时，也是为我们的机构即将到来的阳光化建立良好的品牌形象。

《中国证券职业操盘培训教程》系列丛书将由操盘学研究会管理人伍朝辉先生授权广东经济出版社独家出版发行，是广东经济出版社在中国证券市场新的发展时期的经典之作。《中国证券职业操盘培训教程》系列丛书既是对中国证券界的杰出奉献，更是里程碑之作。它将标志着我国股民在接受职业化、专业化、系统化投资教育方面步入了一个崭新的时期。因为这套教材的出版问世，将极大地提高普通投资者在中国股市的实战投资技能和抗风险能力，这对我国股市任重道远的风险投资教育而言，起到了一个巨大的推动作用。

《道破 K 线天机》彩图版上册前言

我们知道，K 线源自日本的蜡烛图理论，后流经台湾、新加坡等地发展盛行。在东亚和东南亚一带的证券期货市场，是最传统最经典的实战投资技术分析工具。欧美等地的证券期货市场均无 K 线技术系统及其相关理论之说，因此，应用极少。他们大都采用即时图的曲线走势图谱技术分析系统来进行交易和判断市场发展趋势。然而，价格曲线和价格 K 线之间，两者有本质的区别。价格曲线比较简单、单调。相对表达方式而言，具有非常直观和直白的特点。套用一句广告词来讲，就是“地球人都知道”。价格 K 线就不一样了。一根 K 线里面可能包含多种意思，K 线的背后有许多普通投资者无法用眼睛能看得到的东西。因而，我们可以这样说，K 线理论代表了东方的哲学智慧和投资艺术。在一根简单的 K 线里，所产生的故事和玄机实在是太多了。所以，在普通人的眼里所看到的 K 线，绝对不是 K 线表象所表达的意义那么简单。

所谓“兵无常势、水无常形”。无论 K 线所表达的意义多么复杂，但万变不离其宗。该涨的始终会涨，而该跌的也一定会跌。笔者在《道破趋势天机》一书中始终强调趋势法则，就是这个用意所在。笔者在多年一线的实战操盘过程中，对经典 K 线理论的研究应用已经创造了一套成熟的技术法则，并获得了巨大的成就。因而，在本书中，笔者试图通过文字和相关图谱，引导读者朋友进入一个崭新的 K 线世界，一起体验 K 线智慧和投资艺术的高雅享受。这是我写作这本书的出发点。

作为一个成功的投资者，我们既要熟悉和了解历史，同时又不能停留在历史的教条主义束缚之中，依葫芦画瓢。我们应该客观地看待经典，并要有超越经典的大智慧和大勇气！传统的K线理论书籍已经如汗牛充栋，实在太多。但就是这些千古不变的刻板教条理论，误导了千千万万的投资者，以致造成了巨大的损失。因此，我将在本书的下册根据《股谱》一书叙述的121招式对传统的K线定式进行梳理，并设计出相对应的实训模型，供操盘手实训使用。本书是在《道破K线天机》实战版的基础上进行修订，扩展，修正了原书的一些错漏，同时增补了不少新的内容。本书的出版，将从此改变传统的K线研究模式，引导投资者进入全新的K线世界。朋友们，就让我们来一个崭新的开始吧！

在学习和使用本书的过程中，如果遇到什么问题，可以联系操盘学院，寻求援助。

读者交流园地QQ群号码是114991640，业务邮箱是caopanxue@qq.com。

目 录

第一章

芙蓉出水

芙蓉出水 K 线结构是股价从底部向上突破发出攻击指令的典型信号。也是主力实施第二阶段拉高操盘，加大建仓力度的重要标志。由于股价刚刚从底部突破均线封锁，因此，这是主力结束第一阶段建仓进入第二阶段拉高建仓的重要特征。第二阶段建仓一旦完成，主力将发动第三阶段主升浪行情。

第一节　芙蓉出水 K 线解码

一、芙蓉出水的定义

当股价经过大幅下跌之后，在一个较大周期阶段性底部于较窄的价格空间范围内进行横盘整理，成交量大幅萎缩至地量特征。而此时，攻击 5 线、操盘 10 线、生命 20 线和决策 60 线均开始收窄乖离空间，出现在同一价格区间呈水平式排列。攻击 5 线和操盘 10 线发生粘连或金叉现象。当天股价放量上涨，量比 3 倍以上，换手率 5% 以上，涨幅达到 5% 以上，并以中大阳 K 线突破均线封锁。这种底部均线突破型上涨的经典中大阳 K 线结构形态，就是芙蓉出水 K 线。芙蓉出水在周 K 线中出现，是最重要的转折性大波段上涨信号，其实战价值将更高。芙蓉出水 K 线结构是股价从底部向上突破发出攻击指令的典型信号。也是主力实施第二阶段拉高操盘，加大建仓力度的重要标志。由于股价刚刚从底部突破均线封锁，因此，这是主力结束第一阶段建仓进入第二阶段拉高建仓的重要特征。第二阶段建仓一旦完成，主力将发动第三阶段主升浪行情。当芙蓉出水 K 线结构发生并形成之时，说明短线和中线建仓狙击机会已经来临，临盘必须果断实施狙击，绝对不能犹豫观望错失战机。而当生命 20 线和决策 60 线形成金叉后，芙蓉出水的技术效果会更好！

二、芙蓉出水 K 线结构特征

芙蓉出水具有比较醒目、易辨认的特点，其 K 线结构特征基本如下：

（1）股价处于大周期阶段性底部，上涨前的成交量萎缩至地量状态。

（2）均线系统全部呈水平式排列，攻击 5 线和操盘 10 线发生粘连或金叉。

（3）股价上涨当天以中大阳 K 线突破均线封锁。

（4）当天量比 3 倍以上，换手率 5% 以上，涨幅达到 5% 以上。

（5）当天即时图中出现冲击波式攻击波结构，这是主力拉高建仓特征。

三、芙蓉出水与主力操盘计划

股价上涨前的地量状态说明中线或中长线主力已经在盘中实施第一阶段建仓计划。主力启动芙蓉出水 K 线结构是结束第一阶段建仓计划进入第二阶段拉高建仓的重要特征。第二阶段建仓一旦完成，主力将发动第三阶段主升浪行情。

四、真假芙蓉出水的识别法则

（1）均线系统的乖离过大，没有形成水平排列。

（2）股价上涨前没有出现地量结构特征。

（3）股价没有处在大周期的阶段性底部中。

（4）即时图中收盘前 5 分钟拉升突破均线封锁也是假芙蓉出水。

（5）当天攻击时量比、换手和涨幅没有达到既定要求。

（6）即时图中没有冲击波结构。

五、芙蓉出水的最佳狙击时机

股价当天放量突破四条均线封锁时，说明短中线机会均已来临，临盘应立即买入。当经过短暂攻击后，股价回调均线系统时，是中线或中长线最佳加仓建仓机会，应果断买入。如果周月线 KDJ 均处在历史性低位，则说明大行情机会来临，临盘应中长线果断建仓。

第二节　芙蓉出水实战图谱

【道破 K 线天机】实战图谱 001

技术研判与操盘决策：

2007 年 12 月 10 日，该股主力首次实施芙蓉出水技术。当天换手率达到 4% 以上，涨幅 4.92%，而振幅达到 7% 以上。股价带量突破所有均线系统，并收盘于决策 60 线之上，趋势逆转形态明显。此后股价一直带量震荡盘升，出现中线主力建仓性滚动操盘特征。2008 年 3 月 20 日，主力再次实施芙蓉出水技术。当天换手率达到 7% 以上，涨幅 9.86%，而振幅达到 18% 以上。股价相对大盘而言，强势特征十分明显。由于短期均线系统排列顺序凌乱，暂不具备持续上涨动能。因此，该股主力还将继续围绕均线系统展开震荡整理。临盘必须实施严密跟踪，静待中线建仓机会来临。

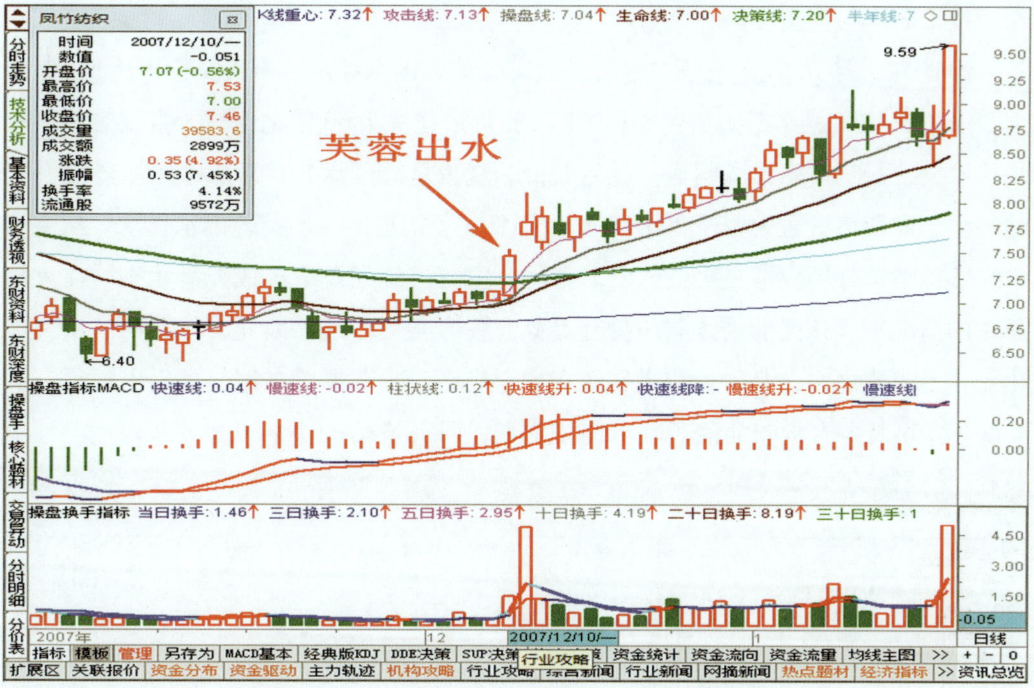

图例 001 凤竹纺织（600493）日 K 线走势图谱

【道破 K 线天机】实战图谱 002

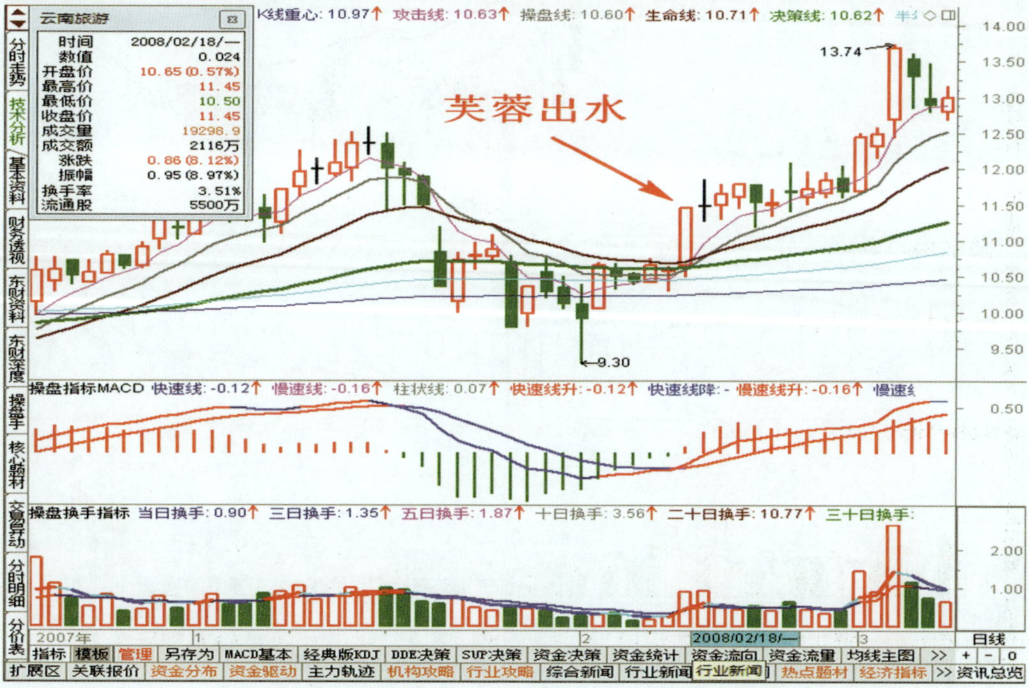

图例 002 云南旅游（002059）日 K 线走势图谱

技术研判与操盘决策：

2008年2月18日，该股主力第二次实施芙蓉出水技术。当天换手率达到3%以上，涨幅8.12%，而振幅达到8%以上。股价依托决策60线之支撑，带量突破所有均线系统，趋势逆转形态明显。此后股价一直带量震荡盘升，形成中级波段拉升行情特征。此前该股主力曾于2007年12月18日实施过第一次芙蓉出水技术。从上图K线形态结构分析，第二次芙蓉出水之后，主力已经在盘中形成控盘状态。在大盘暴跌的情况下，该股能延续震荡盘升趋势，主力实力非凡。因此，该股第二次芙蓉出水技术出现之时，是中短线最佳建仓加仓机会。近期该股在创新高后出现黑三兵K线技术结构，并放量滞涨，临盘要注意主力回头整理。

【道破K线天机】实战图谱003

图例003　东方锆业（002167）日K线走势图谱

技术研判与操盘决策：

2008 年 3 月 13 日，该股主力首次实施芙蓉出水技术向上突破。当天换手率达到 17% 以上，涨幅 3.3%，而振幅达到 14% 以上。股价带量突破所有均线系统，并收盘于决策 60 线之上，底部突破趋势明显。从随后股价反复震荡走势来看，盘中有短线主力实施突击性建仓操盘特征。此前该股主力曾于 2007 年 12 月 18 日实施过第一次芙蓉出水技术。3 月 25 日，该股再次跌穿操盘线，说明短期还不具备大幅上攻条件。大盘暴跌之中，该股主力突击性建仓，说明行情将发生变化。因此，该股回调缩量止跌之时，是中线最佳建仓加仓机会。从该股回调趋势看，估计低点至少在决策 60 线之下，即 34 元附近。

第三节 芙蓉出水实战案例

【道破 K 线天机】实战图谱 004

图例 004 江苏国泰（002091）日 K 线走势图谱

技术研判与操盘决策：

2007年12月10日，该股主力首次实施芙蓉出水技术向上突破。当天换手率达到8%以上，涨幅6.87%，而振幅达到15%以上。股价带量突破所有均线系统，并收盘于决策60线之上，底部突破趋势明显。此前该股主力曾于2007年12月4日实施过一次向上试盘技术。当天首次带量突破决策60线。长上影线K线结构属于仙人指路特征。今日芙蓉出水突破前，该股在筑底过程中，量能萎缩到极致。K线结构不断出现带下影线状态，说明有中线主力在盘中悄悄建仓。因此，今日的突破是趋势逆转信号，临盘应果断建仓跟进。

【道破K线天机】实战图谱005

图例005 江苏国泰（002091）全天即时走势图谱

技术研判与操盘决策：

通过该股的全天即时走势图形分析。发现该股早盘集合竞价时居然用 86 万股大幅低开。这种巨量低开可能是主力送出的公关单，当天该笔大单获利达到 15% 以上。从早盘的大单情况分析，主力在 13 元以下位置共吃进 120 余万股。其后，该股全天以两个大波段次向上攻击。攻击波形出现呆滞型脉冲波形态。这种状态，说明主力基础仓位已经达到控盘状态。底部突破时，主力就已经实现控盘，说明该股主力有中长线运作该股的操盘意图。因此，该股后市走势应值得中长线跟踪。临盘应在该股突破昨收盘价时果断出击。

【道破 K 线天机】实战图谱 006

图例 006　江苏国泰（002091）日 K 线走势图谱

技术研判与操盘决策：

今日继续低开高走，展开攻击。但昨日该股尾盘出现的打压制约了今天的上涨动能。股价居然全天震荡攻击竟然在昨天上影线范围之内。这说明主力有意控制操盘节奏。成交量进一步放大，说明昨天的突破有效。趋势上涨已经成为定局。今天放量滞涨，同时也说明主力并无意迅速展开大幅攻击。突破重要阻力区域后，应该实施技术性回抽。

【道破K线天机】实战图谱007

图例007 江苏国泰（002091）即时走势K线走势图谱

技术研判与操盘决策：

早盘该股低开高走，呈现四个攻击波段。股价在14.49元出现明显的天花板价格阻力。

这种现象是主力有意控制操盘节奏的结果。盘中的波形结构还带有尖角状的冲击波特征，说明主力还在继续实施建仓性滚动操盘动作。第四时间段后，主力展开打压动作。股价将进行技术性回抽。临盘应大力跟进建仓。

【道破 K 线天机】实战图谱 008

图例 008　江苏国泰（002091）日 K 线走势图谱

技术研判与操盘决策：

今天果然低开缩量整理。十字星结构说明股价属于强势整理特征。成交量萎缩过快，制约股价进一步上攻动能。短线还将继续整理，主力以此消磨跟风盘的信心。均线系统呈现攻击势，因此，每次回调均是极佳的建仓或者加仓机会。

【道破K线天机】实战图谱009

图例009 江苏国泰（002091）即时走势图谱

技术研判与操盘决策：

从该股全天即时图分析发现主力动向。该股早盘低开盘跌诱空。第四时间段放量攻击，波形中出现明显的冲击波结构。从该股于12月10日突破当天的攻击波比较发现，主力惯于展开长波拉升方式。长波拉升方式需要主力具备较强实力，不断在买一位置用大买单持续买进。这种方式容易消耗主力储备资金，但也容易激发市场的注意力。因此，在底部突破阶段，如果长波攻击后的回调是最佳建仓机会。

【道破 K 线天机】实战图谱 010

图例 010 江苏国泰（002091）日 K 线走势图谱

技术研判与操盘决策：

今日该股高开高走展开攻击。但盘中遭遇打压以致出现长上影线的小阴 K 线结构。这种情况一方面说明上攻受阻。另一方面说明主力已经发出攻击方向的明确信号，因此，今天的 K 线结构属于典型的仙人指路特征。股价回调在操盘线之上应该大力建仓狙击。临盘千万不要被主力的操盘假象所迷惑。

【道破K线天机】实战图谱011

图例011 江苏国泰（002091）全天即时走势图谱

技术研判与操盘决策：

从全天即时走势图形分析中发现主力动向。该股第三时间段至第四时间段明显在14.8元遭遇价格阻力。主力故意在此价格区间形成天花板结构。这种状态是主力控制操盘节奏最典型的操盘手法。全天走势波形中出现脉冲式波形，说明主力已经完成控盘状态。打压回调时就是最好的低吸建仓机会。

【道破 K 线天机】实战图谱 012

图例 012　江苏国泰（002091）日 K 线走势图谱

技术研判与操盘决策：

今日该股继续展开整理。带下影线的小阳 K 线结构表明，操盘 10 线具备较强的支撑力。成交量大幅萎缩，说明主力向下打压的力度有限。由于股价已经连续调整了四天。因此，次日的股价走势将决定趋势强弱的关键。临盘继续加仓。

【道破K线天机】实战图谱013

图例013 江苏国泰（002091）全天即时走势图谱

技术研判与操盘决策：

从即时图形中分析发现主力动向。主力在早盘快速打低股价后，第三时间段回调不再创新低。波形走势出现脉冲波和冲击波多重结构。这种状态说明主力正处于滚动操盘阶段，盘中间歇性用大单冲击，维持盘面交易活跃度。既然主力用心操盘。因此，临盘应继续加仓。

【道破K线天机】实战图谱014

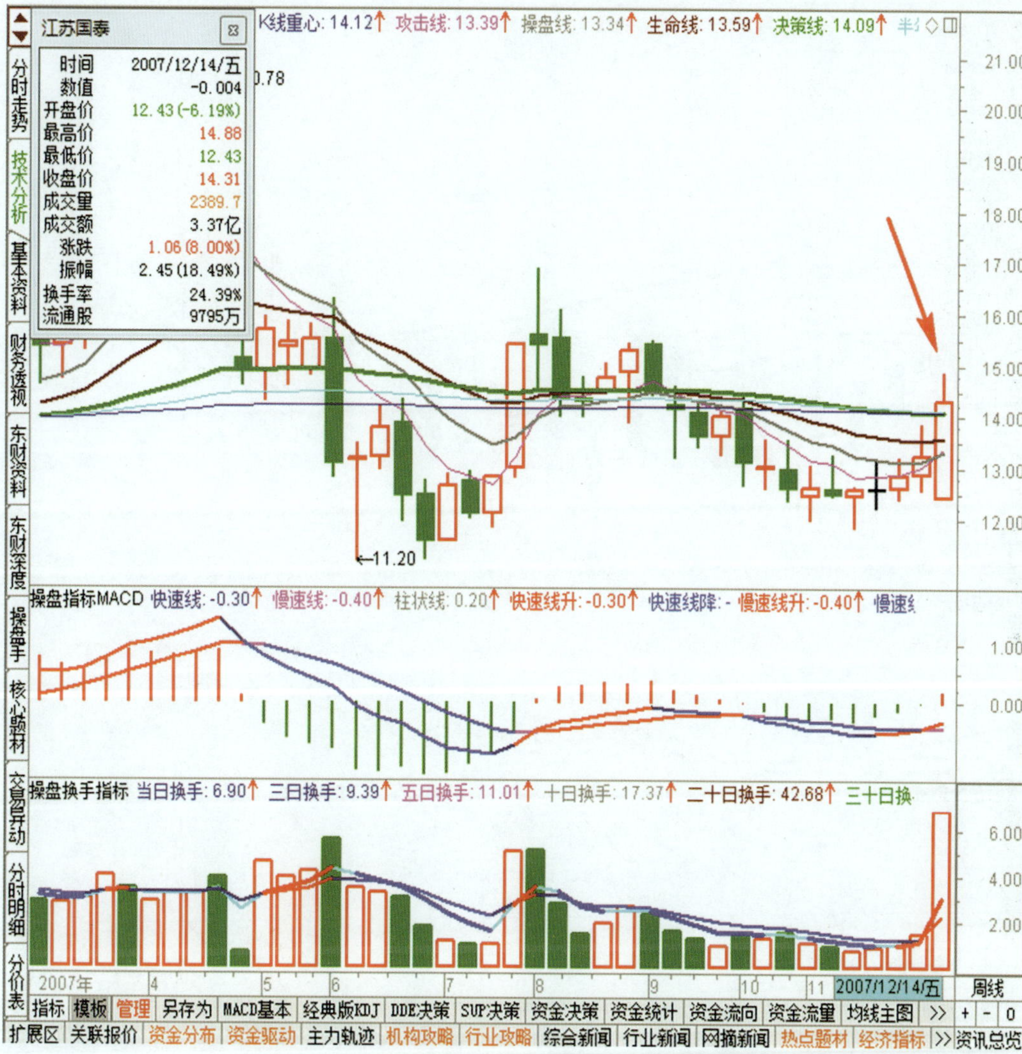

图例014 江苏国泰（002091）周K线走势图谱

技术研判与操盘决策：

通过对该股周K线分析判断发现主力行踪。股价已经在本周放量突破所有均线系统，出现芙蓉出水技术形态。周线芙蓉出水是股价发生重大转折的重要信号。股价在本周突破时换手率达到24%以上，整体涨幅达到8%以上，振幅达到18%以上。一轮中级大波段式上涨已经成为定局。临盘应果断实施中线建仓，迎接主力的主升浪。

【道破 K 线天机】实战图谱 015

图例 015　江苏国泰（002091）日 K 线走势图谱

技术研判与操盘决策：

今日再度攻击时受阻。长上影线结构表明股价攻击方向和主力打压意图。成交量没有放大，说明进一步攻击力度欠缺。从 K 线形态看，主力的调整计划还没有完成。如果股价再次下调至操盘线，则应在盘中果断加仓。从整体成交量能分析，主力在本次突破后的整理过程中，操盘力度已经提高。临盘密切关注主力操盘动向。

【道破K线天机】实战图谱016

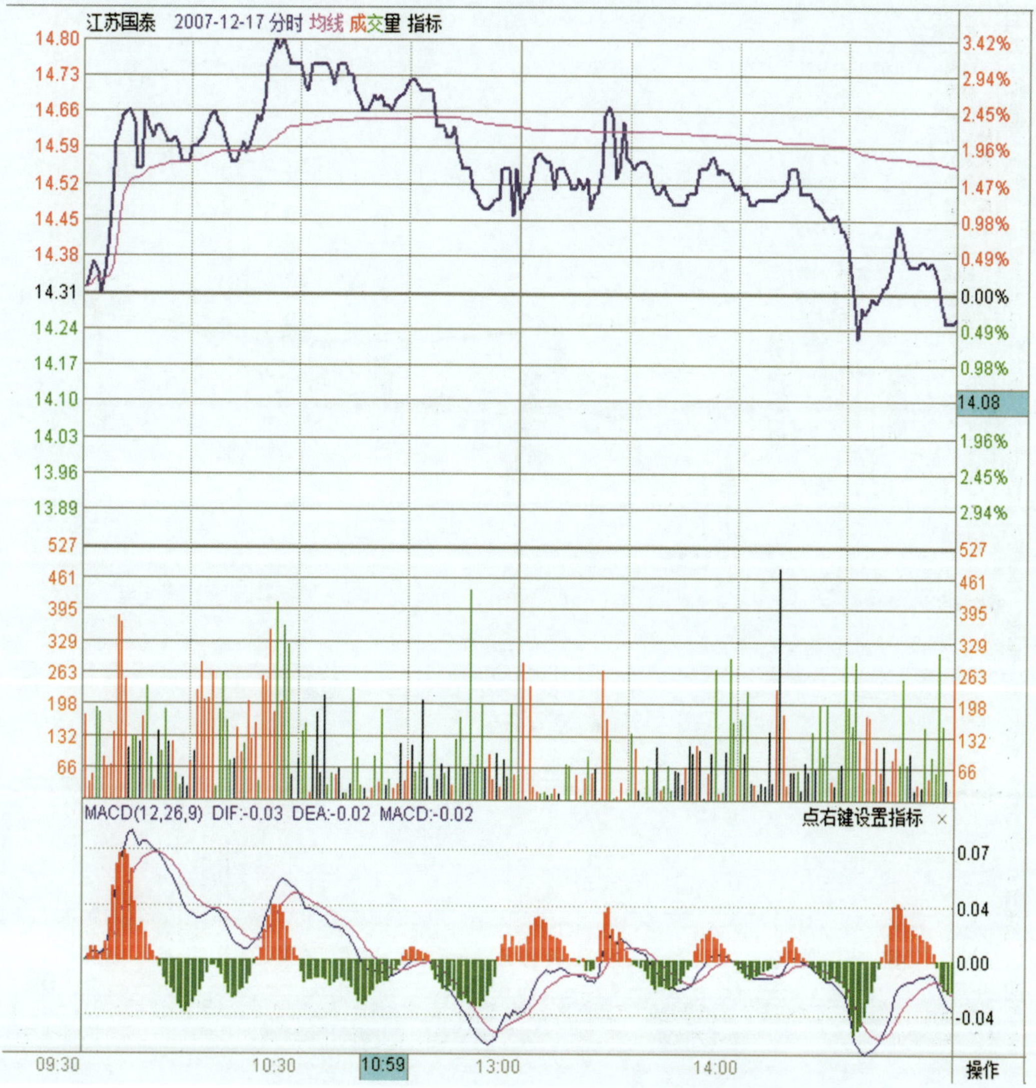

图例016 江苏国泰（002091）全天即时走势图谱

技术研判与操盘决策：

从当天即时图形中的走势发现主力意图。主力在第二时间段实施回头波打压。回头波是主力洗盘的重要标志。全天波形走势仍然呈现脉冲波结构。因此，向下打压不过是主力以退为进的操盘策略。临盘仍然建仓加仓。跟紧主力的每一步操盘节奏。

【道破 K 线天机】实战图谱 017

图例 017　江苏国泰（002091）日 K 线走势图谱

技术研判与操盘决策：

今日该股低开低走展开下跌，并以中阴 K 线收盘。收盘时居然击穿操盘线。看起来似乎很恐慌。操盘线被击破是短线行情终结的标志。难道主力不想做盘？成交量大幅萎缩，说明下跌动能明显不足。主力从底部刚刚突破，肯定不会在此终结行情，定是洗盘无疑。临盘继续加大建仓力度，不要被盘中的下跌所吓倒。如果主力强势，应在次日收复操盘线。

【道破K线天机】实战图谱018

图例018 江苏国泰（002091）全天即时走势图谱

技术研判与操盘决策：

从即时走势波形分析发现主力操作意图。该股以脉冲波反复震荡盘跌打压股价。尾盘跳水走势十分勉强。成交量在尾盘放大，一方面说明恐慌盘斩仓出局。另一方面说明主力低位承接。既然主力还在做盘，临盘就应果断建仓。狭路相逢勇者胜！千万不要被主力暴跌的假象所迷惑。

【道破K线天机】实战图谱019

图例019　江苏国泰（002091）日K线走势图谱

技术研判与操盘决策：

今日该股高开高走，一举收复操盘线和攻击线。盘中以中阳K线收盘，收盘价居然在前开盘价之上。K线结构显示强势特征明显。今日上涨再次说明昨日下跌是最后的诱空性洗盘动作。成交量温和放大，表明主力迅速大幅攻击的条件尚不成熟。攻击线已经再次开始向上攻击了。临盘继续按计划建仓。

【道破 K 线天机】实战图谱 020

图例 020 江苏国泰（002091）全天即时走势图谱

技术研判与操盘决策：

从即时走势图形中发现主力动向。股价早盘高开，第二时间段回调未破昨天收盘价，强势形态确立。第六时间段放量攻击创新高，与昨日尾盘下跌形成鲜明对比。这种操盘手法是定向思维的惯性操盘特征。一正一反，一下一上，说明主力控盘节奏保持较好。盘中脉冲波形结构进一步表明了主力高度的控盘状态。如此高的控盘量，主力的目标应该更高远才对。

中级波段 50% 的升幅应该没有问题。

【道破K线天机】实战图谱021

图例021　江苏国泰（002091）日K线走势图谱

技术研判与操盘决策：

今日股价高开后展开高位震荡整理。股价以小阳K线报收。收盘价创出底部突破以来的新高。但股价距离前几天的长上影线价格一步之遥。今天主力不攻取长上影线价格，说明还在控制操盘节奏。成交量相对昨天和前天已经放大近一倍，主力操盘力度已经加大了。今天是步入调整的第八天，看来主力洗盘计划已经结束。临盘继续加大建仓力度。经过九天建仓，第一阶段的基础仓位已经基本完成原定计划。

【道破 K 线天机】实战图谱 022

图例 022　江苏国泰（002091）全天即时走势图谱

技术研判与操盘决策：

即时图形结构显示股价继续保持脉冲状波形走势。盘中主力仍然采用长波攻击定式。尾盘继续放量现象表明，主力在后续操盘计划中有实施尾盘攻击的倾向。盘中的低点是最佳的加仓机会。从目前的操盘节奏看，主力应继续以反复震荡盘升格调为主。尖角形的冲击波也表明主力主动性投入资金操盘的特征。

【道破K线天机】实战图谱023

图例023 江苏国泰（002091）日K线走势图谱

技术研判与操盘决策：

今日股价继续高开攻击。收盘于前两次的长上影线之上，说明主力已经突破阶段阻力区。

略带上影线的小阳K线一方面说明主力刻意控制操盘节奏。另一方面说明加速上涨的时间正在逐步缩短之中。股价至今已经形成明显的中级上升通道。成交量进一步放大，表明今天的上涨是主力进入第二阶段正式拉升期的重要特征。根据前几天对周K线的分析，行情正在按计划进入高潮阶段。临盘进入第二阶段加仓期。

【道破K线天机】实战图谱024

图例024 江苏国泰（002091）全天即时走势图谱

技术研判与操盘决策：

从全天即时走势分析中，可以看到，盘中不断尖角状冲击波结构。在攻击时出现尖角状冲击波，说明主力主动性投入资金滚动性操盘。尾盘打压时无量，是主力典型的诱空手法。从整个波形结构形态看，波形走势缺乏流畅性。这种状况说明主力还无意展开大幅度的攻击。

震荡盘升，不温不火的操盘风格是成熟主力的表现。临盘继续实施第二阶段加仓计划。

【道破K线天机】实战图谱025

图例025 江苏国泰（002091）日K线走势图谱

技术研判与操盘决策：

今日继续高开，以小阳K线报收。连续留下长上影线，是主力故意形成固定的操盘定式。这种操盘方式必然会引发新一轮洗盘行情。注意到成交量比昨日略少的细节。临盘继续加仓。如果主力展开洗盘，则就是最佳的拣便宜货机会。请注意：成交量没有根本性放大，股价就不会加速。

【道破K线天机】实战图谱026

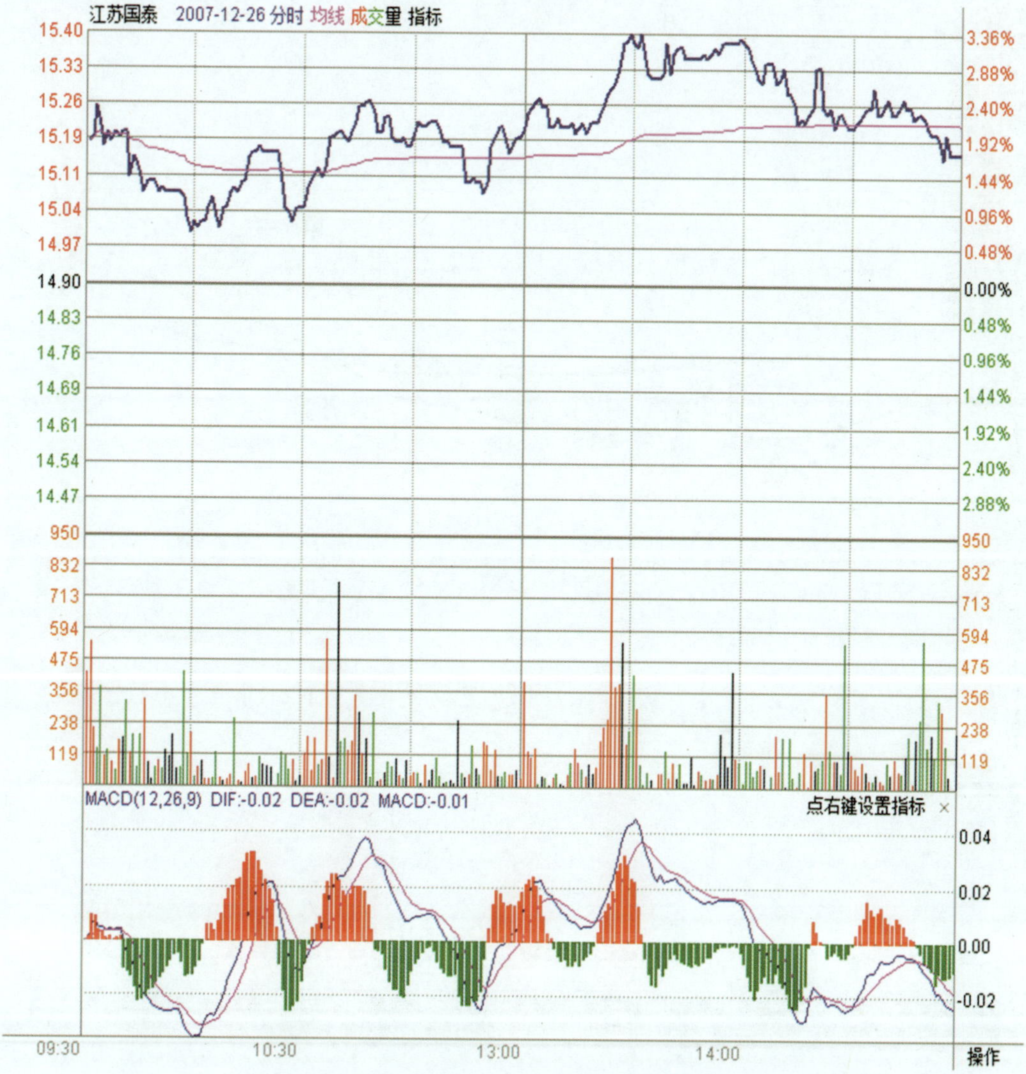

图例026 江苏国泰（002091）全天即时走势图谱

技术研判与操盘决策：

从即时走势图形中发现主力操盘意图。脉冲波经常在盘中出现，并已经形成一种操盘定式。主力在尾盘打压时成交量没有萎缩。放量打压说明主力有即将展开洗盘的操盘意图。但无论如何，这种洗盘只是正常调节指标的一种操盘行为。临盘继续实施加仓计划。如果次日洗盘，则要在盘中将第二阶段的加仓计划完成。主力一旦洗盘结束，就要加速拉升了。

【道破K线天机】实战图谱 027

图例 027　江苏国泰（002091）日 K 线走势图谱

技术研判与操盘决策：

今日主力高开低走，果然展开洗盘。盘中向上攻击是虚晃一枪。带长上影线的中阴 K 线结构说明主力洗盘决心较大。成交量配合放大，印证主力的操盘力度。但股价突破前阶段洗盘的高点不远，主力成本就在附近。这种没有经过大幅拉升的洗盘，其力度和深度均不会太大。因此，临盘应借助主力洗盘动作，迅速完成第二阶段的加仓计划。如果主力强势，次日应在攻击线上止跌回升。

【道破 K 线天机】实战图谱 028

图例 028 江苏国泰（002091）全天即时走势图谱

技术研判与操盘决策：

从该股早盘的集合竞价情况发现主力意图。并未出现大单打压状态。这种情况说明主力洗盘是纸老虎。盘中下跌是主力通过对敲单做低股价的结果。盘跌波形中继续出现脉冲波结构。既然主力洗盘力度有限，因此，这种下跌是第二阶段加仓的最佳机会。

【道破K线天机】实战图谱029

图例029　江苏国泰（002091）日K线走势图谱

技术研判与操盘决策：

今日该股高开高走，再次展开攻击。收盘时创出新高，并以中阳K线报收，股价初具加速攻击特征。成交量仅仅温和放大，力度有限。股价昨日在攻击线上受到支撑。强势洗盘一般均会在三天内结束，而且不会轻易击穿攻击线。从上图中均量结构显示，主力一直保持较为平稳的操盘节奏。不温不火，是中长线成熟主力的操盘风格。如果股价一旦放巨量加速上涨，反而是股价进入阶段性头部重要信号。从该股操盘手法看，演变为中长线大黑马已经成为定局。

【道破K线天机】实战图谱030

图例030 江苏国泰（002091）全天即时走势图谱

技术研判与操盘决策：

从上图中即时走势发现操盘意图。主力已经一改前期反复震荡整理的操盘风格。第二时间段至第三时间段的攻击开始显现流畅。攻击流畅说明股价将出现加速上涨迹象。同时说明主力操盘计划正在进入紧锣密鼓的加速拉升阶段。这也是整个操盘计划中最高潮的阶段即将来临。临盘持仓不动，享受主力拉升所带来持续盈利的巨大乐趣。

第二章

旭日东升

旭日东升是主力结束阶段性调整，进入第二个拉升波段时发出的总攻击信号，也是主力将股价运行进入主升段的重要标志。同时也表明，主力在前期通过多种手段的建仓性操盘计划已经胜利完成。当天股价攻击时，必然在盘中以较好的攻击波形态特征出现。如果盘中还伴有冲击波型特征，说明主力还有进一步的建仓性动作，目前阶段是滚动操盘状态。如果当天股价攻击时，盘中出现脉冲型攻击波，说明主力已经完成高度控盘状态，主升波正式开始。

第一节 旭日东升 K 线解码

一、旭日东升的定义

股价经过阶段性调整之后，成交量大幅萎缩，但生命 20 线和决策 60 线仍然向上延伸支撑股价中期上涨。此时，攻击 5 线和操盘 10 线发生金叉状态。当天股价放量攻击，量比达到 3 倍以上，换手率达到 5% 以上，涨幅达到 7% 以上，股价以中大阳 K 线结构形态报收。当这种处在生命 20 线和决策 60 线之上形成的中大阳 K 线结构，就是最经典的旭日东升 K 线特征。旭日东升是主力结束阶段性调整，进入第二个拉升波段时发出的总攻击信号，也是主力将股价运行进入主升段的重要标志。同时也表明，主力在前期通过多种手段的建仓性操盘计划已经胜利完成。当天股价攻击时，必然在盘中以较好的攻击波形态特征出现。如果盘中还伴有冲击波型特征，说明主力还有进一步的建仓性动作，目前阶段是滚动操盘状态。如果当天股价攻击时，盘中出现脉冲型攻击波，说明主力已经完成高度控盘状态，主升波正式开始。这时候，职业操盘手就需要做好积极跟进的准备工作。

二、旭日东升 K 线结构特征

旭日东升是主力展开强烈攻击的总攻信号，其 K 线结构形态特征基本如下：

（1）股价从阶段性调整的底部平台发动攻击。

（2）生命 20 线和决策 60 线处于向上延伸状态，支撑股价继续上涨。

（3）攻击 5 线和操盘 10 线金叉向上攻击。

（4）当天量比 3 倍以上，换手率 5% 以上，涨幅 7% 以上，并以中大阳 K 线报收。

（5）盘中攻击时，以攻击波形态特征出现。

三、旭日东升与主力操盘计划

旭日东升是主力进入第二个拉升波段时发出的总攻击信号，表明股价将进入主升段。如果盘中还伴有冲击波型特征，说明主力还有进一步的建仓性动作，目前阶段是滚动操盘状态。如果当天盘中出现脉冲型攻击波，说明主力已经完成高度控盘状态，主升波正式开始。

四、真假旭日东升的识别法则

（1）股价处在中长期下降趋势之中的阶段性反弹行情不具备旭日东升特征。

（2）股价当天攻击时量比、换手和涨幅均未达到要求。

（3）生命 20 线和决策 60 线死叉向下。

（4）当天股价在最后 10 分钟放量攻击以中大阳 K 线收盘不符合旭日东升特征。

（5）盘中拉升时没有出现攻击波，以呆滞型脉冲波形成的中大阳 K 线不符合旭日东升特征。这一点请各位参加实训的操盘手务必注意辨别，小心陷阱。

五、旭日东升的最佳狙击时机

对于短线投资者来说，当股价结束调整，以中大阳 K 线展开攻击时，是短线最佳狙击信号，临盘应果断出击。对于中线投资者来说，当股价结束调整，出现旭日东升信号，是主升波行情展开，临盘应积极加仓狙击。对于中长线投资来说，当股价结束调整，出现旭日东升信号，说明主力启动大波段行情，临盘应积极加仓。

第二节　旭日东升实战图谱

【道破 K 线天机】实战图谱 031

技术研判与操盘决策：

2007 年 12 月 14 日，该股主力首次实施旭日东升技术向上加速攻击。当天换手率达到 9% 以上，涨幅 10%，而振幅达到 11% 以上。股价带量攻击，形态十分完美。2007 年 12 月 24 日，该股在经过洗盘后再次实施旭日东升技术加速上涨。当天涨幅为 9.50%，振幅达到 10% 以上，换手率达到 12% 以上。两次旭日东升之后，股价已经形成极为强烈的加速上涨特征。而且第二次在盘中的换手率比第一次提高了 3%。这说明主力已经加大了操盘力度，做盘决心巨大。请注意：旭日东升是股价进入强势状态加速上涨的重要特征，尤其经过两个旭日东升技术后尤甚。

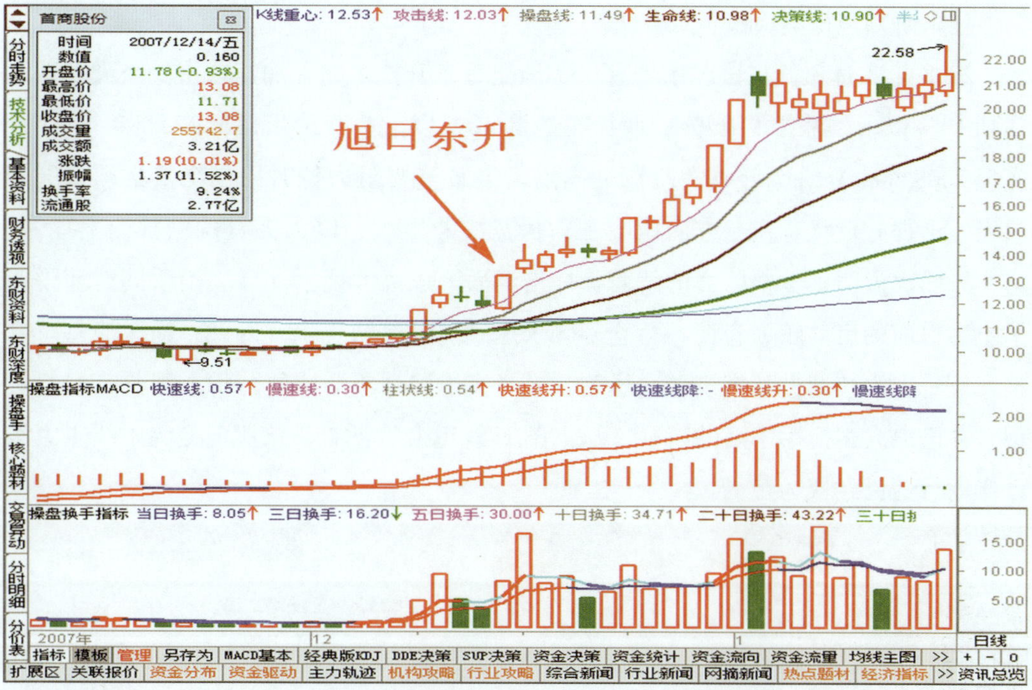

图例 031 首商股份（600723）日 K 线走势图谱

【道破 K 线天机】实战图谱 032

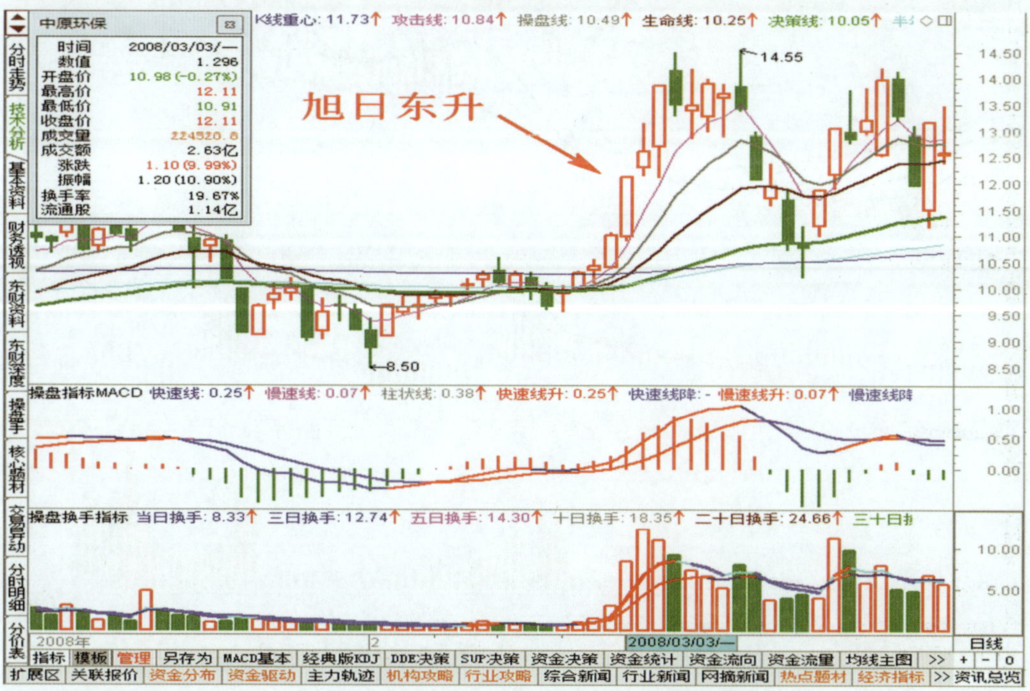

图例 032 中原环保（000544）日 K 线走势图谱

技术研判与操盘决策：

2008年3月3日，该股主力首次实施旭日东升技术向上加速攻击。当天换手率达到19%以上，涨幅9.99%，而振幅达到10%以上。股价带量突破2007年12月底至2008年1月份所形成的阶段性高点。突破重要阻力位时，成交量必须要配合放大。这种放量状态，一方面说明主力操盘决心巨大，以大无畏的精神向上攻击。另一方面也说明了上档巨大的解套盘冲击盘面造成巨大换手。巨大换手同时还说明了主力目前的启动较为仓促，持仓筹码未达到控盘量的要求。因此，当天旭日东升技术应是主力快速进场突击建仓所为。主力突击建仓所形成的行情一般具有涨势短促，冲击力大，换手率高的特征。从上图K线组合特征看，该股演变为中线主力滚动操盘行情已经成为定局。

【道破K线天机】实战图谱033

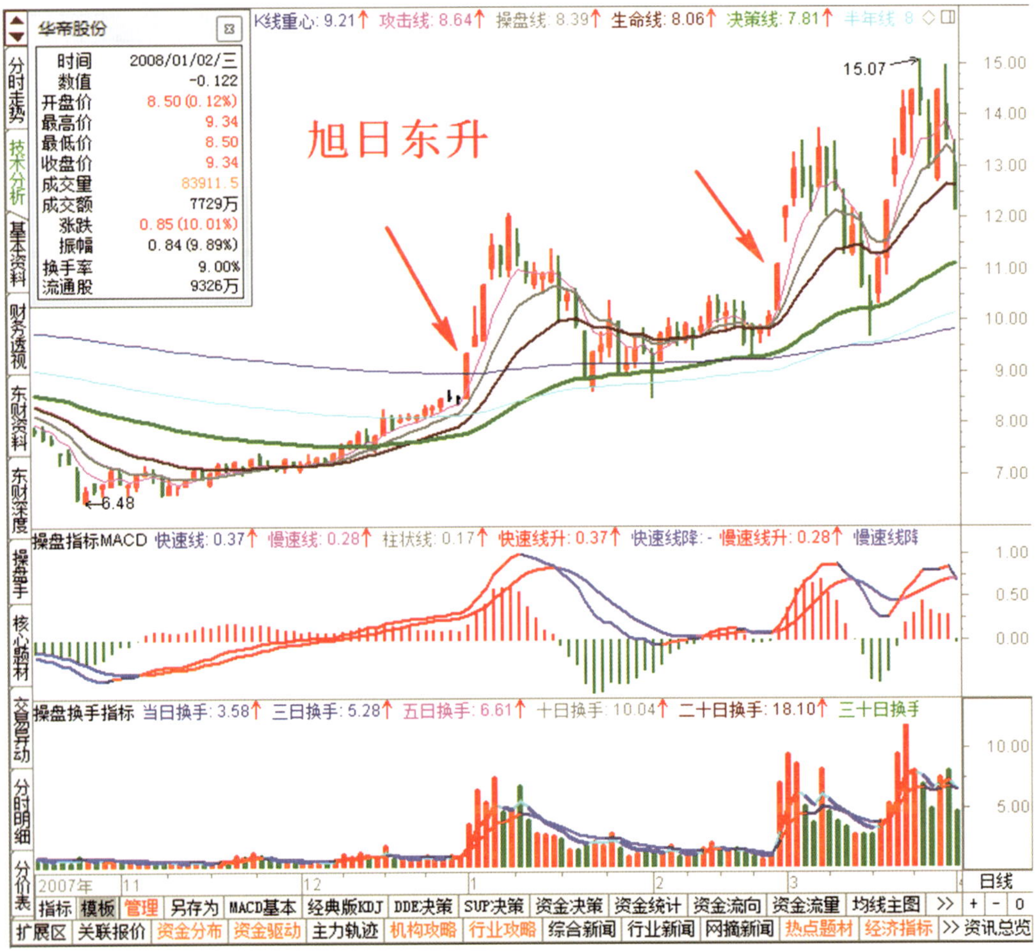

图例033 华帝股份（002035）日K线走势图谱

技术研判与操盘决策：

2008 年 1 月 2 日，该股主力首次实施旭日东升技术向上攻击突破。当天换手率达到 9% 以上，涨幅 10%，而振幅达到 9% 以上。股价带量攻击，形成加速上涨趋势。这种特征是主力实施突击性建仓操盘结果，行情发生快而短促。2008 年 2 月 29 日实施第二次旭日东升技术。当天换手率达到 17% 以上，涨幅 10%，而振幅达到 8% 以上。从两次旭日东升的换手率比较来看，第二次换手率增加了 8%，主力操盘力度加大，行情质变。3 月 28 日，股价再度涨停，说明洗盘结束，但未形成旭日东升技术。从当天换手率达到 18% 以上的特征，说明股价再次进入加速拉升期已经成为定局。

【道破 K 线天机】实战图谱 034

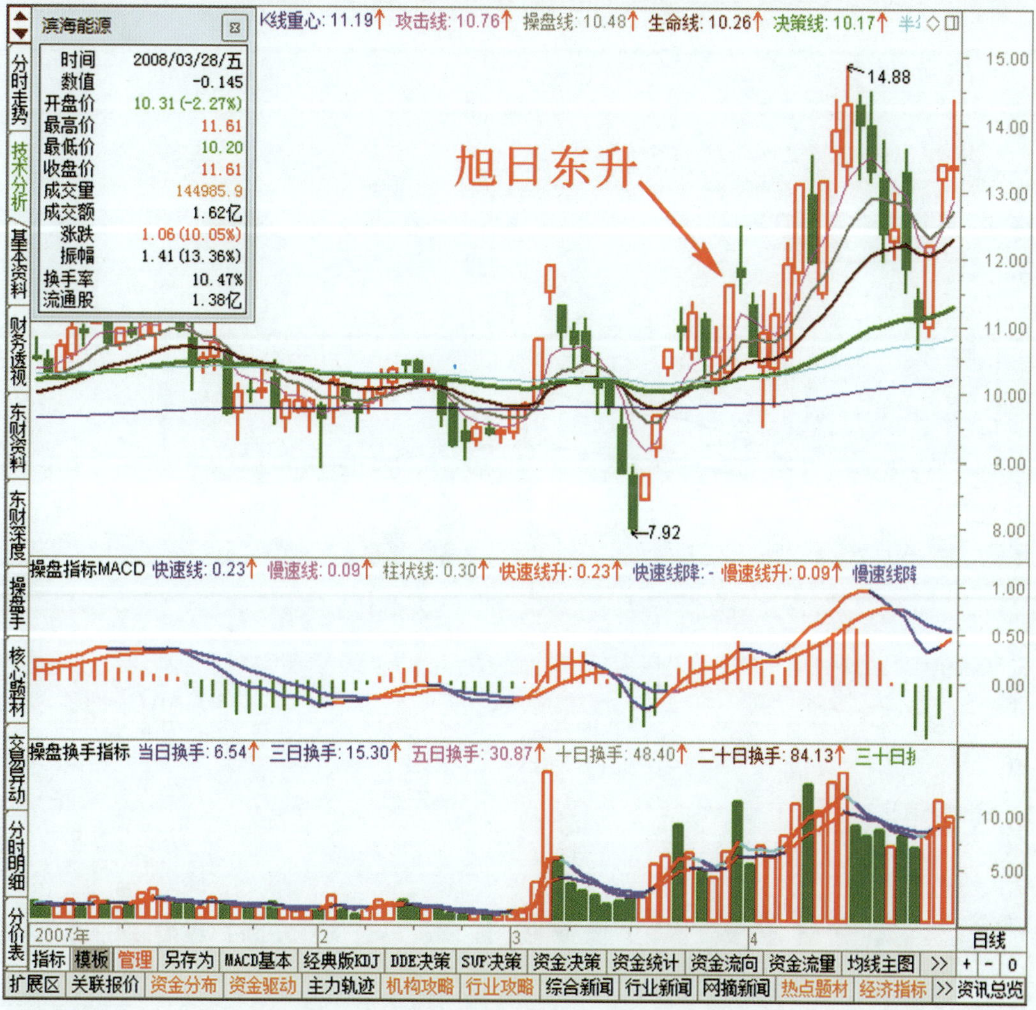

图例 034 滨海能源（000695）日 K 线走势图谱

技术研判与操盘决策：

2008 年 3 月 28 日，该股主力首次实施旭日东升技术向上突破。当天换手率达到 10% 以上，涨幅 10.05%，而振幅达到 13% 以上。股价带量突破洗盘前的高点，底部突破上涨趋势明显。该股在底部已经形成一个正 V 字形反转特征。成交量持续放大，说明主力操盘力度已经加大。这种持续放量特征，同时说明行情已经在发生质变，有进一步形成大波段上涨趋势。从上图的 K 线结构与量价形态分析，该股已经有中线主力在盘中建仓操盘。今日盘中三波涨停前带有明显的冲击波结构，已经说明主力目前的操盘状态。临盘应果断狙击，短中线机会均十分巨大。

第三节 旭日东升实战案例

【道破 K 线天机】实战图谱 035

图例 035 江苏阳光（600220）日 K 线走势图谱

技术研判与操盘决策：

该股今日出现典型的旭日东升技术特征，股价展开加速上涨。当天换手率达到9%，涨幅达到8%以上，振幅达到9%以上。以巨量突破股价在2008年1月份的前期平台高点。而该股曾在2008年2月21日当天出现芙蓉出水技术特征。成交量由地量结构演变为突破量至加速量。这种量能结构的变化，说明了中线主力持续加大操盘力度的做盘细节变化。由于该股自底部芙蓉出水后的升幅不大，因此，今日盘中发出短线狙击信号。旭日东升是股价加速上涨的典型技术特征，临盘必须果断实施狙击。

【道破K线天机】实战图谱036

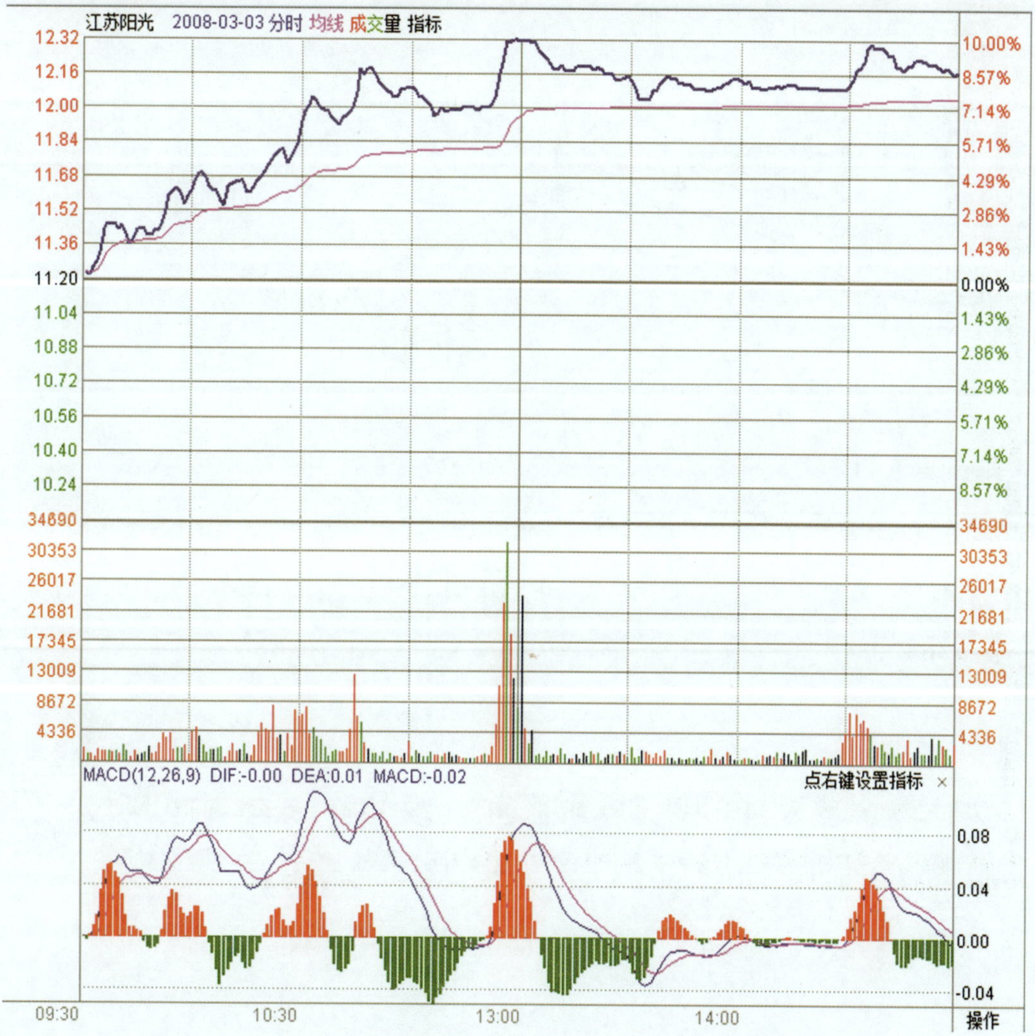

图例036 江苏阳光（600220）全天即时走势图谱

技术研判与操盘决策：

从该股即时走势中发现主力意图。当天曾经有两次上攻涨停板的操盘行为，但并未封住涨停。股价突破历史新高后不封涨停，主力想干什么？不封涨停是不是也可以理解为主力故意示弱？从波形结构趋势中，发现该股早盘攻击波短促有力，主力操盘手法圆熟。这样的主力应该实力不弱。临盘仍然按计划建仓狙击。如果强势，主力次日应再次展开攻击。

【道破K线天机】实战图谱037

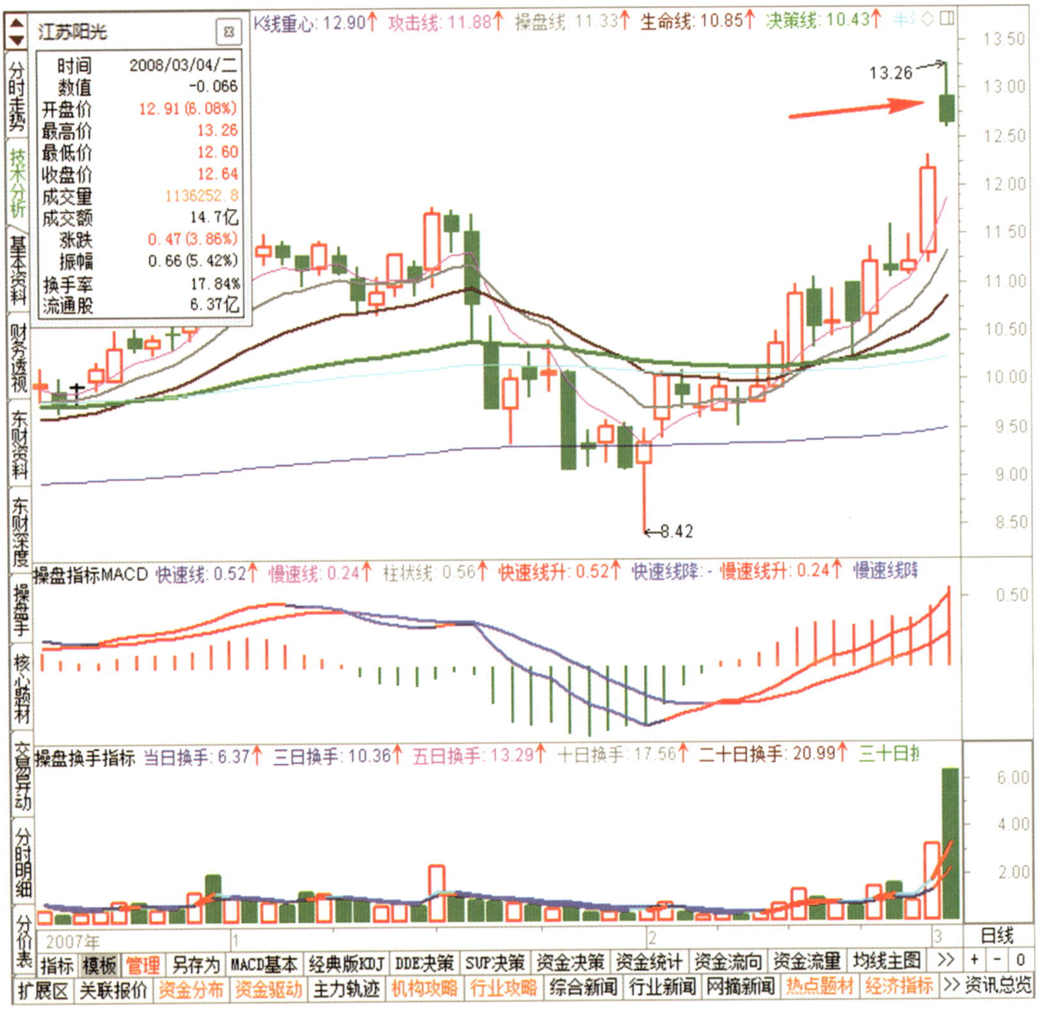

图例037 江苏阳光（600220）日K线走势图谱

技术研判与操盘决策：

股价高开攻击，盘中明显受阻。昨天在盘中故意不封涨停果然是主力操盘诱空假象。从即时图中要能够发现主力的操盘秘密，是考验看盘功力的基础因素之一。今天股价在高位以长上影线的小阴 K 线报收。换手率达到 17% 以上，说明主力操盘力度进一步加大。因此，今天的这个 k 线特征，也应该属于黑太阳技术形态。黑太阳是虚假下跌骗线的操盘技术之一，在本书第三章中将会详细介绍。临盘应继续加仓。如果强势，主力应在次日于攻击线上受到支撑而展开上涨。

【道破 K 线天机】实战图谱 038

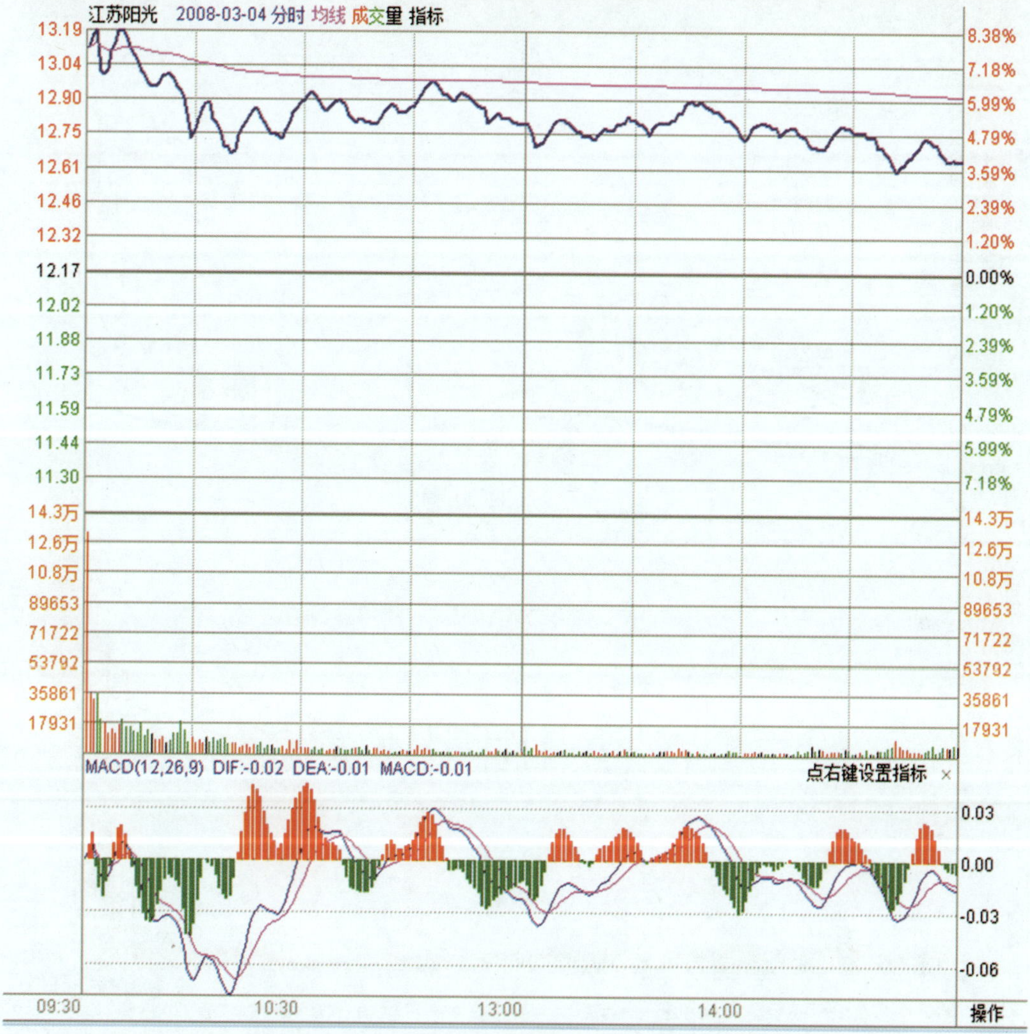

图例 038 江苏阳光（600220）全天即时走势图谱

技术研判与操盘决策：

早盘集合竞价发现该股以 5234400 股巨量成交。随后在 3 分钟内，出现百万以上大单达 3 笔以上，分别是 26293 手、17393 手和 18163 手。而十万级以上大单达数十笔之多。这种早盘开盘数分钟内出现的大单是典型的主力对倒换手式操盘特征。即另一主力在盘中将筹码批发给另一新主力。也可以说是盘中“换防”特征。随后盘中反复无量盘跌打压，是主力操盘诱空假象。既然主力在盘中“换防”，必然后续行情将发生新的变化。由于新主力的建仓成本较高，因此，不拔除主力还有进一步震荡清洗筹码的动作出现。

【道破 K 线天机】实战图谱 039

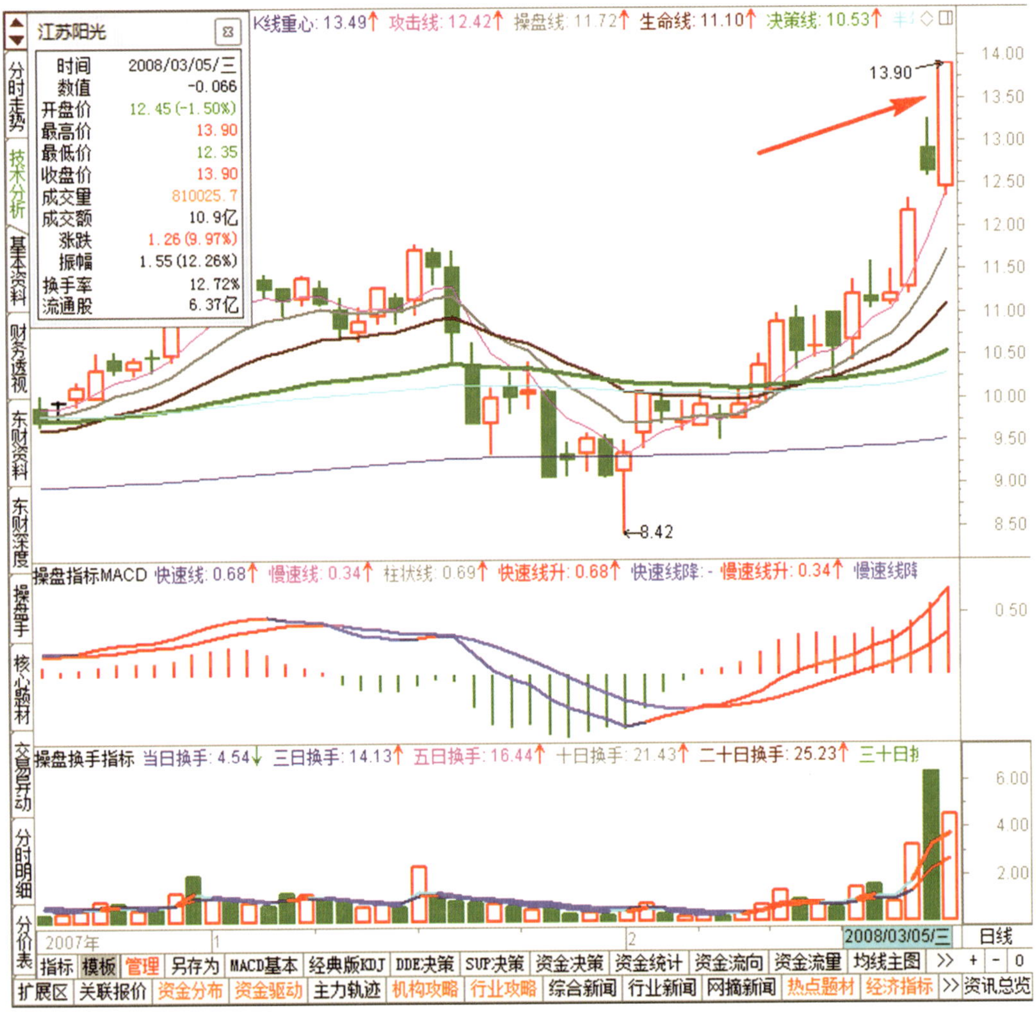

图例 039 江苏阳光（600220）日 K 线走势图谱

技术研判与操盘决策：

今日该股低开后未触及攻击线便展开上攻。盘中以大阳 K 线报收，并强势涨停。成交量继续放大，但应注意比昨日略少的细节。这种状况一方面说明股价已经形成加速上涨趋势。

另一方面也说明上涨的动能正在减弱，一旦滞涨，则将出现阶段性顶部特征。临盘继续加仓。昨日主力在盘中换防后，应该还有进一步的操盘动作。

【道破K线天机】实战图谱040

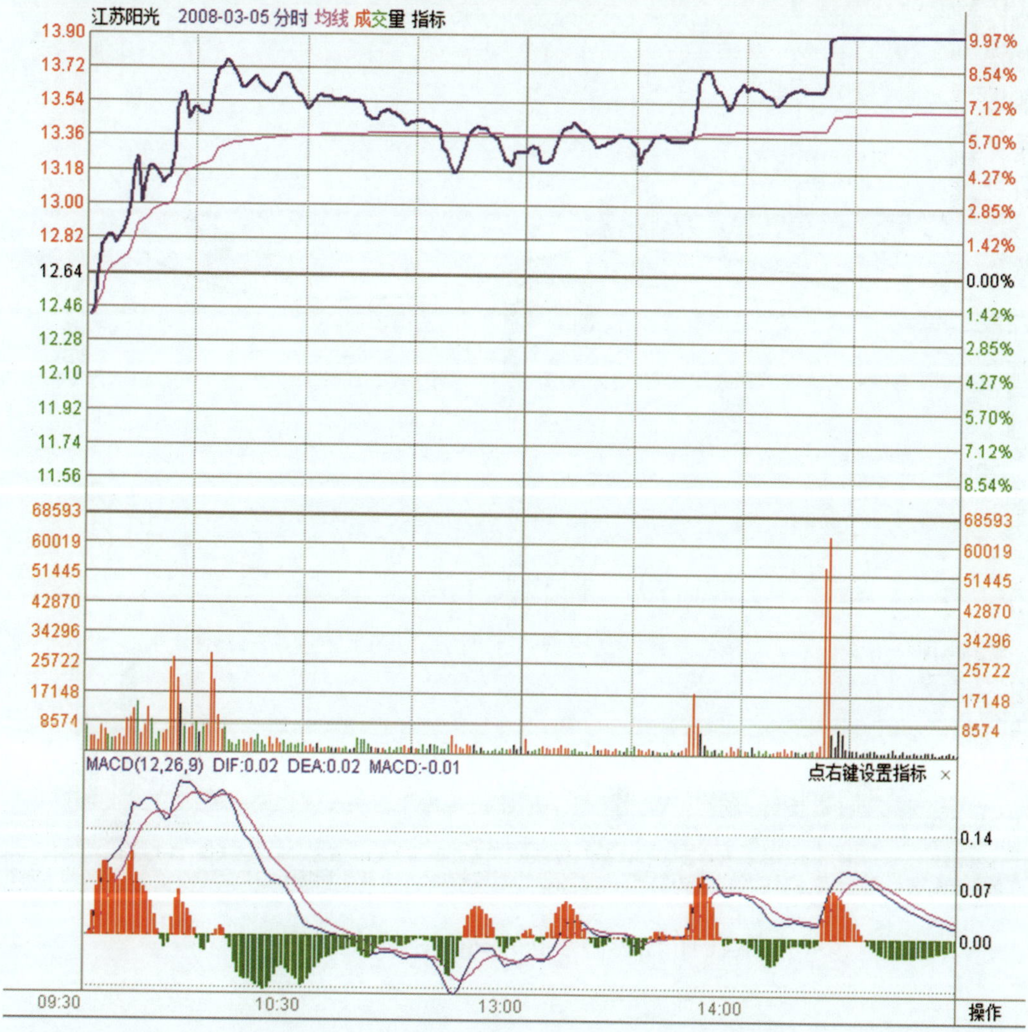

图例040 江苏阳光（600220）全天即时走势图谱

技术研判与操盘决策：

从该股即时走势形态中发现主力操作意图。该股在下午第五时间段涨停，涨停时巨量成交。封停时成交量达到百万级以上单笔巨量大单就有四笔。这种巨量大单容易消耗主力资金。

因此，次日要小心主力在盘中出现打压行为。一旦滞涨，则会出现阶段性顶部。股价将进入新一轮洗盘行情。

【道破 K 线天机】实战图谱 041

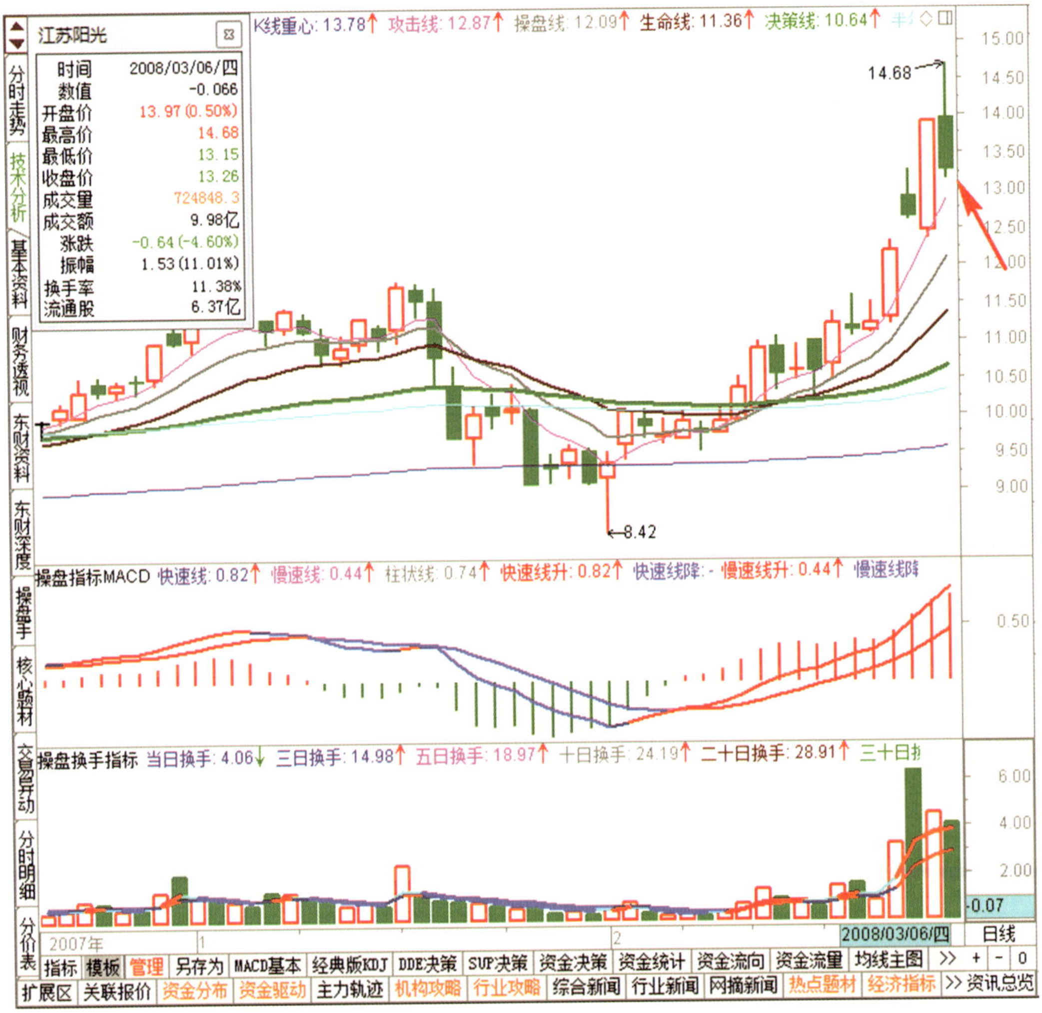

图例 041　江苏阳光（600220）日 K 线走势图谱

技术研判与操盘决策：

该股今日果然以一根带长上影的中阴 K 线收盘。成交量仍然继续放大，显示主力仍在盘中强势操盘。上长影线出现在阶段性高位，是股价继续遇阻的重要特征。这种形态，说明阶段性头部即将出现。临盘短线可以考虑高抛。而中线仓位必须实施组合仓位结构布局。可计划在操盘线一带步署狙击仓位。

【道破K线天机】实战图谱042

图例042　江苏阳光（600220）全天即时走势图谱

技术研判与操盘决策：

股价复牌后果然在10：30分以巨量大单开始打压。这种放量打压状态，说明阶段性调整已经开始。短线应在股价击穿均价线时必须果断出局。而中线仓位，则应在盘中收盘前果断加仓。股价进一步下调，是中线逢低建仓的最佳机会。因此，临盘应步署操盘线一带的狙击建仓计划。

【道破K线天机】实战图谱043

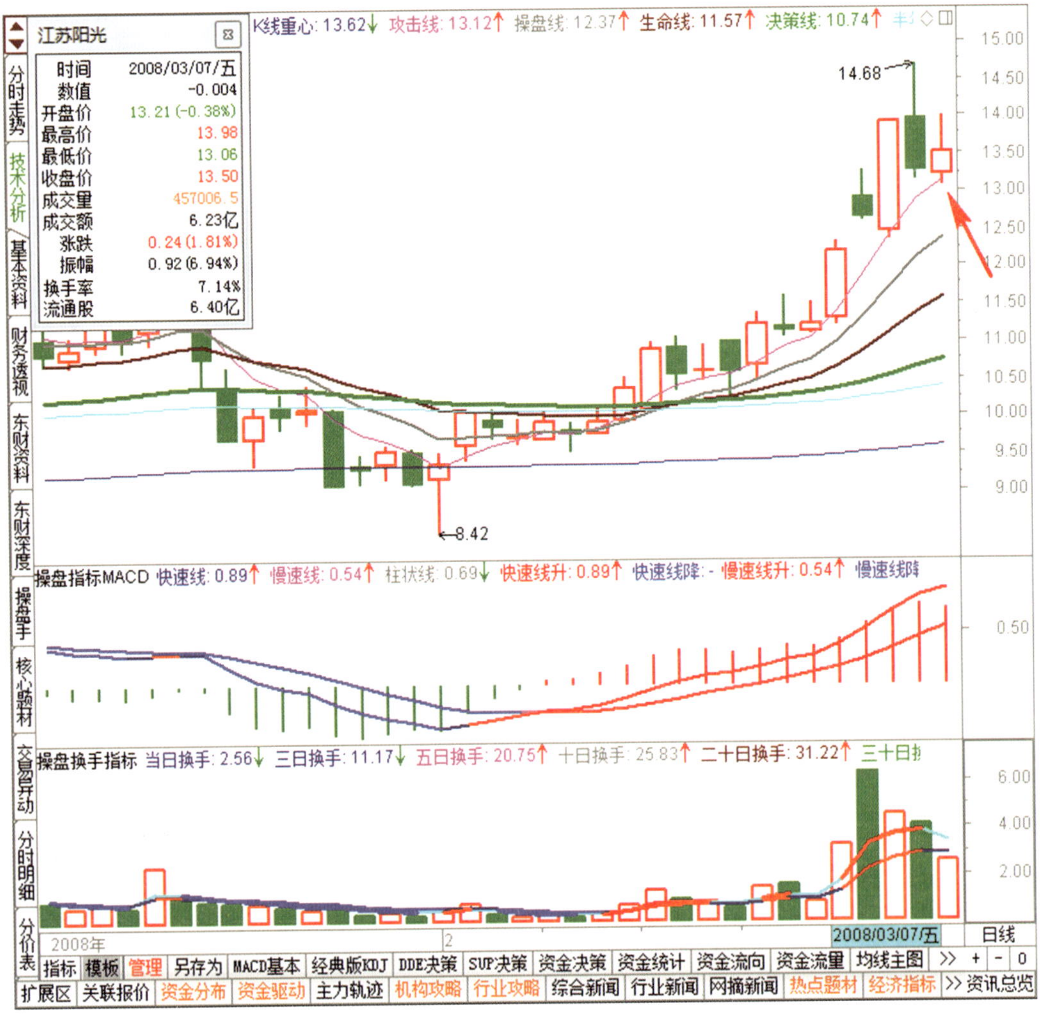

图例043 江苏阳光（600220）日K线走势图谱

技术研判与操盘决策：

今日股价在攻击线上展开窄幅整理。股价似乎受到较强支撑而止跌。但该股昨日打压力度较强，因而，今天的止跌应该是暂时现象。股价还要进一步下跌动作。临盘按计划小心应对。新主力换防后，必须通过时间换空间的方式，来降低持仓成本。因此，大力洗盘就显得十分必要。

【道破K线天机】实战图谱044

技术研判与操盘决策：

从当天即时走势中发现主力动向。股价早盘快速低开后，全天展开窄幅整理态

图例 044 江苏阳光（600220）全天即时走势图谱

势。不过，早盘低开高走时，主力展开了三波攻击。攻击时，成交量配合较好。这种有规律有秩序的攻击性放量特征，说明了主力仍在努力维持强势操盘节奏。但该股洗盘计划还未完成。因此，今天的整理后面将有更大的暴风雨。

【道破 K 线天机】实战图谱 045

技术研判与操盘决策：

从该股在本周的 K 线形态结构显示。股价已经放巨量突破前期的顶点。周线巨量过顶，行情是发生质变的重要标志。股价上涨放量前，成交量萎缩至地量结构。这说明是新主力进场建仓操盘。但该股本周出现长上影线的 K 线结构，同时说明突破新高时遭遇了较强阻力。

因此，下周展开大幅震荡洗盘的可能性极大。

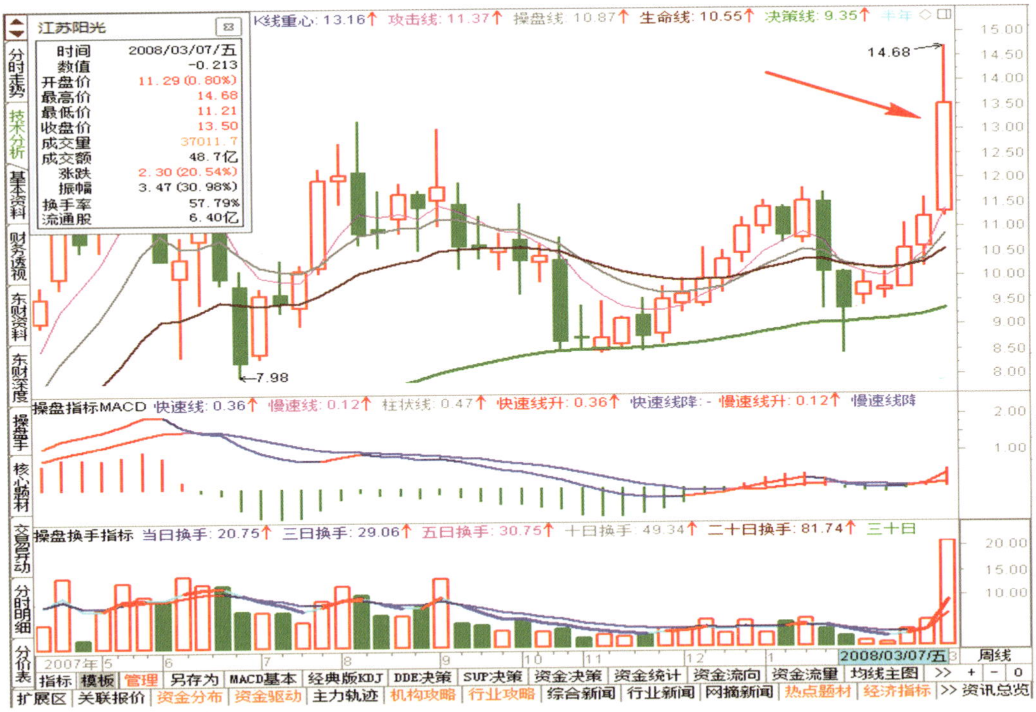

图例 045　江苏阳光（600220）周 K 线走势图谱

【道破 K 线天机】实战图谱 046

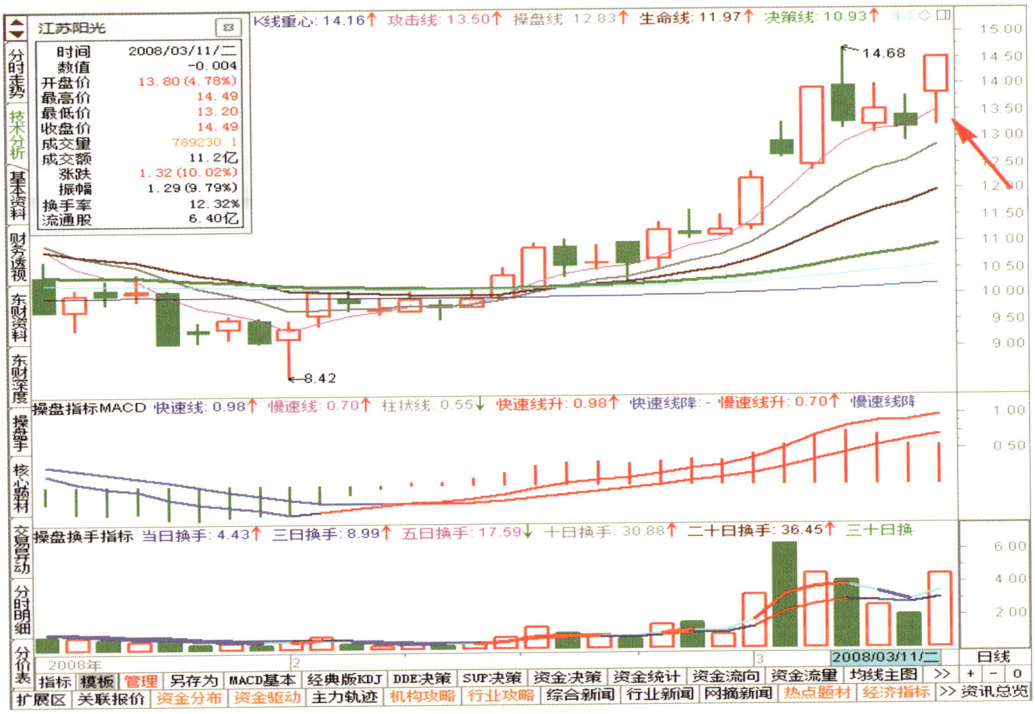

图例 046　江苏阳光（600220）日 K 线走势图谱

技术研判与操盘决策：

经过三天洗盘后，今天再次涨停。攻击线对股价在第一轮的洗盘过程中，产生了强大的支撑作用。这种特点说明了主力实力不俗。今天成交量再次放大，说明股价再创新高成为定局。但主力换防后，三天的洗盘并不能达到清洗筹码的目的。难道主力不需要来一次强力的洗盘？无论如何，继续保持谨慎的加仓策略。

【道破K线天机】实战图谱047

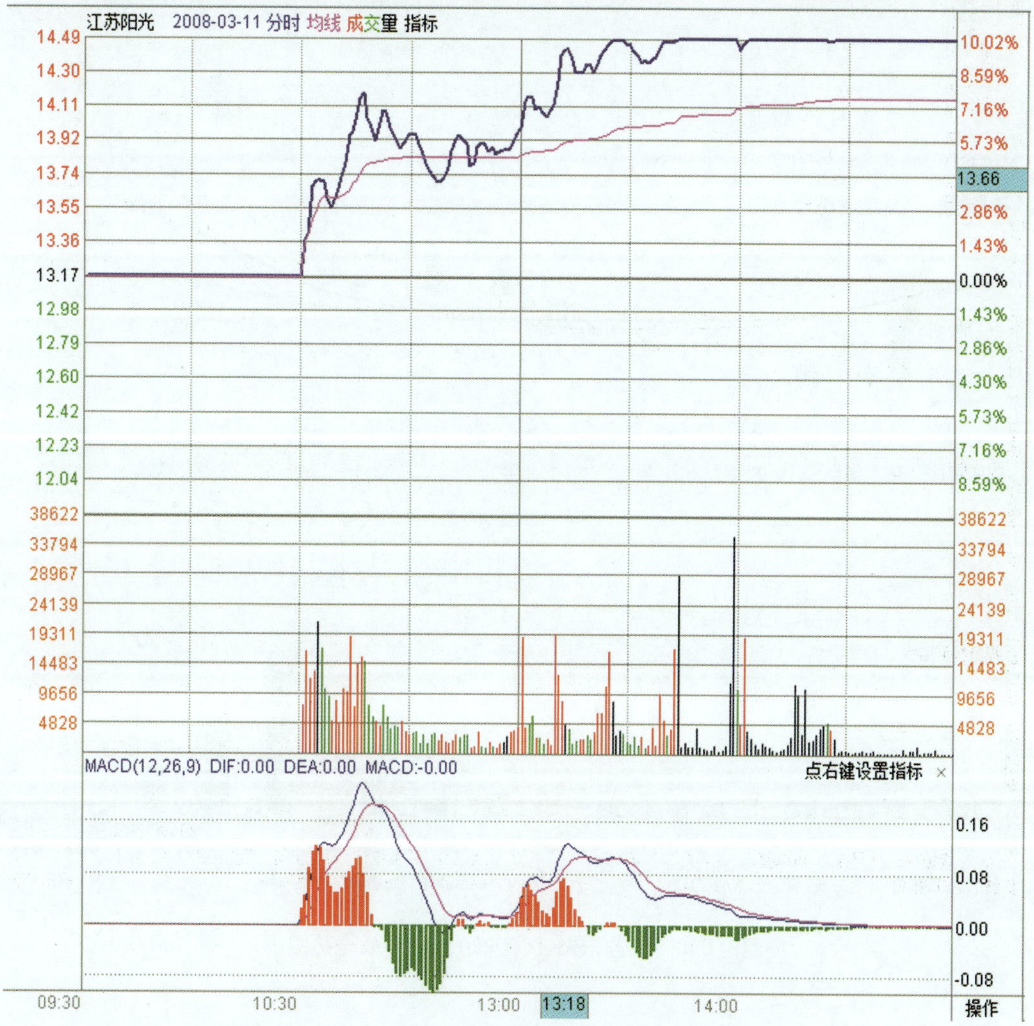

图例047 江苏阳光（600220）全天即时走势图谱

技术研判与操盘决策：

股价在10：30分复牌后出现大单买进持续攻击。这种攻击大单往往是主力主动性投入巨资操盘。第四时间段，主力果断涨停。但主力的洗盘还未达到一般操盘

第二章 旭日东升

要求。因此，对今天的涨停应保持高度谨慎。次日股价在盘中的变化，将会显露主力下一步真正的操盘计划。

一旦滞涨，则是见顶信号。

【道破K线天机】实战图谱048

图例048　江苏阳光（600220）日K线走势图谱

技术研判与操盘决策：

今天股价在高位展开震荡整理。盘中以带上影线的小阳K线报收。成交量继续放大，出现典型的放量滞涨特征。高位放量滞涨，是股价阶段性见顶的重要标志。因此，临盘短线必须果断出局。但同时也表明，主力真正的洗盘行情即将展开。

【道破K线天机】实战图谱049

图例049　江苏阳光（600220）全天即时走势图谱

技术研判与操盘决策：

从该股即时走势技术形态中发现主力意图。股价在第三时间段后出现明显的滞涨现象。

早盘巨量攻击换手后，第三时间段无量上涨。第四至第六时间段更是量能匮乏。这一现象，充分说明了股价涨势力竭。阶段性头部已经出现了。主力新一轮真正的大洗盘行情即将拉开序幕。

【道破K线天机】实战图谱050

图例050 江苏阳光（600220）日K线走势图谱

技术研判与操盘决策：

今日股价低开低走，震荡盘跌。盘中在攻击线之上以带上下影线的小阴K线报收。成交量略有减小。出现典型的主力洗盘特征。操盘线与攻击线之间的乖离不大，可能不会构成较强支撑。因此，临盘必须修正中线建仓狙击策略。将中线仓位狙击点移至主力第一次展开旭日东升的起涨点区域应该较为合适。因为这一起涨点是股价行情进入质变的标志区，应具备较强的支撑力。

【道破K线天机】实战图谱051

图例051 江苏阳光（600220）全天即时走势图谱

技术研判与操盘决策：

从该股即时图形中发现主力意图。今日低开后，居然在反弹波段中没有突破昨天收盘价。下午第四时间段出现放量加速下跌趋势。主力洗盘手法应该较为凶悍。因此，本轮洗盘幅度必将在操盘线之下。临盘按计划进行调整，将中线狙击仓位移至操盘线之下位置。

【道破K线天机】实战图谱052

图例052　江苏阳光（600220）日K线走势图谱

技术研判与操盘决策：

该股果然击穿操盘线后在旭日东升起涨处止跌。今日以带上下影线的十字阴K线报收。

成交量较昨日温和放大。生命20线已经迅速上移至11.30元一带，即起涨点区域。这种形态说明下档支撑已经形成双重支撑，力度较强。下影线结构是主力在低位承接形成的结果。临盘按计划果断实施第二仓的建仓动作，坚决狙击。

【道破K线天机】实战图谱053

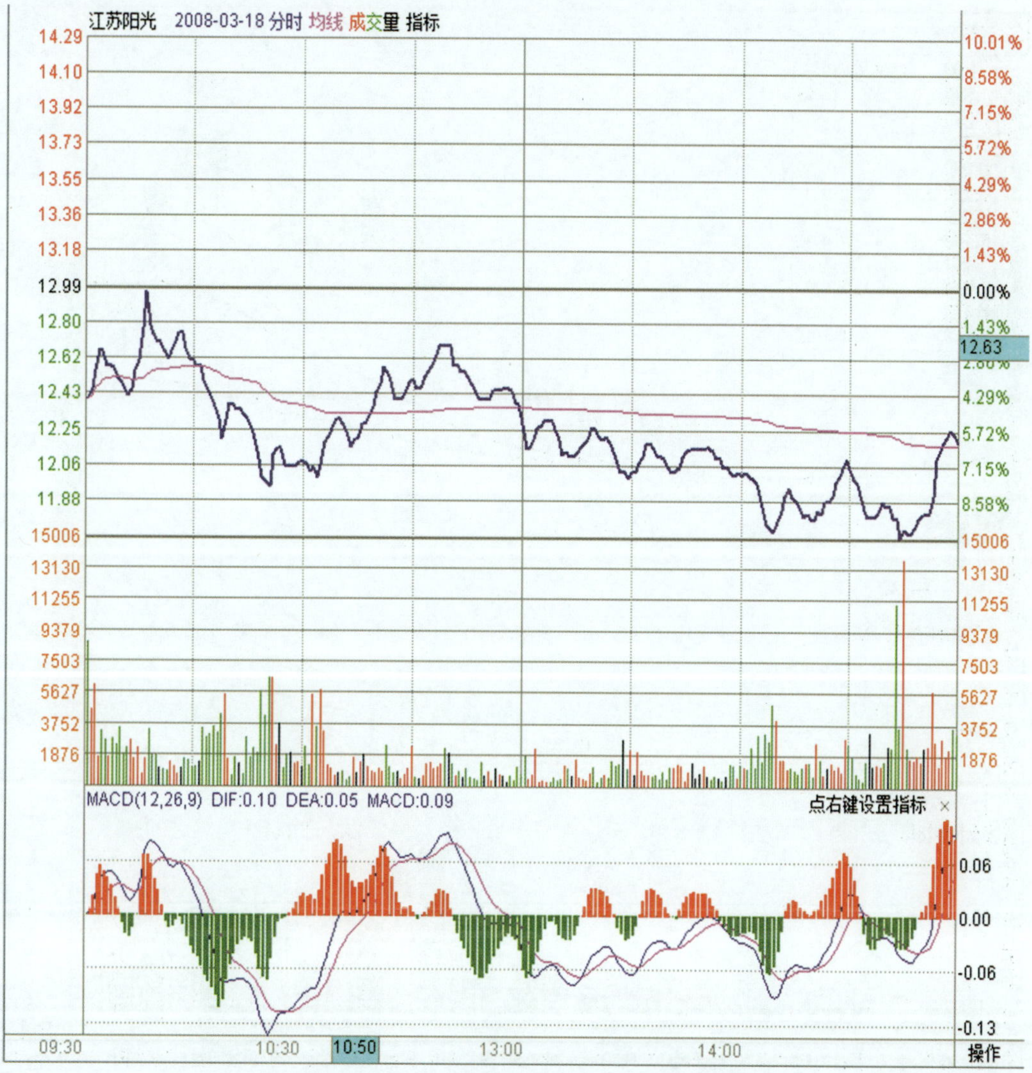

图例053 江苏阳光（600220）全天即时走势图谱

技术研判与操盘决策：

股价在即时走势中出现反复震荡跌趋势。尾盘打压时，出现放量承接现象。这是主力在低位接盘的重要标志。从全天下跌波形结构看，略带脉冲波结构。说明下跌力度已经减弱，而股价经过多日洗盘后，转机正在形成。临盘果断狙击。如果强势，该股次日将止跌反弹。

【道破K线天机】实战图谱054

图例054 江苏阳光（600220）日K线走势图谱

技术研判与操盘决策：

今日该股高开高走。盘中果断狙击涨停，说明洗盘行情已经结束。成交量温和放大。主力操盘力度正在加大。由于该股已经属于新主力换防，因此，该股短线冲高后，还将有回抽确认动作。临盘继续加仓狙击。如股价突破攻击线后的回抽时，再实施第三仓位的滚动操作。

【道破 K 线天机】实战图谱 055

图例 055 江苏阳光（600220）全天即时走势图谱

技术研判与操盘决策：

即时图中显示该股早盘以 23 万股大单在集合竞价时高开。随即，在 3 分钟之内，十万手以上级别的巨量大单迅速涌出。这种状态，当天上涨已经成为定局。第四时间段，股价在盘中开板诱空。该股今天能够果断涨停，已经说明洗盘结束。新一轮上涨行情开始了。

【道破K线天机】实战图谱056

图例056　江苏阳光（600220）日K线走势图谱

技术研判与操盘决策：

今日股价以大幅低开化解技术压力。盘中再次涨停，以大阳K线报收，形成类似于旭日东升技术特征。成交量持续放大，显示主力操盘力度不断加大，做盘决心巨大。在大盘环境极弱的情况下，该股反复震荡盘升，走势格外引人注目。只有实力强大的主力才能逆势操盘。支撑这种主力操盘行情的背后可能隐含巨大的利好题材。股价早盘低开时是最佳加仓狙击机会。今日收盘于攻击线和操盘线之上，股价创新高将成为定局。

【道破K线天机】实战图谱057

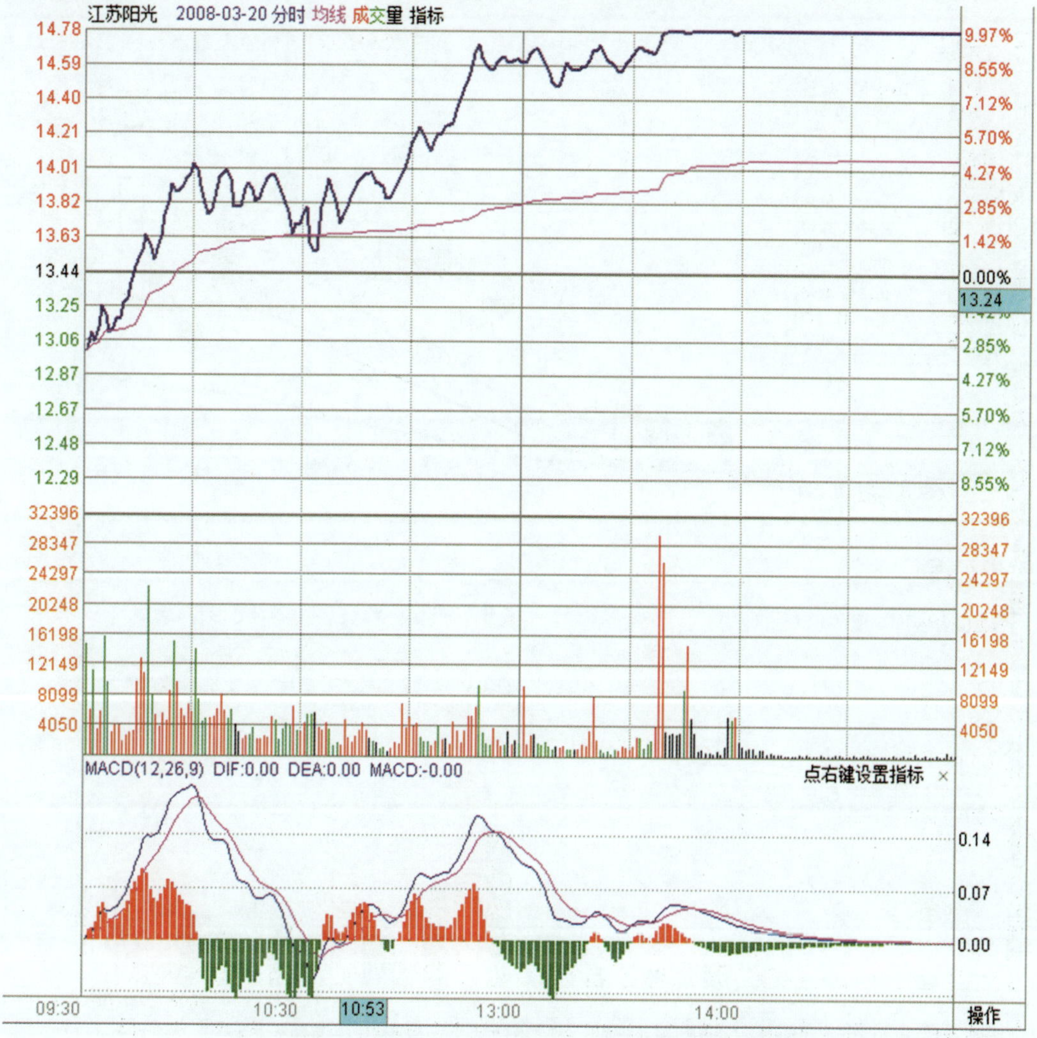

图例057 江苏阳光（600220）全天即时走势图谱

技术研判与操盘决策：

即时图形显示该股早盘莫名低开。13元以下居然有巨量大单成交。这种行为明显是主力送出公关大礼。当天涨停时，这种公关大礼带来了多达14%的收益。有谁会有这么好的运气获得如此巨大的收益？肯定是主力的关系户了。既然主力在盘中花心思做盘。临盘就应继续果断加仓狙击。尤其是昨日涨停后，今天早盘莫名低开更是极佳的加仓机会。

【道破 K 线天机】实战图谱 058

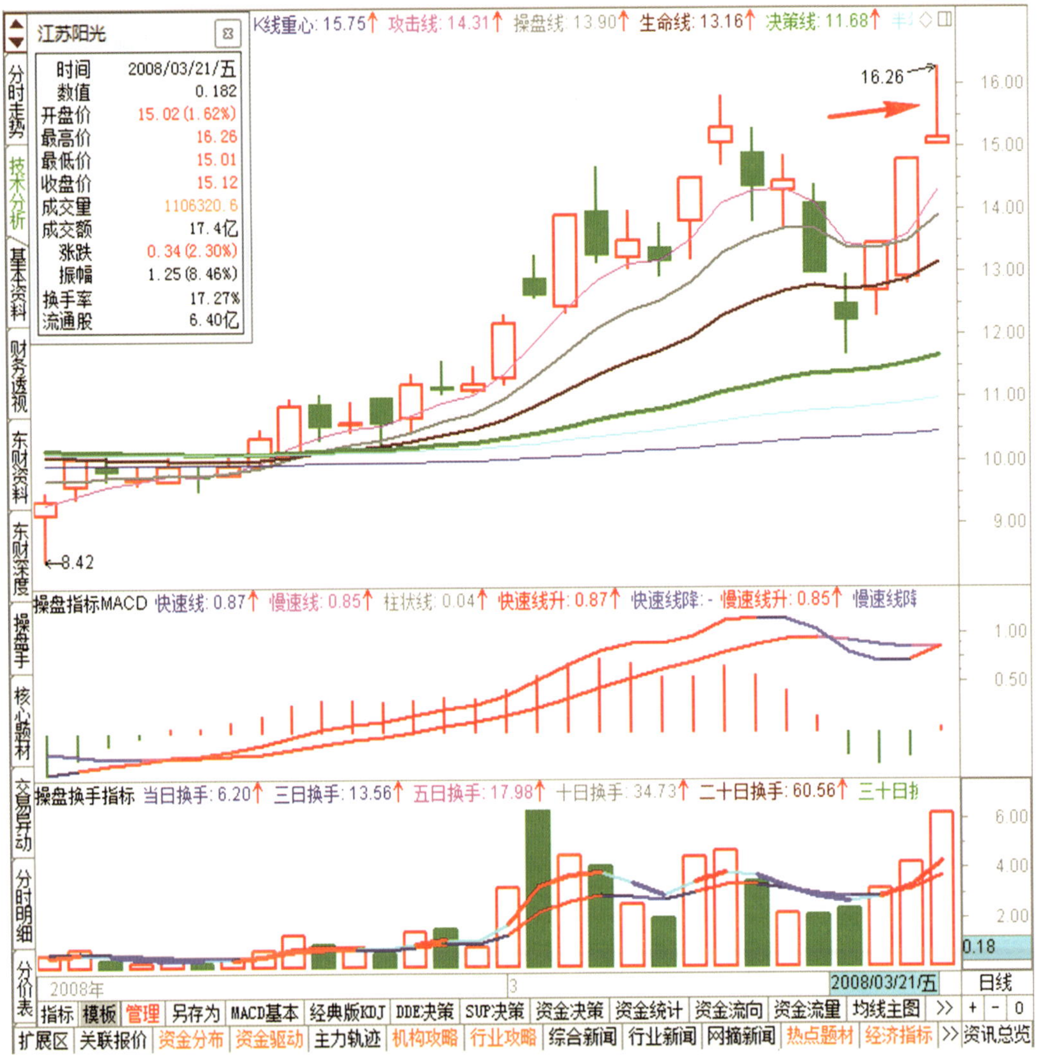

图例 058 江苏阳光（600220）日 K 线走势图谱

技术研判与操盘决策：

今日该股以长上影线的倒 T 字 K 线报收。成交量继续放大，当天换手率达到 17% 以上。

股价在早盘已经突破洗盘前的高点，并创出历史新高。股价创新高，说明主力已经解放了前期的套牢盘。这种情况下，带长上影线的倒 T 字星就是典型的诱空特征。临盘继续持仓不动。

【道破K线天机】实战图谱059

图例059 江苏阳光（600220）全天即时走势图谱

技术研判与操盘决策：

即时图形分析发现，该股在第二时间段涨停后巨量开板。其后，股价反复震荡盘跌。

在盘跌过程中，主力打压十分勉强。波形结构不断出现冲击波。这说明主力打压只是诱空假象。盘中涨停开板，一般人均会纷纷出逃。如果强势，该股次日必然还会展开上涨。

【道破K线天机】实战图谱060

图例060 江苏阳光（600220）日K线走势图谱

技术研判与操盘决策：

该股昨日经过窄幅整理后。今日再次攻击上涨。盘中以大阳K线报收。成交量再次放大，换手率达到14%以上。连续放量说明行情已经进入高潮阶段。但该股突破新高后，还未进行过较好的技术性回抽。这种连续放量之后，对主力的资金消耗较大，不利于继续上涨。

因此，如果主力操盘手法成熟，还应进行技术性回抽洗盘确认。

【道破K线天机】实战图谱061

图例061　江苏阳光（600220）全天即时走势图谱

技术研判与操盘决策：

从该股即时图形走势分析，股价在早盘大幅低开后，反复震荡盘升。第五时间段和第六时间段具备涨停的能力，但主力却不封停。这种状态，说明主力有意调节操盘节奏。如果次日滞涨。主力必然要展开技术性回抽。因此，在主力展开回抽时，应实施第三仓的滚动操盘计划。该股反复上涨形成中线大黑马已经成为定局。

第三章

黑太阳

黑太阳出现在阶段性的底部，是主力展开向上攻击性试盘的动作，意在测试盘面筹码的稳定度，同时发出进一步加大建仓力度的操盘信号指令，股价距离正式上涨的时间已经不远了。如果当天反复盘跌的即时图形中，出现典型的冲击波型结构，则是主力打压建仓的重要特征。黑太阳出现在拉升波段的中期，则是主力在盘中展开强势洗盘的操盘动作。股价当天会以接近涨停价开盘，随即主力利用大单在卖一至卖五档位置阻止股价上涨，并展开逐波盘跌的方式打压股价。全天反复震荡盘跌，最终以中大阴 K 线报收。但股价收盘时仍然以涨幅 1% ~3% 的方式出现。这种 K 线结构是主力拉高洗盘的重要操盘手法，属于极强势的操盘特征。洗盘完成后，通常还会出现更大更猛烈的涨幅。

第一节　黑太阳 K 线解码

一、黑太阳的定义

股价处在阶段性拉升波段或者大调整阶段的中期底部中，当天股价突然大幅高开，盘中反复震荡盘跌。量比 1 倍以上，换手率在 5% 以内，涨幅 3% 左右。股价在盘中反复盘跌后，最终以中大阴 K 线报收。收盘时，股价当天涨幅仍然保持在 1% ~3% 左右。当这种 K 线结构出现在上升波段中期或者大调整阶段的底部时，就是典型的黑太阳特征。黑太阳出现在阶段性的底部，是主力展开向上攻击性试盘的动作，意在测试盘面筹码的稳定度，同时发出进一步加大建仓力度的操盘信号指令，股价距离正式上涨的时间已经不远了。如果当天反复盘跌的即时图形中，出现典型的冲击波型结构，则是主力打压建仓的重要特征。黑太阳出现在拉升波段的中期，则是主力在盘中展开强势洗盘的操盘动作。股价当天会以接近涨停价开盘，随即主力利用大单在卖一至卖五档位置阻止股价上涨，并展开逐波盘跌的方式打压股价。全天反复震荡盘跌，最终以中大阴 K 线报收。但股价收盘时仍然以涨幅 1% ~3% 的方式出现。这种 K 线结构是主力拉高洗盘的重要操盘手法，属于极强势的操盘特征。洗盘完成后，通常还会出现更大更猛烈的涨幅。

二、黑太阳 K 线结构特征

黑太阳是主力发出攻击性试盘动作和强势洗盘动作的典型特征，其结构特征包括：

（1）股价处在阶段性拉升波段中期和大调整阶段的中期底部。

（2）当天均以大幅高开低走方式出现，并以中大阴K线报收。

（3）收盘时的涨幅仍然保持在1%～3%左右的幅度。

（4）处在底部阶段的黑太阳，盘中有反复性冲击波出现。

（5）当天量比1倍以上，换手率控制在5%以内。

三、黑太阳与主力操盘计划

黑太阳出现在阶段性的底部，主力展开向上攻击性试盘的动作，意在加大建仓力度。黑太阳出现在拉升波段的中期，是主力在盘中展开强势洗盘的操盘动作，还会大幅上涨。

四、真假黑太阳的识别法则

（1）股价处在下降趋势中，当天出现高开低走的大阴K线不属于黑太阳特征。

（2）当天量比5倍以上、换手率10%以上的巨量大阴K线不属于黑太阳特征。

（3）当天高开低走，收盘时下跌至昨日收盘价之下，不属于黑太阳特征。

（4）在下降阶段的反弹行情中，当天出现高开低走的大阴K线不属于黑太阳特征。

五、黑太阳的最佳狙击时机

对于短线投资者来说，股价处在拉升波段行情中，出现黑太阳特征时，临盘应在收盘时果断狙击。对于中线投资者来说，股价处在阶段性底部时，出现黑太阳特征，临盘应在次日展开中线建仓计划。而股价处在拉升波段行情中时，则要及时加仓。对于中长线投资来说，股价处在阶段性底部时，出现黑太阳特征，临盘应在次日展开中长线建仓计划。而股价处在拉升波段行情中时，则要及时加仓。

第二节　黑太阳实战图谱

【道破K线天机】实战图谱062

技术研判与操盘决策：

2007年12月13日，该股主力首次实施黑太阳技术骗线。当天换手率达到14%以上，涨幅4.85%，而振幅为5%以上。该股刚刚突破决策60线形成底部突破式上涨，因此，该黑太阳出现时是股价中继上涨形态。2008年2月20日，该股主力再次实施黑太阳技术操盘手法。当天换手率达到15%以上，涨幅3%，而振幅为5%以上由于本次是该股从2007年12月突破拉升以来的第二个波段行情。因此，继续

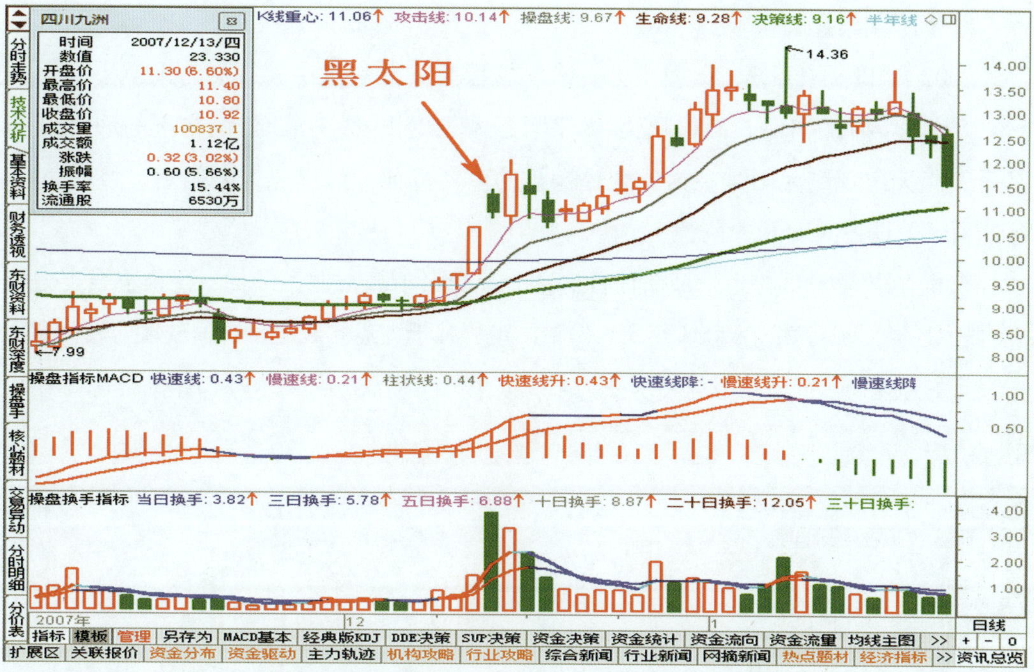

图例 062 四川九洲（000801）日 K 线走势图谱

形成中继性上涨的动能明显减弱。但该股量价结构显示有中长线主力已经进场展开滚动性操盘。后市反复上涨行情仍将继续。

【道破 K 线天机】实战图谱 063

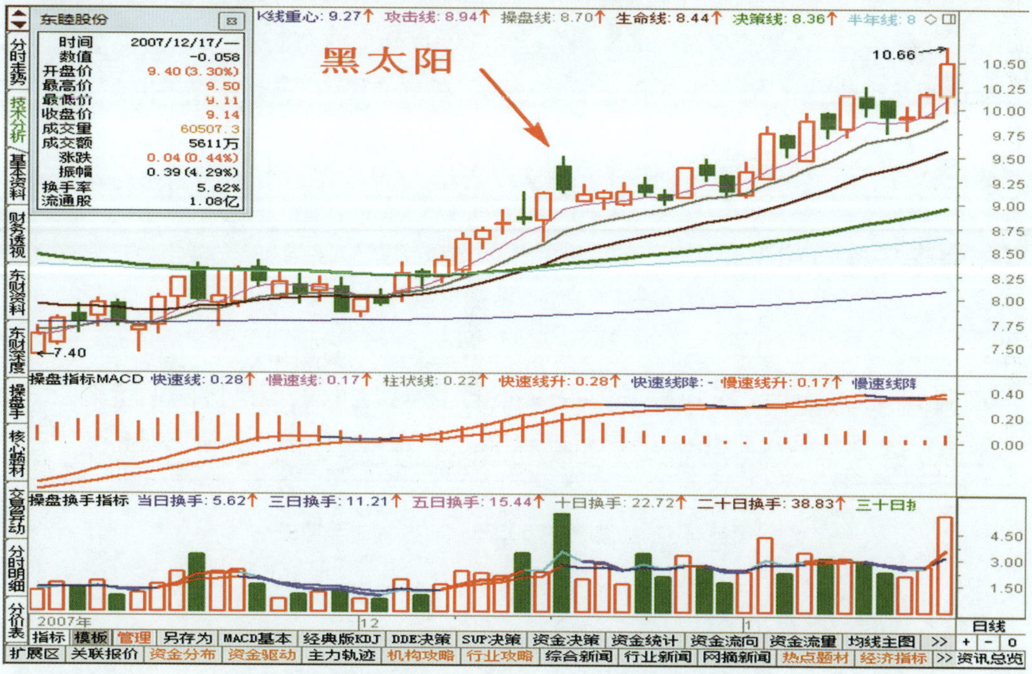

图例 063 东睦股份（600114）日 K 线走势图谱

技术研判与操盘决策：

2007 年 12 月 17 日，该股主力首次实施黑太阳技术盘中骗线。当天换手率达到 5% 以上，涨幅 0.44%，而振幅为 4% 以上。该股刚刚从决策 60 线之下的底部震荡盘升，当天出现黑太阳是主力建仓性操盘的重要特征。经过黑太阳之后，该股 2008 年 1 月 ~2 月之间展开大调整。

股价在决策 60 线之上形成阶段性底部。成交量萎缩至地量结构。这是中线主力建仓性操盘的结果。该股在 2008 年 3 月份整体走势强于大盘。成交量迅速放大，表明主力操盘计划迫切。因此，该股有望演变为中线大黑马。临盘应密切跟踪，择机建仓。

【道破 K 线天机】实战图谱 064

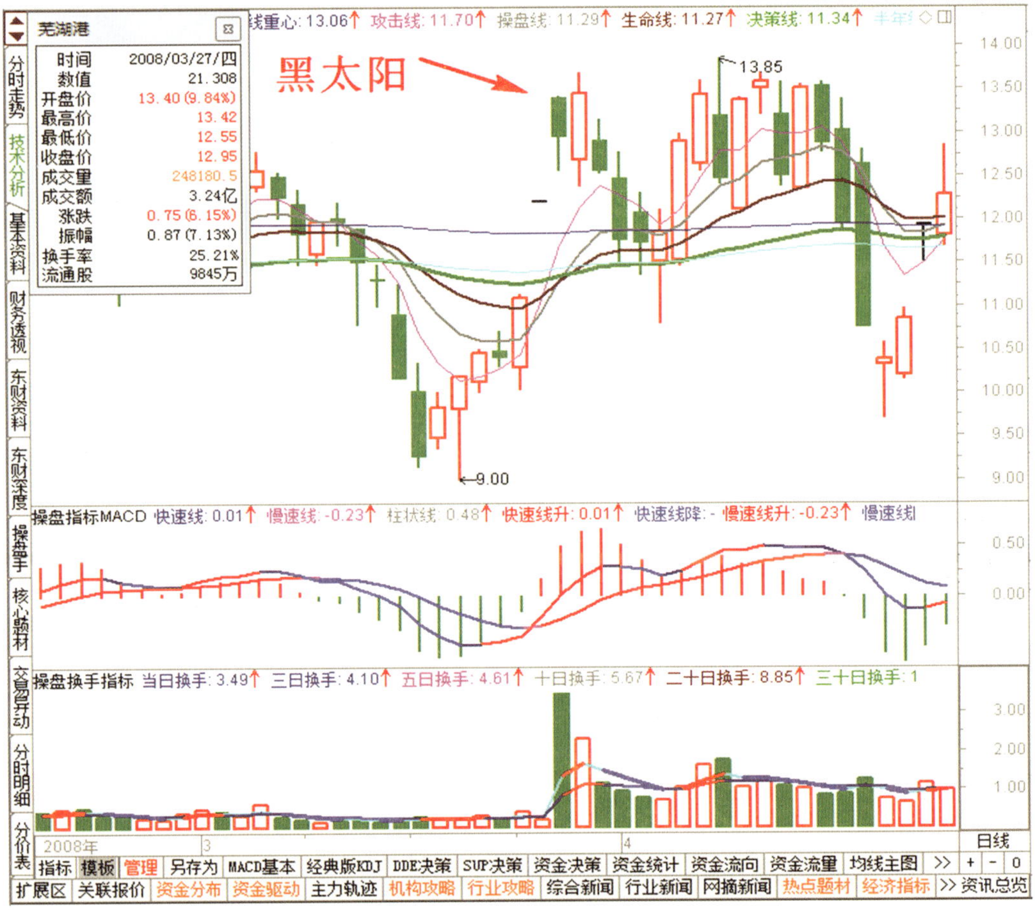

图例 064　芜湖港（600575）日 K 线走势图谱

技术研判与操盘决策：

2008 年 3 月 27 日，该股主力在经过昨日涨停之后首次实施黑太阳技术骗线。

当天换手率达到25%以上，涨幅6.15%，而振幅达到7%以上。成交量迅速放大，形成巨量结构。这种状态一方面说明上档阻力巨大，抛盘汹涌。另一方面说明主力操盘决心巨大，盘中积极承接。底部突破时形成的黑太阳结构，通常较易快速获得建仓筹码，达到清洗浮筹的目的。

2008年3月28日继续放量上涨，说明昨天主力的诱空获得成功。该股主力操盘力度已经加大。临盘应密切关注并择机建仓狙击。

【道破K线天机】实战图谱065

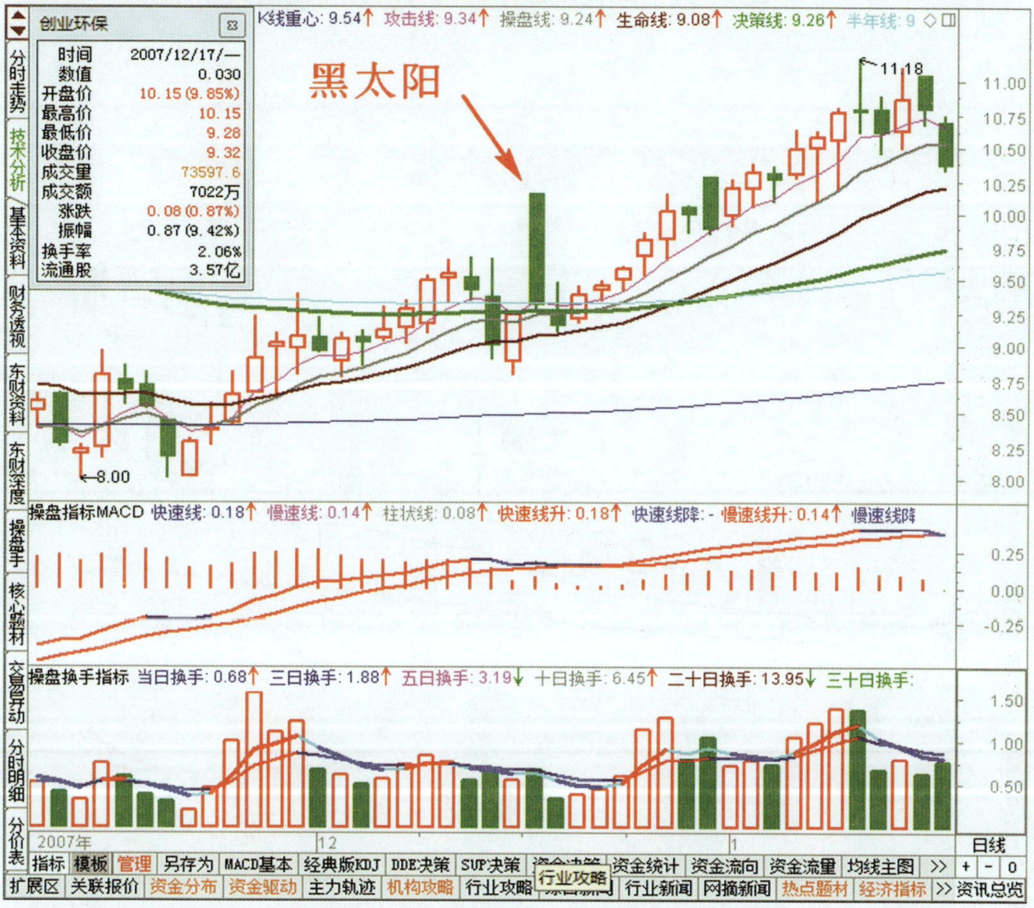

图例065 创业环保（600874）日K线走势图谱

技术研判与操盘决策：

2007年12月17日，该股主力首次实施黑太阳技术。当天换手率仅为2%，涨幅0.87%，而振幅达到9%以上。从该股当时所处的形态来看，由于当天换手率较少，因此，仅是主力向上试盘特征。成交量一直呈现温和状态，仍然可以看出有中线在盘中积极建仓。尤其是该股在经过黑太阳之后，于2008年1月~2月之间的调整行情中呈现地量结构。这种地量结构均是中线主力在盘中建仓性操盘的结果。2008年3月之后，在大盘反复下跌的情况下，该股却主动性放量走强。这说明中线主力已经进入第二阶段拉高建仓操盘计划。因此，必须临盘选择低点建仓狙击。该股演变为中长线大黑马已经成为定局，中短线均可密切跟踪。

第三节 黑太阳技术实战案例

【道破K线天机】实战图谱066

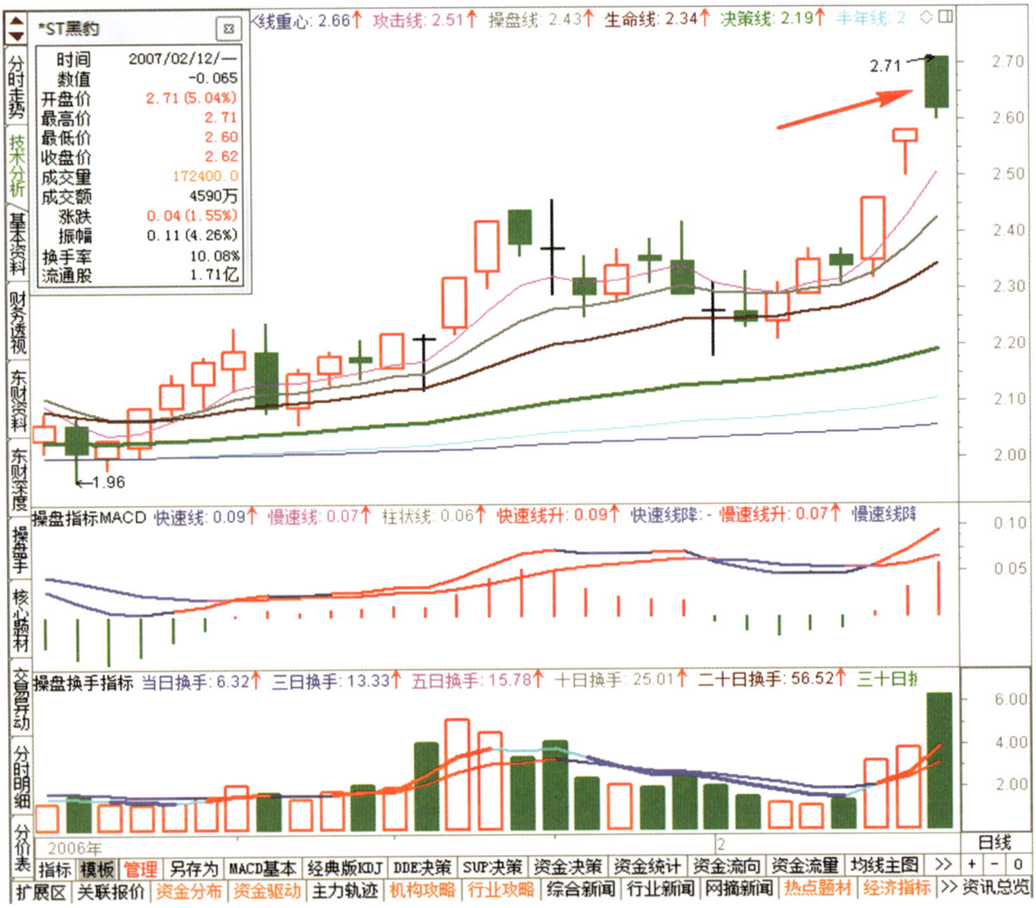

图例066 中航黑豹（600760）日K线走势图谱

技术研判与操盘决策：

2007 年 2 月 12 日，该股主力首次实施黑太阳技术。当天换手率达到 10% 以上，涨幅 1%，而振幅达到 4% 以上。该股已经突破底部平台，呈现加速上涨趋势。因此，今日盘中黑太阳是主力有意识的震仓行为。目前股价已经处在中级大波段上升通道中。所有的震仓动作均是中线加仓狙击的绝佳机会。临盘应果断建仓。

【道破 K 线天机】实战图谱 067

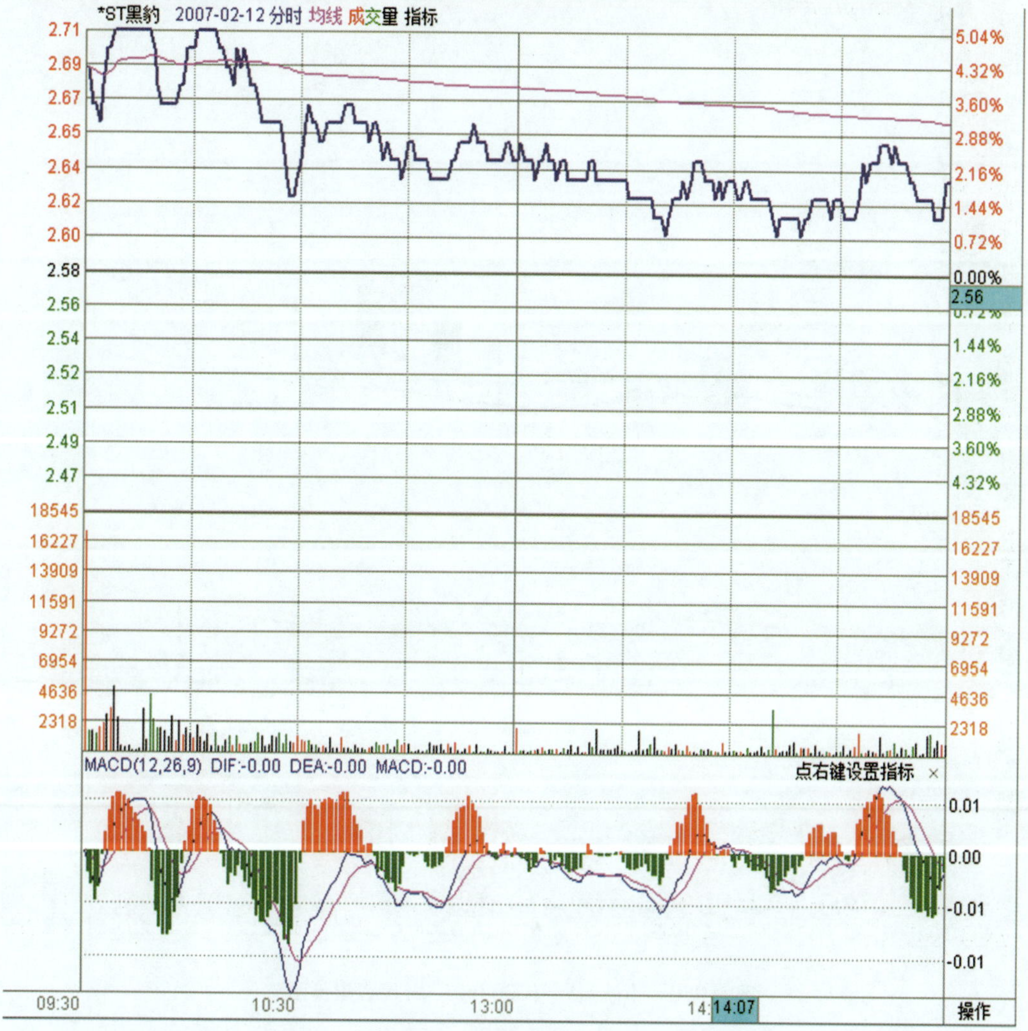

图例 067 中航黑豹（600760）全天即时走势图谱

技术研判与操盘决策：

从该股当天的即时图形中发现主力意图。早上开盘的集合竞价中，主力用 100

万股大单对敲，准备打压股价。股价早盘涨停后于第二时间段开板。盘中反复震荡盘跌，主力实施打压动作。从波形结构中发现不断出现冲击波形态。说明目前仍是主力拉高建仓阶段。盘中打压是诱空性操盘手法。临盘积极参与建仓。狙击股价大波段行情。

【道破K线天机】实战图谱068

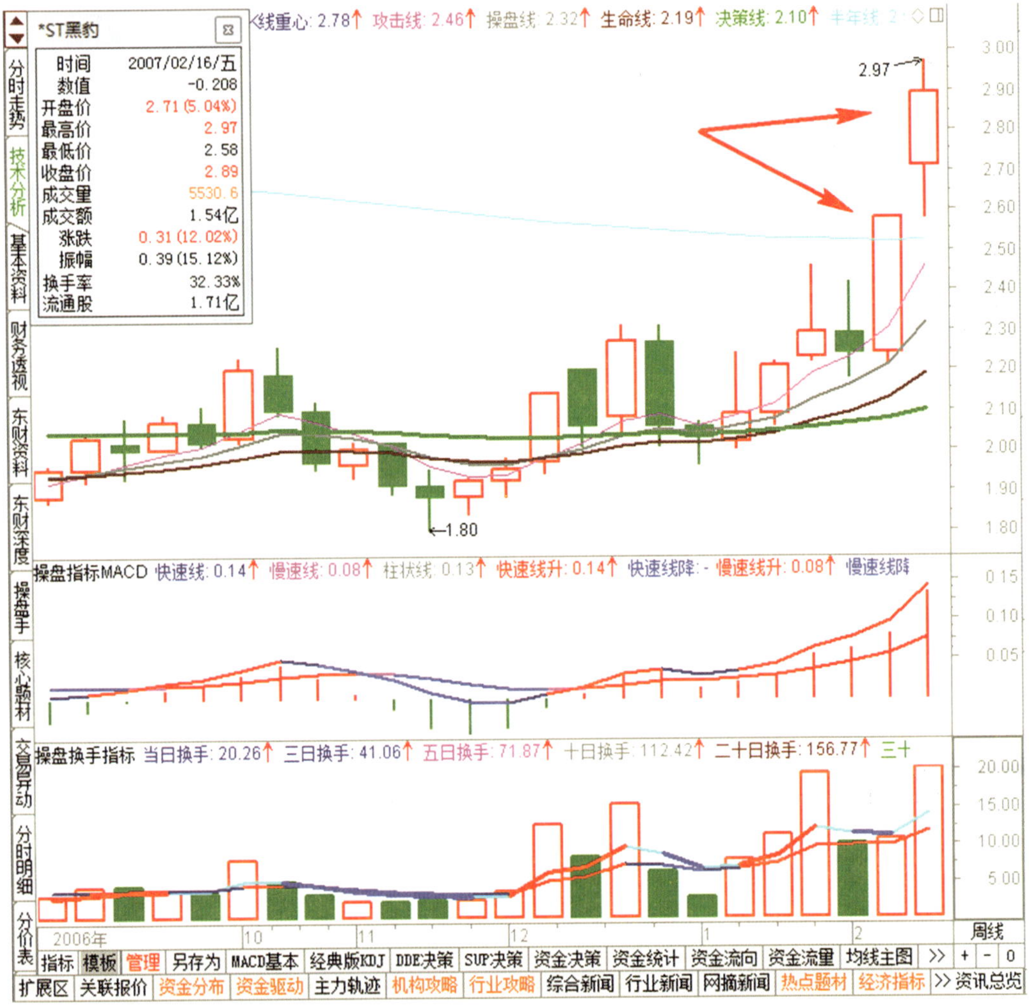

图例068 中航黑豹（600760）周K线走势图谱

技术研判与操盘决策：

该股周K线显示股价已经在底部横盘达一年之久。近三周K线组合已经形成向上突破形态。成交量不断放大，说明已经有中线主力进入建仓操盘阶段。均线系统和指标系统均金叉向上，该股中级大波段行情即将展开。

【道破 K 线天机】实战图谱 069

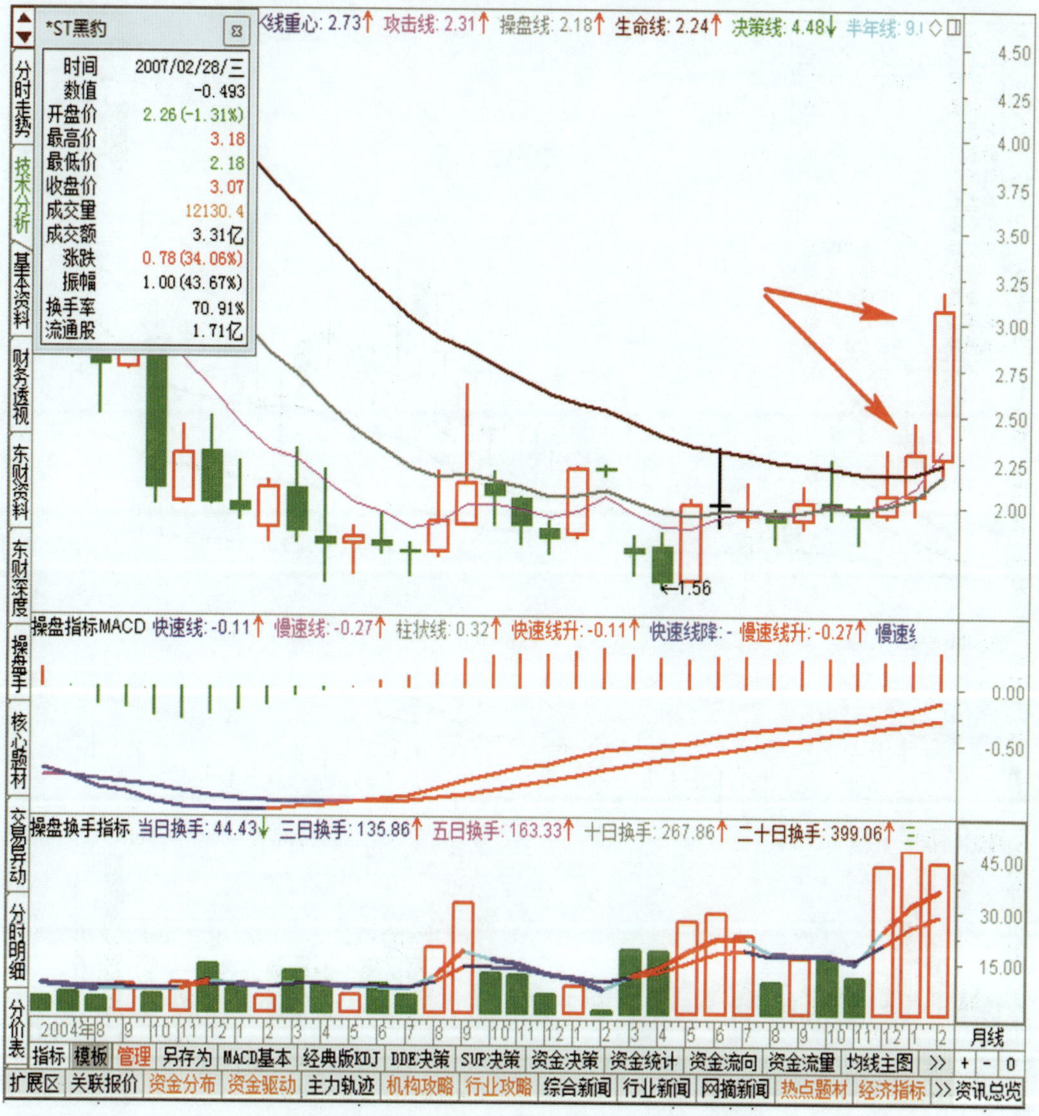

图例 069　中航黑豹（600760）月 K 线走势图谱

技术研判与操盘决策：

通过对该股月 K 线趋势形态中研判发现主力意图。该股近两月换手率巨大，成交量集中放大，说明行情将发生质变。月 K 线已经突破 20 月均线系统。5 月均线和 10 月均线正形成金叉。月 KDJ 指标已经金叉向上，中长线大行情一触即发。

【道破 K 线天机】实战图谱 070

图例 070 中航黑豹（600760）日 K 线走势图谱

技术研判与操盘决策：

今日该股高开后并未出现大幅下跌。盘中在攻击 5 线附近获得支撑后迅速展开攻击，并以涨停报收。成交量持续放大。但应注意相对昨日略少的细节。成交量有所减少，说明继续上攻动能也在减弱。如果股价加速上涨之后，一旦滞涨，就将形成真正的调整。临盘继续按计划加仓。

【道破 K 线天机】实战图谱 071

图例 071　中航黑豹（600760）全天即时走势图谱

技术研判与操盘决策：

从当天即时走势中发现主力心思。主力采用三个波段的涨停手法攻击涨停。攻击波形均带有明显的冲击波结构特征，说明主力还在拉高建仓中。第三时间段至第四时间段封停时，并未见巨量大单抛压，说明盘口较轻。盘口轻一方面说明筹码稳定，另一方面说明主力吸筹较难。因此，后市主力仍将有较复杂的操盘手法出现，以达到建仓的目的。

【道破K线天机】实战图谱 072

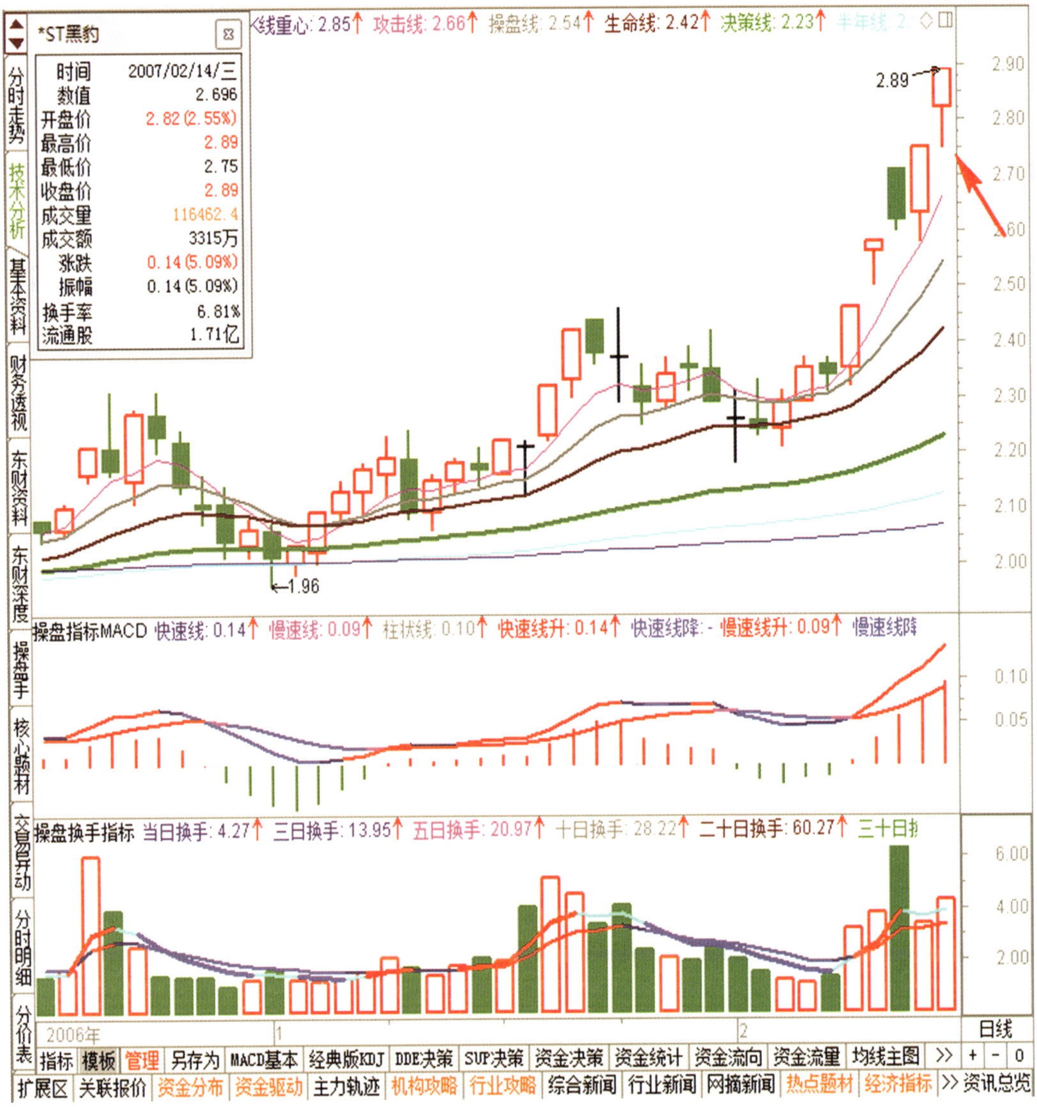

图例 072　中航黑豹（600760）日 K 线走势图谱

技术研判与操盘决策：

今日该股继续高开高走攻击涨停。成交量较昨日略有放大。经过前日黑太阳手法以来，股价已经产生两个涨停板。主力明显在盘中实施以快打慢的操盘手法。操盘风格较为明朗凌厉，没有拖泥带水的痕迹。盘中有这样的主力操盘，该股演变为强势中线大牛股将成为必然。

【道破K线天机】实战图谱073

图例073 中航黑豹（600760）全天即时走势图谱

技术研判与操盘决策：

从该股即时走势形态中发现主力操盘意图。今天在第五时间段涨停。但涨停后反复开板。

这种开板一方面表示主力诱空，另一方面也说明股价大幅上涨的动能正在减弱。今日涨停力度出现匮乏迹象。说明股价有展开阶段性洗盘调整的趋势了。

【道破K线天机】实战图谱074

图例074 中航黑豹（600760）日K线走势图谱

技术研判与操盘决策：

今日该股果然滞涨。当天盘中反复震荡，以带上下影线的小阴K线报收。成交量迅速减少。调整时缩量是健康的标志。说明主力有意控制盘面股价的波动节奏。既然股价滞涨进入调整，短期内应关注攻击线的支撑力度。回调时就是最好的加仓机会。

【道破K线天机】实战图谱075

图例075 中航黑豹（600760）全天即时走势图谱

技术研判与操盘决策：

从该股的即时图形中发现，当天仅仅是窄幅整理。波形结构出现明显的冲击波特征。说明主力还在盘中积极建仓。股价窄幅调整，重心并未出现下移迹象。属于典型的强势整理特征。这种技术性调整的时间一般均会在三天内结束。

【道破K线天机】实战图谱076

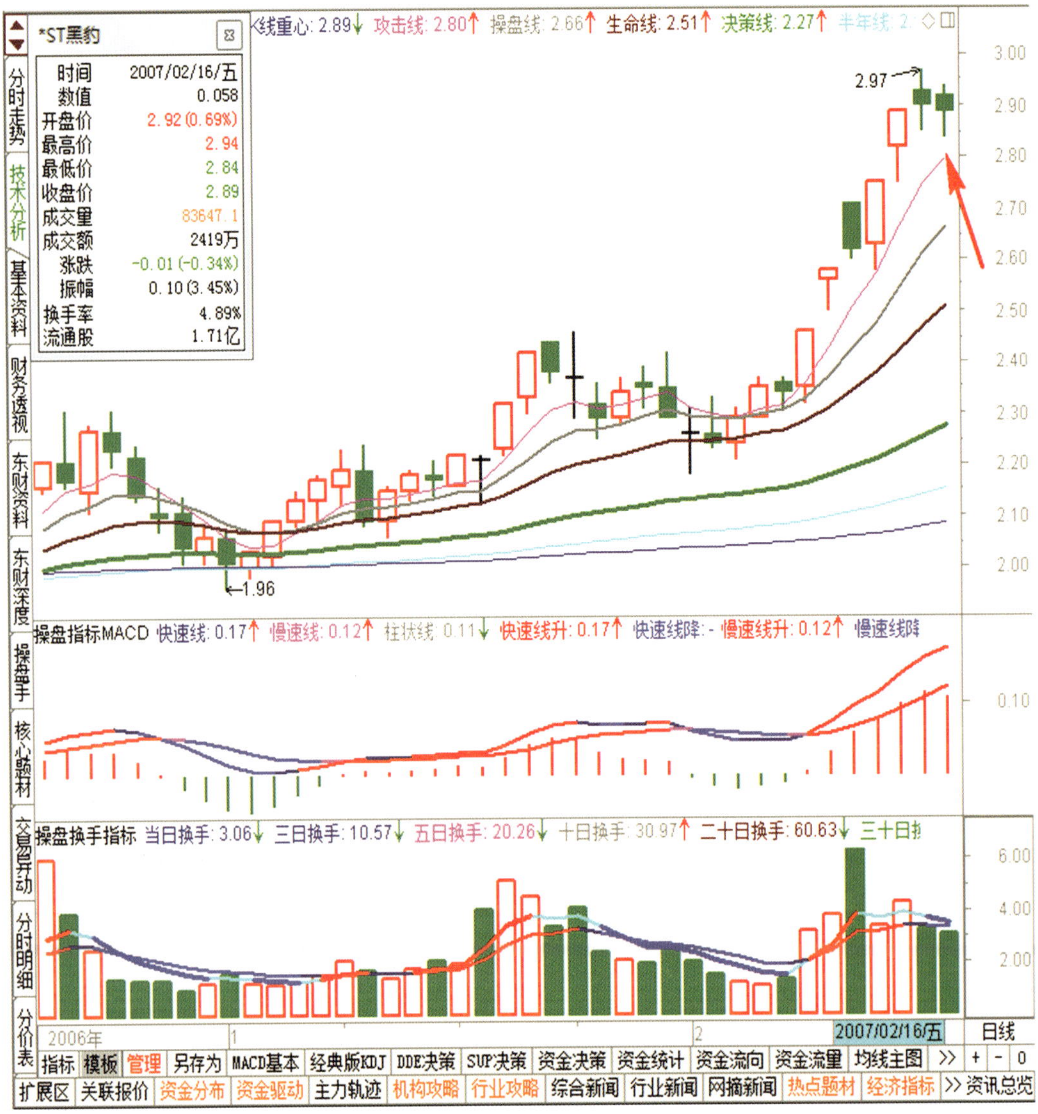

图例076　中航黑豹（600760）日K线走势图谱

技术研判与操盘决策：

该股今日继续窄幅整理。连续两天出现小阴K线结构，是典型的上升中继形态。成交量与昨日基本持平，并未出现大幅减少现象。从形态看，主力无意大幅下调。攻击5线已经迅速上移至2.78元一线，封锁了股价短线下调的空间。如果强势，该股次日必然展开再度攻击。

【道破K线天机】实战图谱077

图例077 中航黑豹（600760）全天即时走势图谱

技术研判与操盘决策：

从该股即时走势形态中分析。当天走势波动特征基本与昨日保持致。盘中仍然不断出现冲击波。从今日盘中走势中发现主力已经能够控制盘中波形走势形态和规律。这一现象，说明主力的控盘量已经达到基本要求。如果主力控盘量达标，下一步的大幅拉升计划就将展开。

【道破K线天机】实战图谱078

图例078　中航黑豹（600760）日K线走势图谱

技术研判与操盘决策：

今日该股高开高走。盘中迅速涨停，主力操盘坚决果断。涨停太快，所以导致全天成交量迅速减少。这是主力实施加速上涨的典型操盘手法。证明昨日的判断十分正确。

【道破K线天机】实战图谱079

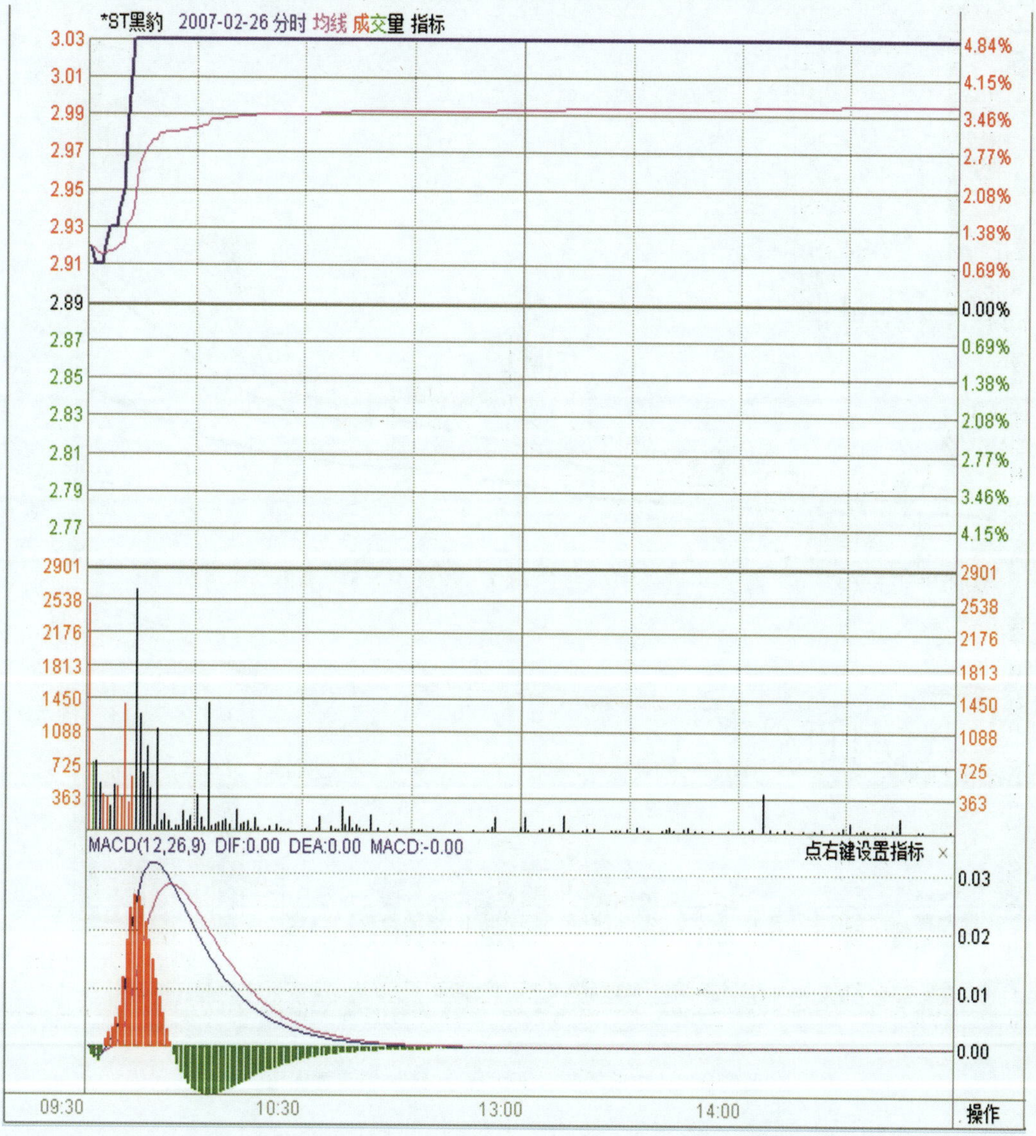

图例079 中航黑豹（600760）全天即时走势图谱

技术研判与操盘决策：

即时图形中显示该股主力早盘技术用大单逼空式买进推动股价上涨。盘中在15分钟内以一波涨停方式果断涨停。股价涨停后迅速封死，成交量大幅萎缩。这是主力并不给场外跟风盘任何机会。主力操盘手法十分凶狠强悍。攻击波形十分流畅，证明昨日对该股主力已经控盘的判断十分正确。

【道破K线天机】实战图谱080

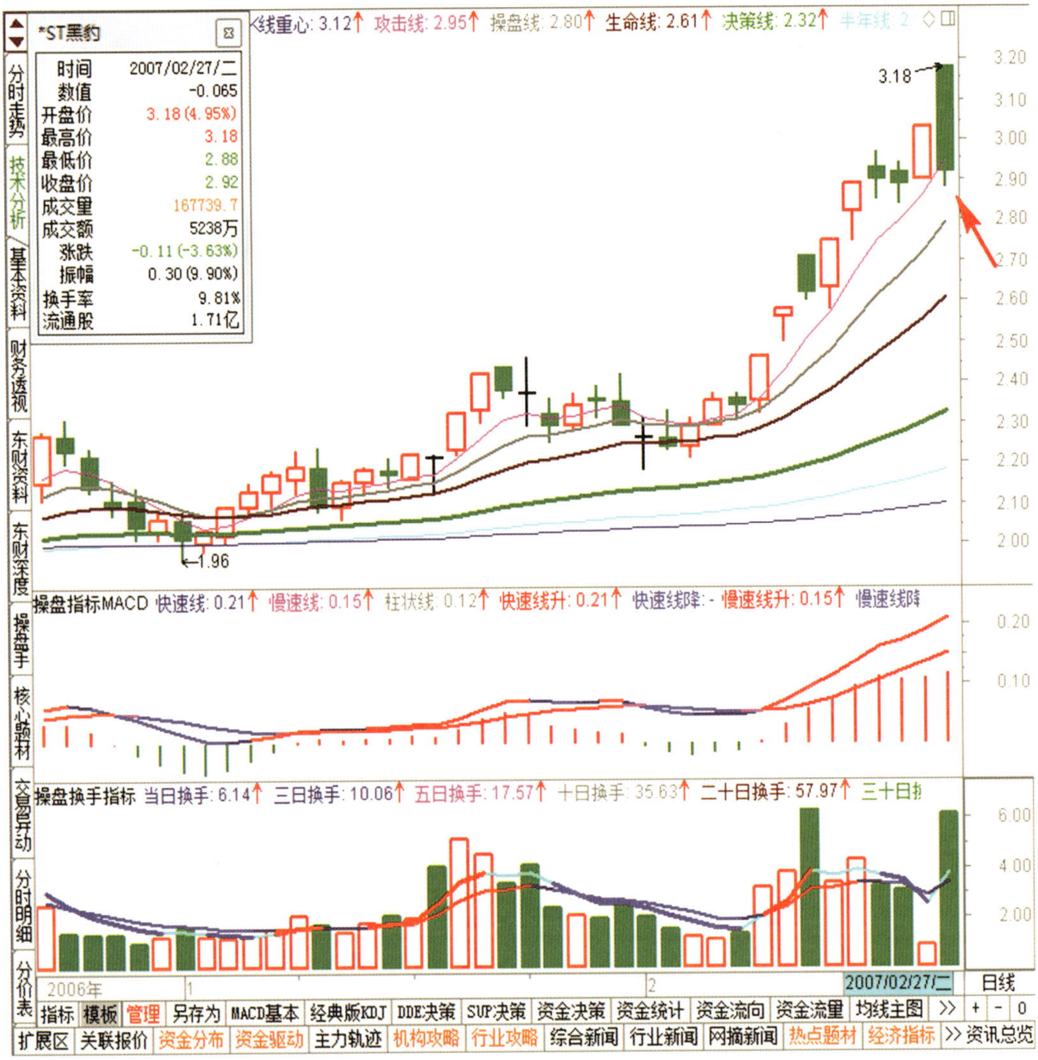

图例080　中航黑豹（600760）日K线走势图谱

技术研判与操盘决策：

今日该股大幅高开，再次实施黑太阳技术。当天换手率达9%以上，跌幅-3.63%，而振幅达到9%以上。可见当天该股以涨停开盘，形成巨量大阴K线结构特征。高位巨量长阴，难道主力已经在此价格见顶？目前从底部突破以来的升幅并不大。主力第二阶段拉高建仓后成本极高，在此见顶，基本没有多少获利空间。如果主力不是见顶，那么今天的行为就是最凶狠的洗盘动作。因此，次日的走势将极为关键。如果继续上涨，则今天是诱空洗盘无疑。

【道破K线天机】实战图谱081

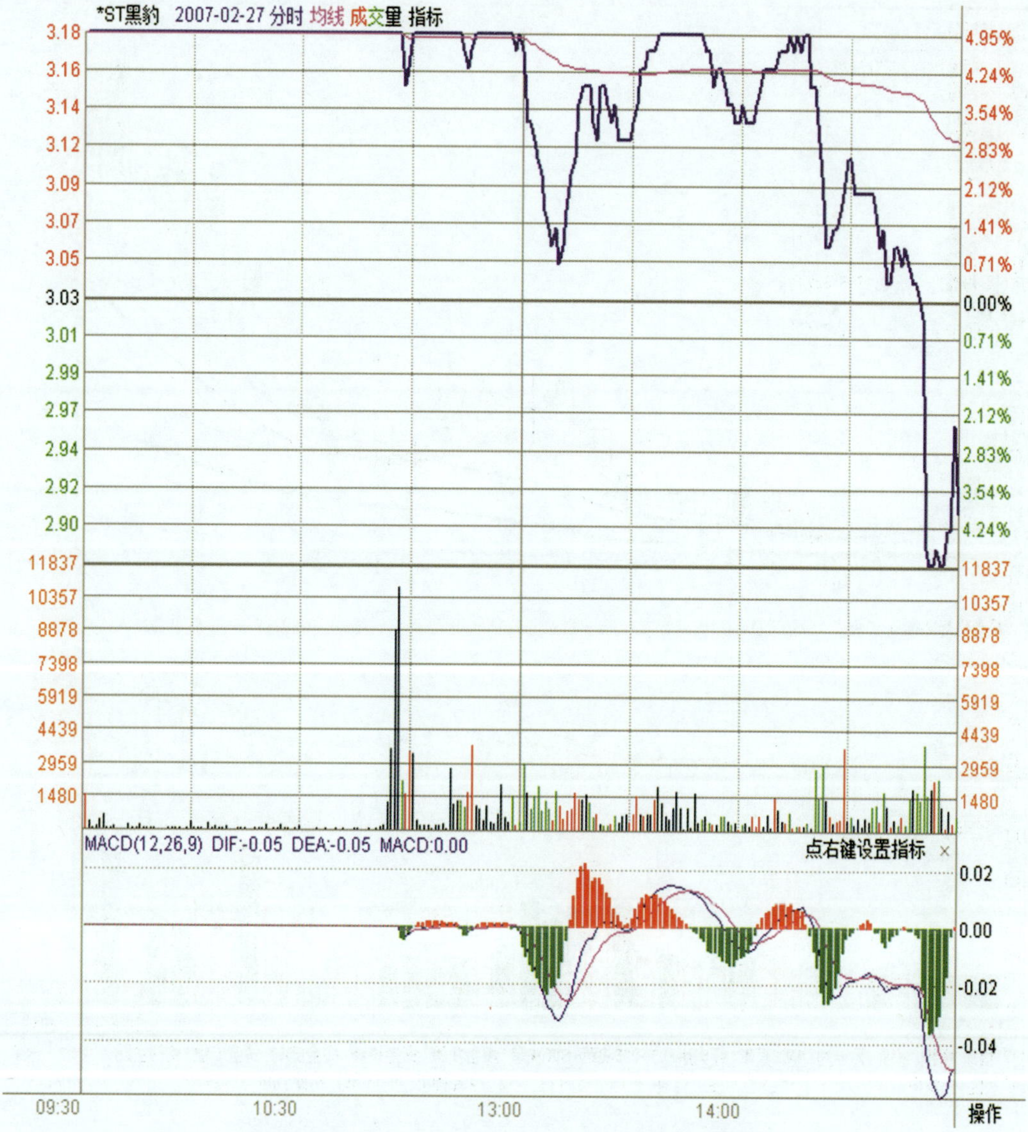

图例081 中航黑豹（600760）全天即时走势图谱

技术研判与操盘决策：

从该股即时走势发现主力秘密。股价在下午第四时间段之后反复开板。第五时间段第三次开板后，股价迅速下跌，形成跳水走势。这种跳水式下跌将引发盘中散户的极大恐慌。仔细发现下跌时，并无大单出现。说明是主力自我导演的一出跳水震仓行为。临盘继续加大建仓力度，坚决吃定主力。

【道破K线天机】实战图谱082

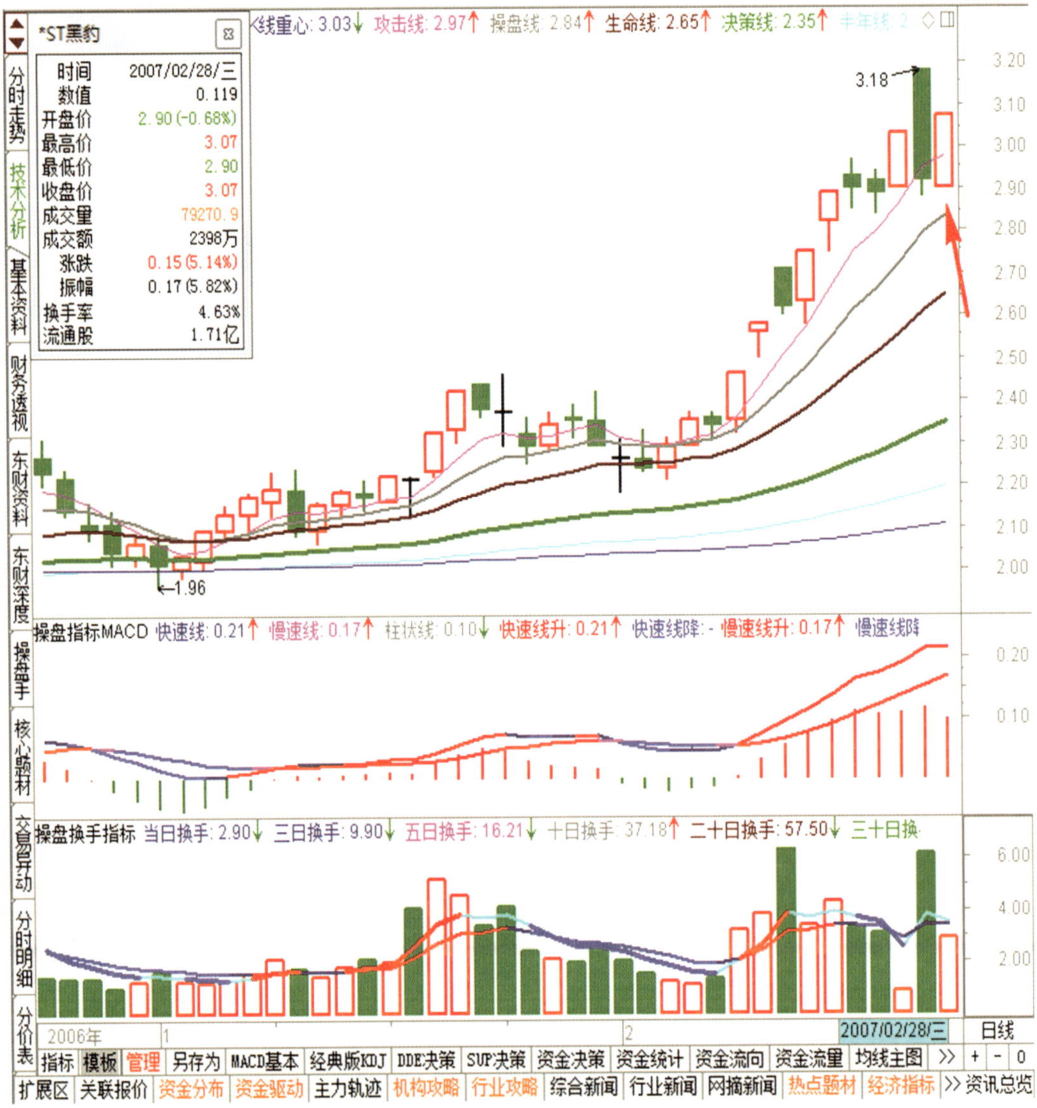

图例082　中航黑豹（600760）日K线走势图谱

技术研判与操盘决策：

今天该股早盘低开高走，在攻击线上获得强大支撑。盘中迅速涨停。说明主力昨日诱空震仓动作已经完成。同时，证明昨日对该股的判断正确。临盘应积极按计划加仓。只有最强的主力才会以闪电般的操盘手法迅速完成洗盘的操盘计划。

【道破K线天机】实战图谱083

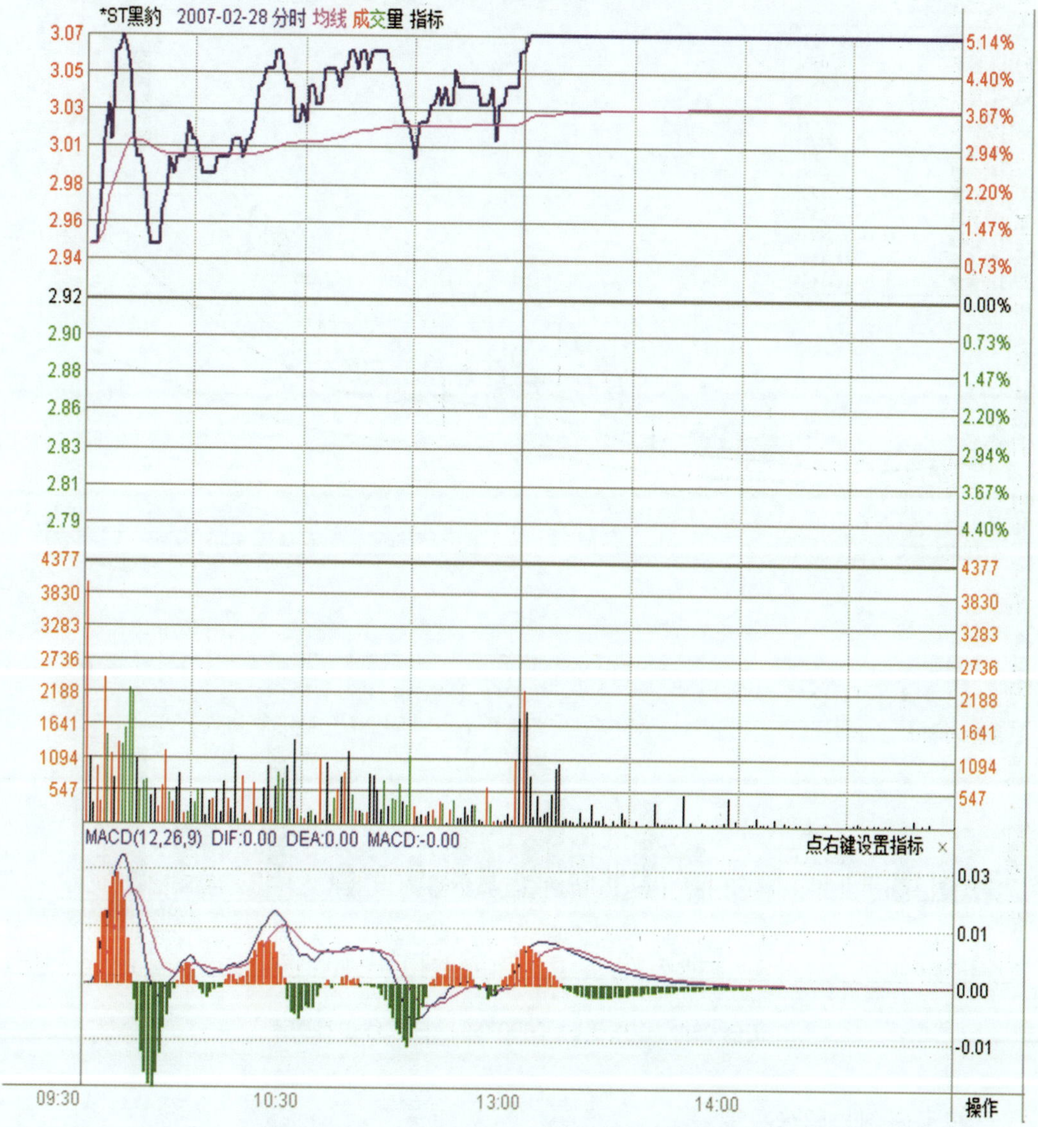

图例083 中航黑豹（600760）全天即时走势图谱

技术研判与操盘决策：

即时图形显示，该股在早盘低开时以巨量大单对敲。这种对敲出现在昨日震仓之后，是主力展开向上攻击的征兆。因此，临盘可迅速展开狙击。该股盘中于第四时间段开盘时涨停。

涨停后，成交量迅速萎缩。说明主力已经形成强力控盘状态。

【道破K线天机】实战图谱084

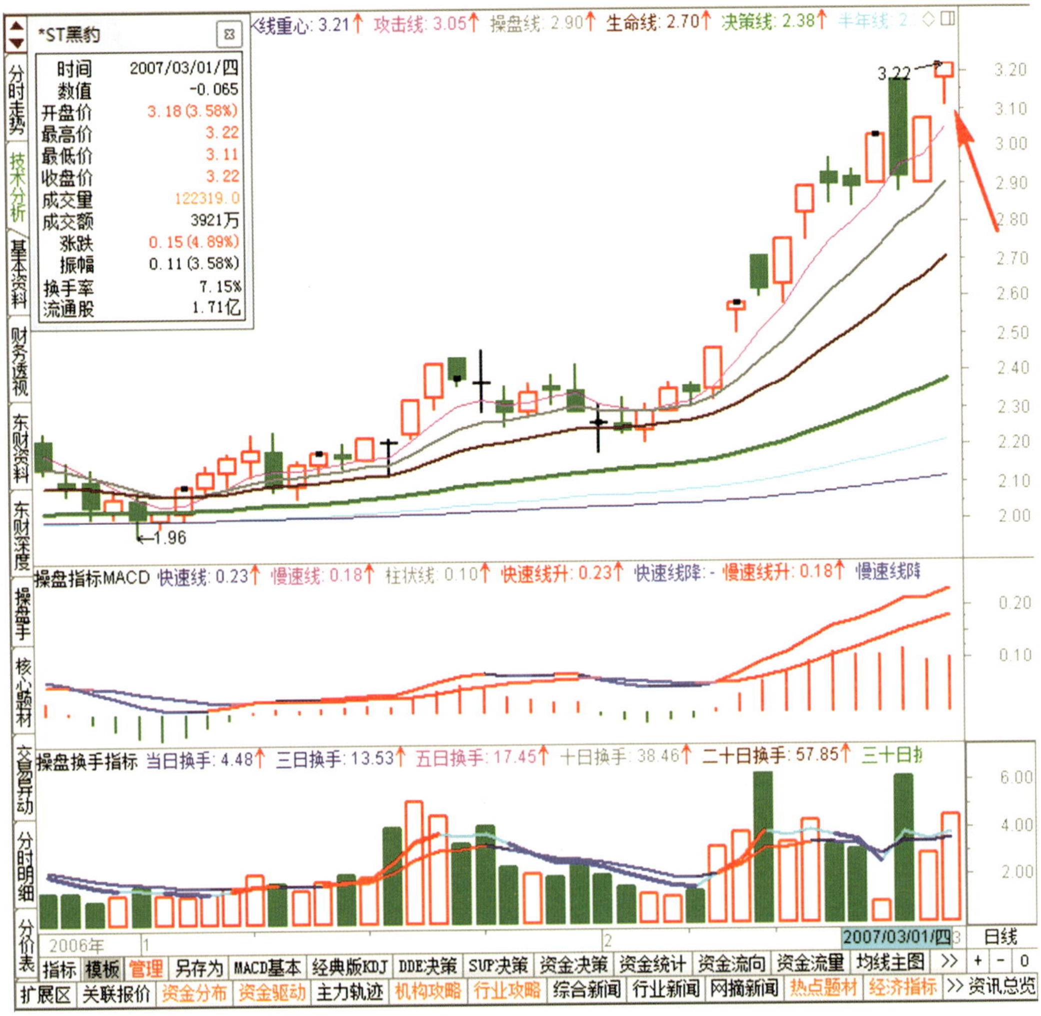

图例084　中航黑豹（600760）日K线走势图谱

技术研判与操盘决策：

今日该股高开后直奔涨停，收盘创出上涨以来的新高。成交量再次放大，一方面表明主力操盘力度已经加大。另一方面也显示上档抛压越来越大。如果股价一旦滞涨。主力将展开真正的洗盘行情。毕竟从黑太阳以来，股价整体升幅已经达到40%以上。但该股的强势趋势仍在，因此，洗盘反而是进一步加仓的极好机会。

【道破K线天机】实战图谱085

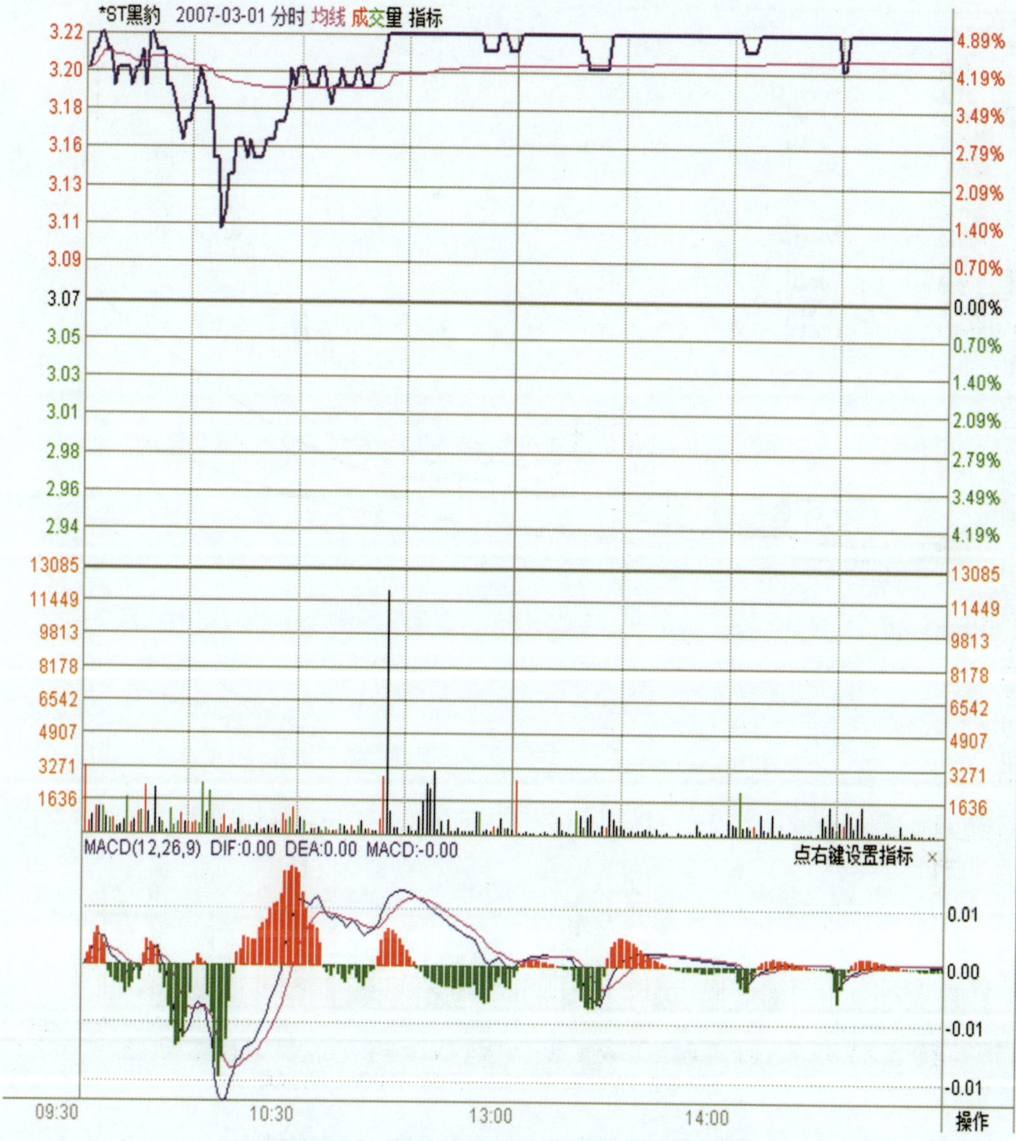

图例085　中航黑豹（600760）全天即时走势图谱

技术研判与操盘决策：

该股早盘出现攻击性放量，当天涨停成为定局。但盘中反复开板。说明上档抛压十分沉重。主力在这种操盘状态下，资金的消耗量十分巨大。如果不展开洗盘，将不利于进一步拉升。因此，该股在近期内必然展开较大级别的洗盘行情。

【道破K线天机】实战图谱086

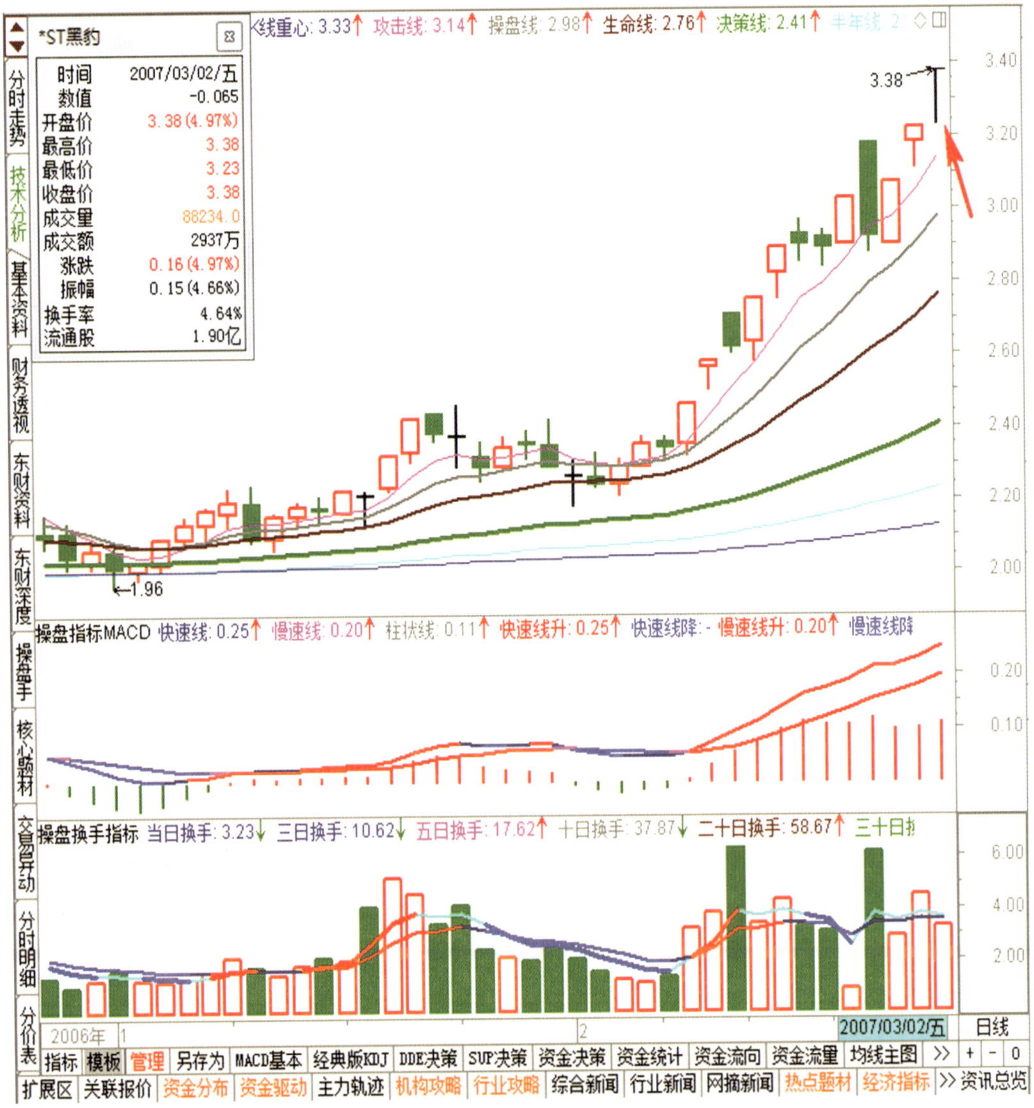

图例086　中航黑豹（600760）日K线走势图谱

技术研判与操盘决策：

今日该股再次涨停。盘中出现T字星K线结构。这是主力展开加速上涨的特征。但T字星的另一层意思也有短期行情终结的含义。成交量相对昨日略有减少，这是因为盘中涨停后成交萎缩所致。连续三个涨停板之后，股价必然进入阶段性整理。临盘按计划继续加仓。

【道破 K 线天机】实战图谱 087

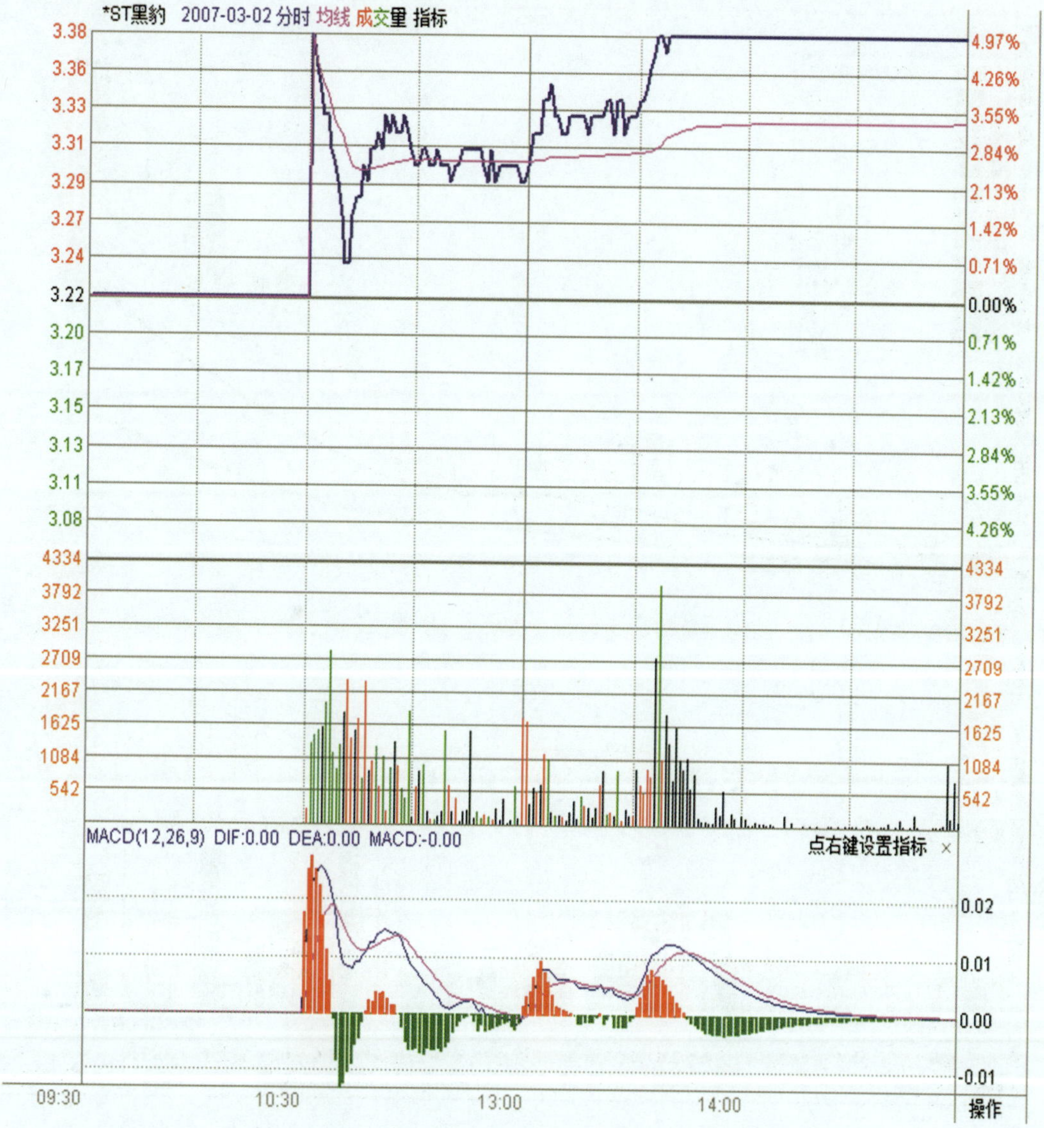

图例 087 中航黑豹（600760）全天即时走势图谱

技术研判与操盘决策：

即时图形显示该股复牌后以涨停开盘。盘中开板震荡时未见异常大单抛压，说明盘口较轻。同时，也说明主力已经完成控盘计划。第四时间段股价涨停时十分轻松，成交量配合十分健康。临盘积极加仓。

【道破K线天机】实战图谱088

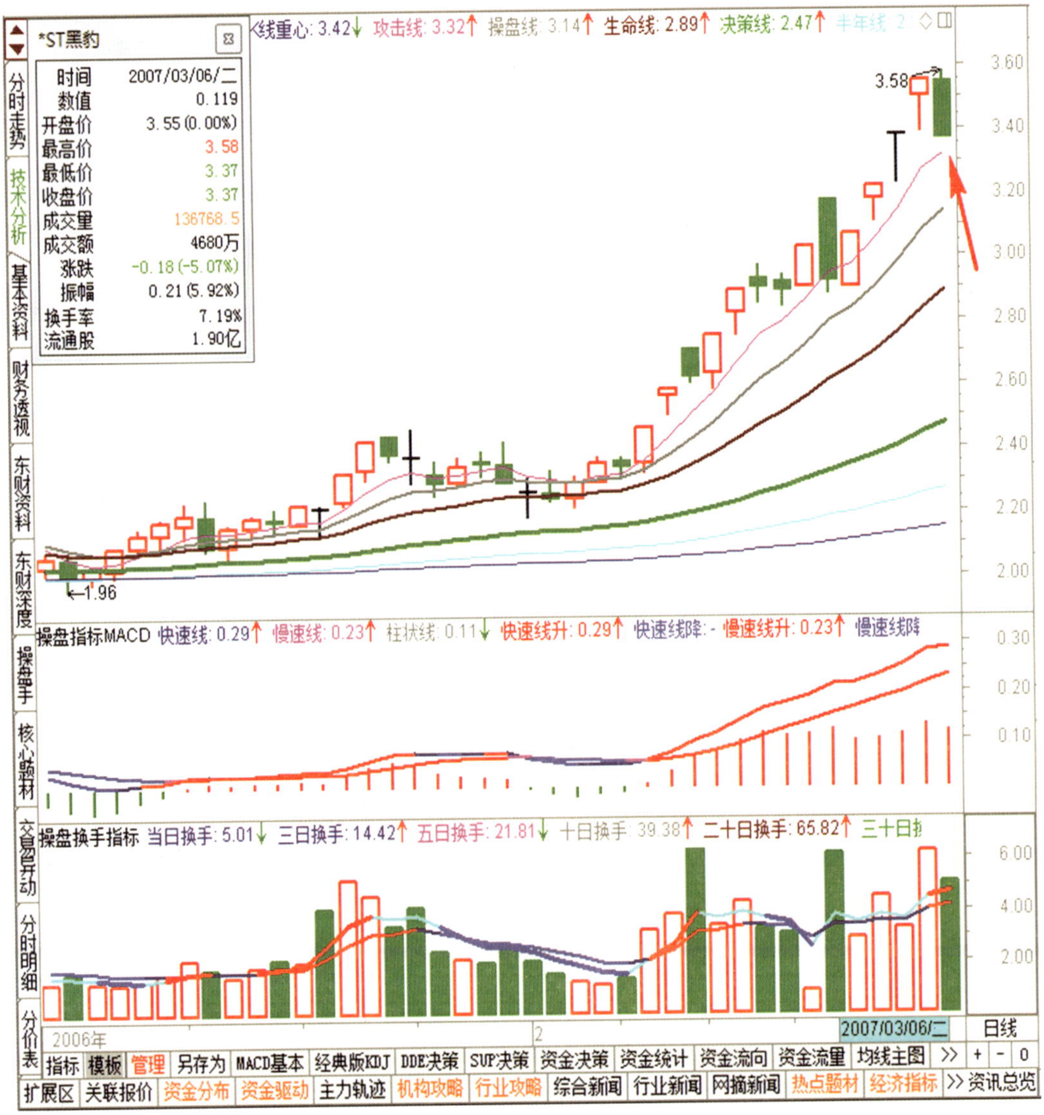

图例088　中航黑豹（600760）日K线走势图谱

技术研判与操盘决策：

该股在完成四个涨停板之后，今天展开杀跌洗盘。盘中跌停，以中阴K线报收。上涨迅速，下跌也很干脆，是强势主力的典型操盘风格。由于该股下跌放量，因此，本次主力洗盘力度应该较大。相应的洗盘时间也必将较长。但无论如何，强势主力的洗盘行情最长不能超过5天。临盘步署在操盘线之上展开第二阶段的加仓狙击计划。

【道破K线天机】实战图谱089

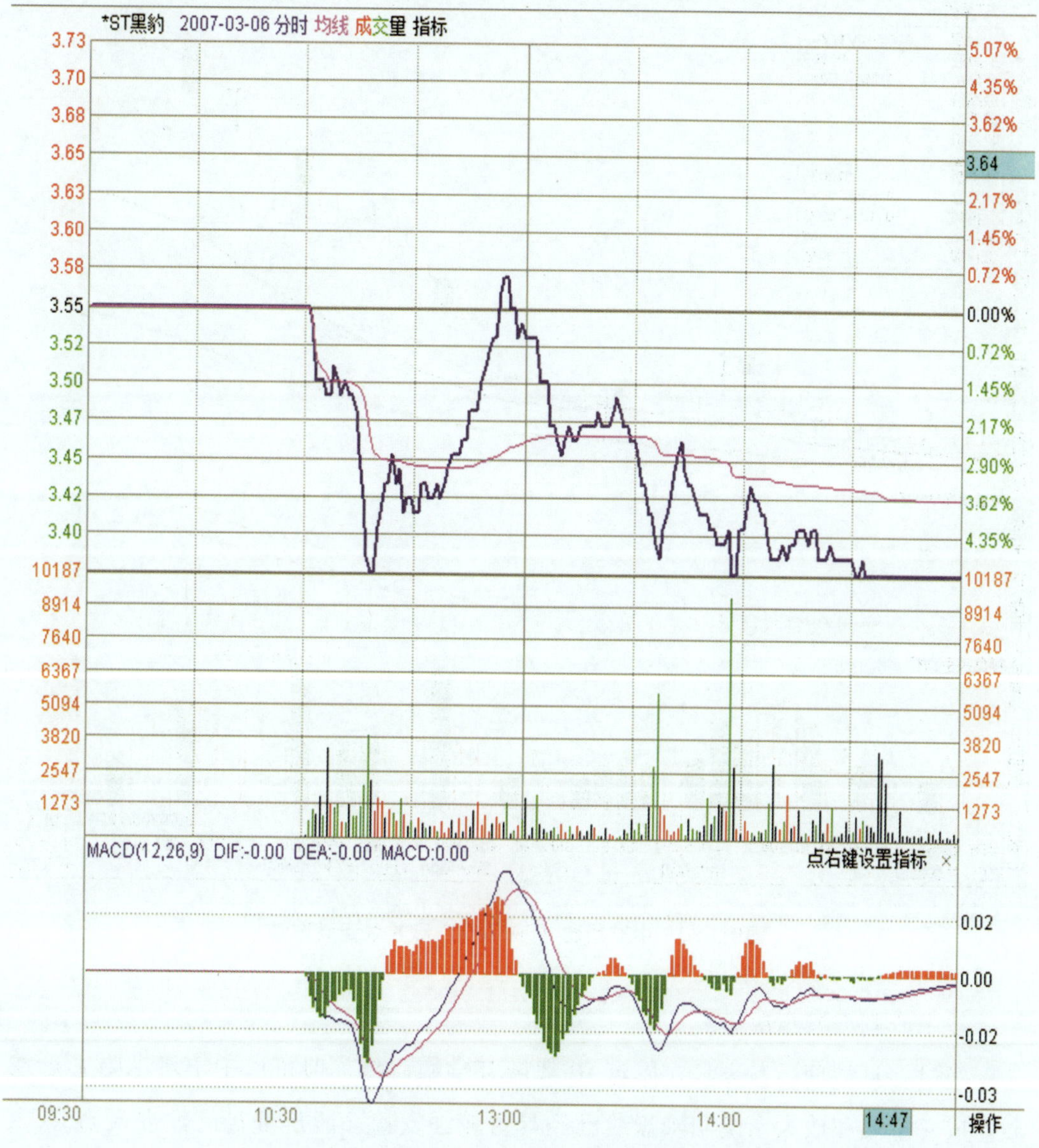

图例089 中航黑豹（600760）全天即时走势图谱

技术研判与操盘决策：

即时图形显示主力在尾盘利用对敲单打压股价至跌停位置。当天盘口走势波形并不流畅，出现脉冲波结构。这说明主力在控盘状态下的打压，缺乏跟风盘恐慌性斩仓的配合。盘中缺乏散户斩仓配合，将促使主力会加大洗盘力度。无论如何，操盘线是本次洗盘行情的极限。临盘应密切关注主力操盘细节的变化。

【道破K线天机】实战图谱090

图例090　中航黑豹（600760）日K线走势图谱

技术研判与操盘决策：

经过多日整理后，今日在操盘10线展开窄幅震荡。股价以十字星小阳K线报收。成交量温和放大。说明操盘线已经具备较强支撑。股价洗盘已经进入第五天，时间上已经较为充分。如果强势操盘，主力应在次日结束洗盘行情。

【道破K线天机】实战图谱091

技术研判与操盘决策：

即时图形显示该股在盘中出现脉冲状冲击波形结构。脉冲波进一步表明主力已经完全控盘特征。今天股价已经不再创新低，并展开反弹。说明主力的洗盘动作已经完成。临盘按计划于今日顺利结束第二仓加仓操盘计划。

图例 091 中航黑豹（600760）全天即时走势图谱

【道破 K 线天机】实战图谱 092

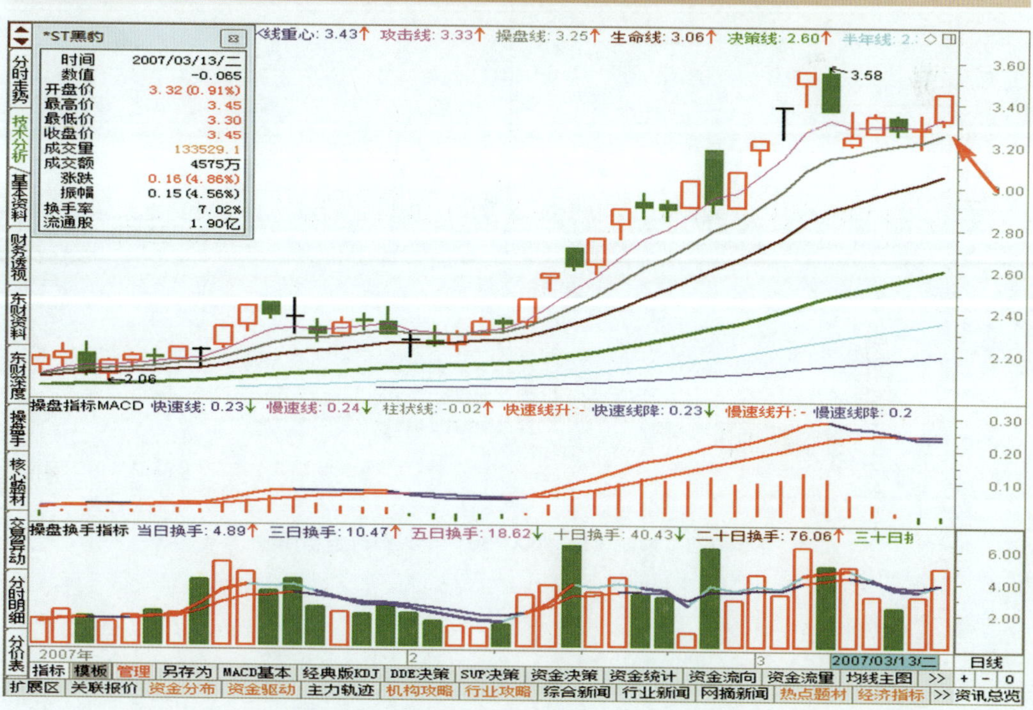

图例 092 中航黑豹（600760）日 K 线走势图谱

技术研判与操盘决策：

今日该股果然高开高走向上攻击突破攻击5线。盘中以涨停报收，强势特征十分显著。

成交量迅速放大，主力操盘力度进一步加强。股价重新展开上涨，一方面表明洗盘计划胜利完成。另一方面显示主力第二阶段拉升计划已经展开。

【道破K线天机】实战图谱093

图例093 中航黑豹（600760）全天即时走势图谱

技术研判与操盘决策：

即时图形显示，该股早盘高开后回调未破昨天收盘价。盘中以一波长波拉升至涨停位置后反复震荡震仓。股价亦不击穿均价线，显示极强的操盘风格。第三时间段涨停时，盘口极轻。临盘发现主力用大单主动性买进，显示主力巨大的操盘决心。坚决持股，扩大账户盈利，迎接股价加速上涨的美好时光。

【道破 K 线天机】实战图谱 094

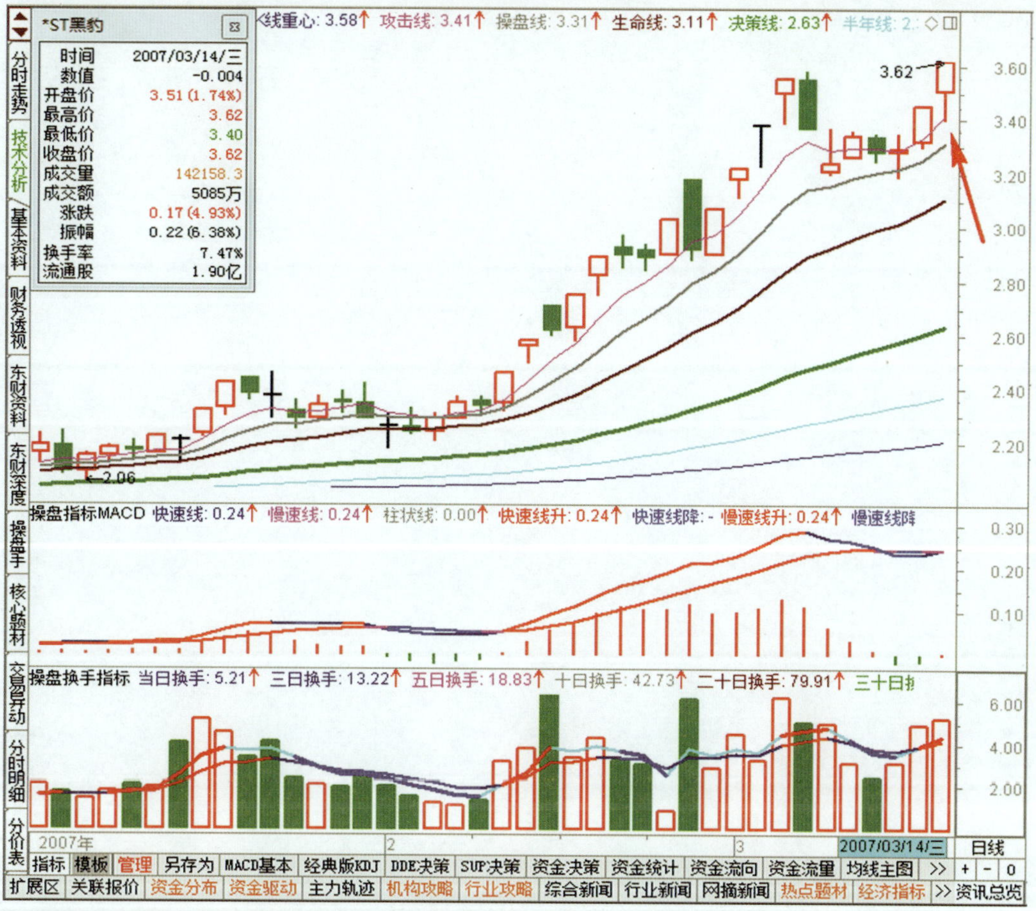

图例 094　中航黑豹（600760）日 K 线走势图谱

技术研判与操盘决策：

今日该股高开之后再次涨停。收盘价突破前期洗盘的高位，并创出上涨以来的新高。成交量再次温和放大，显示主力操盘力度不断加强。这样的主力操盘手法极为成熟果断，后续将不断有大量涨停板机会出现。该主力演变为中长线大黑马行情已经成为定局。临盘可以在每次回调整理时逢低狙击建仓，采取滚动式操盘策略，必然会大获全胜。

第四章
仙人指路

股价处在大调整阶段的中期底部、拉升阶段初期或者拉升波段中期，当天股价盘中高开高走放量攻击，但股价冲高之后，主力在盘中实施回头波打压震荡盘跌。量比 1 倍以上，换手率在 5% 以内，振幅在 7% 以上。股价在盘中反复盘跌后，最终以一要带长上影小阴阳 K 线报收。收盘时，股价当天仍然保持在 1% ~3% 左右的涨跌幅。当这种 K 线结构出现在上升波段中期或者大调整阶段的底部时，就是典型的仙人指路特征。仙人指路和大长针的形态相同而意义不同，大长针一般出现在阶段性顶部和底部，是股价反转信号。而仙人指路形态则通常出现在阶段性底部中期、拉升阶段初期和拉升波段中期，是主力进一步向上攻击性试盘动作。

第一节　仙人指路 K 线解码

一、仙人指路的定义

股价处在大调整阶段的中期底部、拉升阶段初期或者拉升波段中期，当天股价盘中高开高走放量攻击，但股价冲高之后，主力却在盘中实施回头波打压震荡盘跌。全天量比 1 倍以上，换手率在 5% 以内，振幅在 7% 以上。股价在盘中反复盘跌后，最终以一要带长上影小阴阳 K 线报收。收盘时，股价当天仍然保持在 1% ~ 3% 左右的涨跌幅。当这种 K 线结构出现在拉升阶段初期、上升波段中期或者大调整阶段的中期底部时，就是典型的仙人指路特征。

仙人指路出现在阶段性的中期底部，是主力展开向上攻击性试盘的动作。意在测试盘面筹码的稳定度，同时发出进一步加大建仓力度的操盘信号指令。如果当天反复盘跌的即时图形中，出现典型的冲击波型结构，则是主力打压建仓的重要特征。

仙人指路出现在拉升阶段的初期，是主力展开向上攻击性试盘动作，主要目的是测试盘面筹码的稳定度和上档阻力，同时暗中发出进一步攻击指令。股价在经过短期调整后，再度展开总攻的时间已经十分逼近了。因此，在当天反复盘跌的过程中，主力通过打压洗盘，为即将到来的正式拉升做好充分的蓄势准备。

仙人指路出现在拉升波段的中期，则是主力在盘中展开强势洗盘的操盘动作。股价当天攻击接近涨停时，随即主力利用大单在卖一至卖五档位置阻止股价上涨，并展开回头波方式打压股价。全天反复震荡盘跌，最终以带长上影小阴阳 K 线报收。股价收盘时仍然保持在1%～3%左右的涨跌幅。这种K线结构是主力拉高洗盘的重要操盘手法，属于极强势的操盘特征。洗盘完成后，通常还会出现更大更猛烈的涨幅。

仙人指路和大长针的形态相同而意义不同，大长针一般出现在阶段性顶部和底部，是股价反转信号。而仙人指路形态则通常出现在阶段性底部中期、拉升阶段初期和拉升波段中期，是主力进一步向上攻击性试盘动作。

二、仙人指路K线结构特征

仙人指路形态则通常出现在阶段性底部中期、拉升阶段初期和拉升波段中期。股价以一根带长上影小阴阳K线报收，收盘时仍然保持在1%～3%左右的涨跌幅。当天量比1倍以上，换手率在5%以内，振幅在7%以上。

三、仙人指路与主力操盘计划

仙人指路出现在阶段性的底部，是主力展开向上攻击性试盘的动作，意在加大建仓力度。

仙人指路出现在拉升阶段的初期，是主力测试盘面筹码的稳定度和上档阻力，暗中发出攻击指令。仙人指路出现在拉升波段的中期，则是主力在盘中展开强势洗盘的操盘动作。

四、真假仙人指路的识别法则

股价处在下降通道中，当天出现长上影小阴阳K线不属于仙人指路特征。当天量比达到5倍以上，换手率达到10%以上的巨量长上影阴阳K线不属于仙人指路特征。当天收盘时下跌至昨日收盘价之下，跌幅达到5%以上，不属于仙人指路特征。股价处在下降阶段的反弹行情中，当天出现长上影小阴阳K线不属于仙人指路特征。

五、仙人指路的最佳狙击时机

对于短线投资者来说，股价处在拉升波段行情中，出现仙人指路特征时，临盘应在收盘时或次日果断狙击。对于中线投资来说，股价处在阶段性底部时，出现仙人指路特征，临盘应在次日展开中线建仓计划。而股价处在拉升初期时，则要及时加仓。对于中长线投资来说，股价处在阶段性底部时，出现仙人指路特征，临盘应在次日展开中长线建仓计划。而股价处在拉升初期时，则要及时加仓。

第二节　仙人指路实战图谱

【道破 K 线天机】实战图谱 095

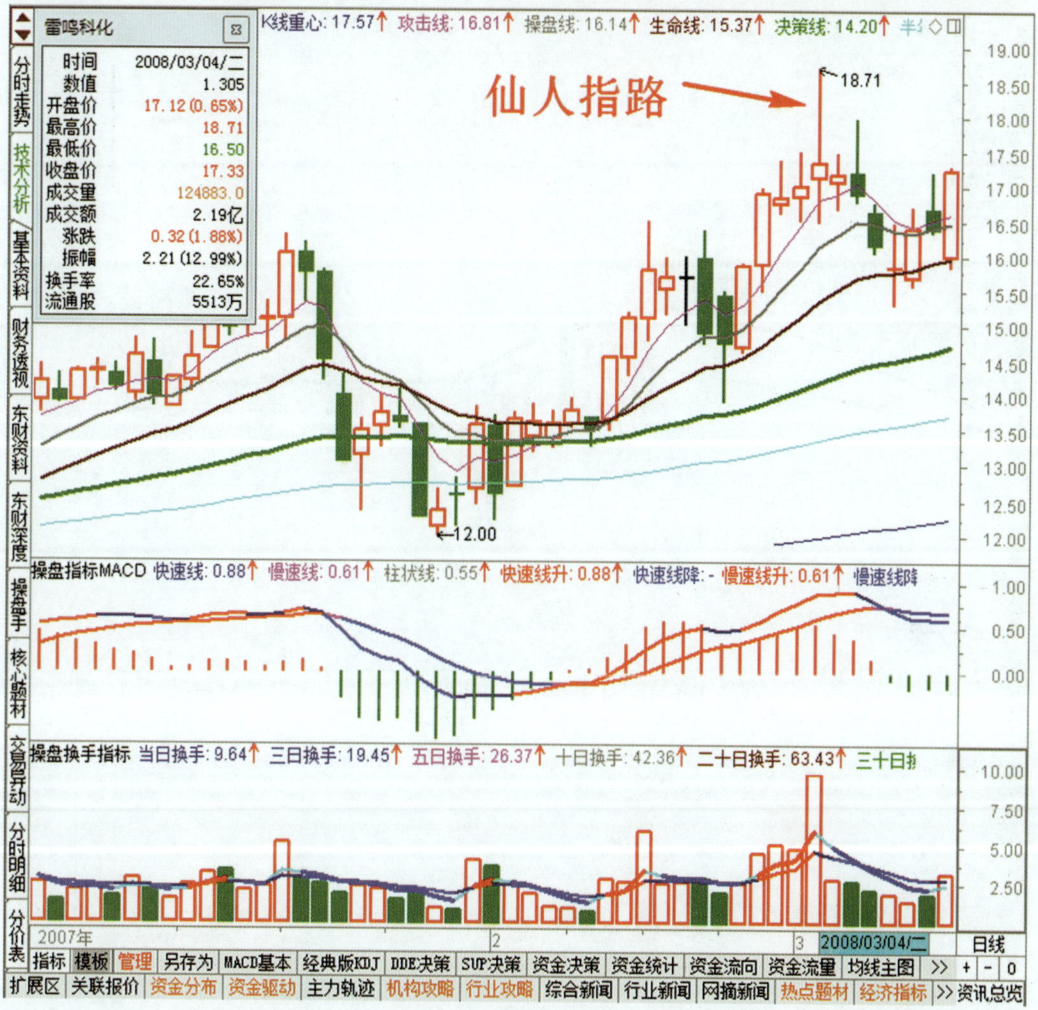

图例 095　雷鸣科化（600985）日 K 线走势图谱

技术研判与操盘决策：

2008 年 3 月 4 日，该股在阶段性高位出现仙人指路技术特征。当天换手率达到 22% 以上，涨幅 1.88%，而振幅为 12% 以上。仙人指路出现在阶段性高位，一方面是股价阶段性见顶的标志。另一方面也说明了股价未来的走势极有可能会突破该高位，而形成另一大波段行情。从该股高位回落后的量价结构看，成交量已经萎缩至地量特征。这通常是中长线主力控盘后的操盘结果，说明主力并未大规模出货。该股已经在3月28日形成上涨转折点信号。股价即将再度上涨。临盘应积极建仓，跟踪股价后续走势。

【道破K线天机】实战图谱096

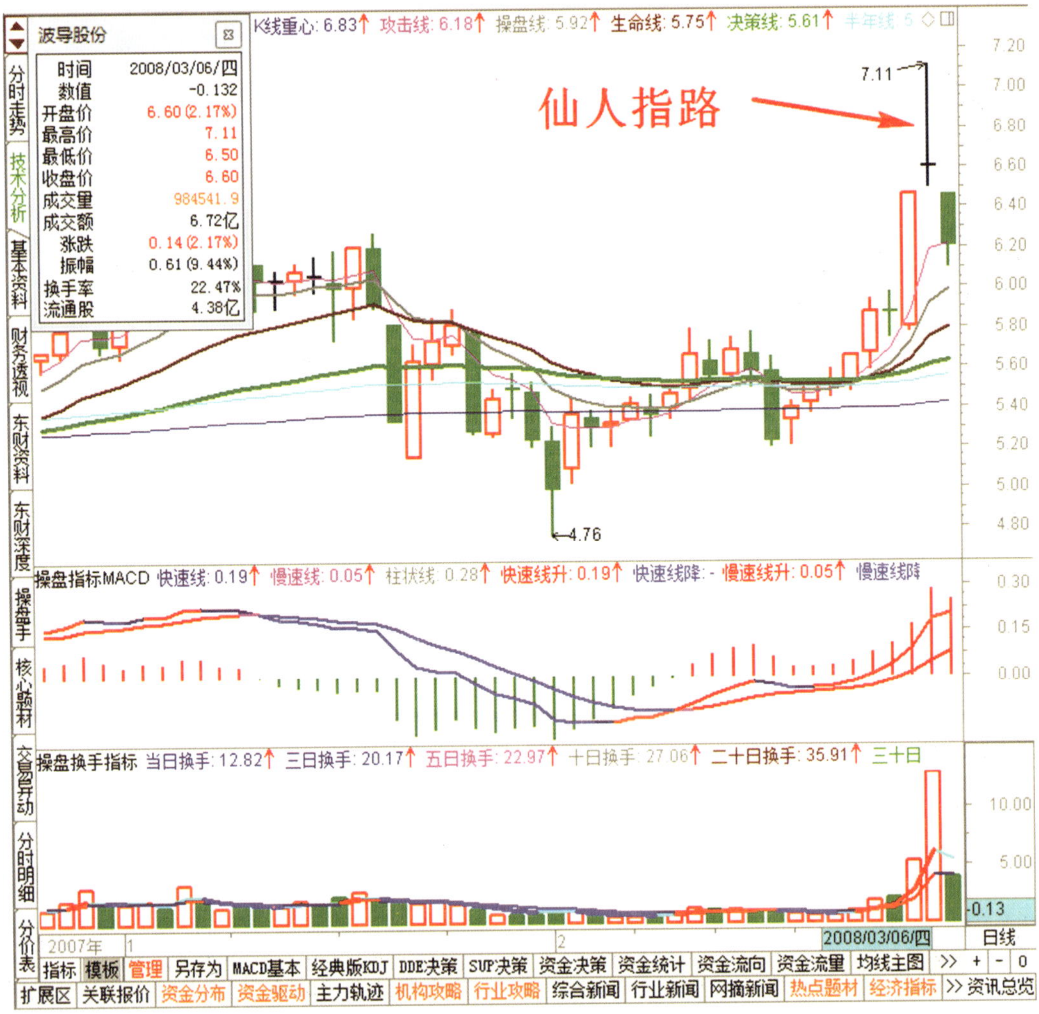

图例096 波导股份（600130）日K线走势图谱

技术研判与操盘决策：

2008年3月6日，该股在阶段性底部区域出现仙人指路技术特征。当天换手率达到22%以上，涨幅2.17%，而振幅为9%以上。仙人指路出现在阶段性底部，通常是主力建仓时向上试盘所产生的操盘结果。这种方式一方面是向上测试盘中的阻力。另一方面是激发盘面筹码的活跃性，为后续打压促使筹码松动作准备。仙人指路形成之后的股价一路下跌，这是主力直接打压的结果。量价结构显示，成交量一直保持均衡性特征，盘面交易较为活跃。说明盘中筹码松动现象明显，主力建仓获得成功。该股目前处在历史大底之中，此时应为中线主力建仓行为。临盘应积极跟踪，果断介入。

第三节 仙人指路实战案例

【道破 K 线天机】实战图谱 097

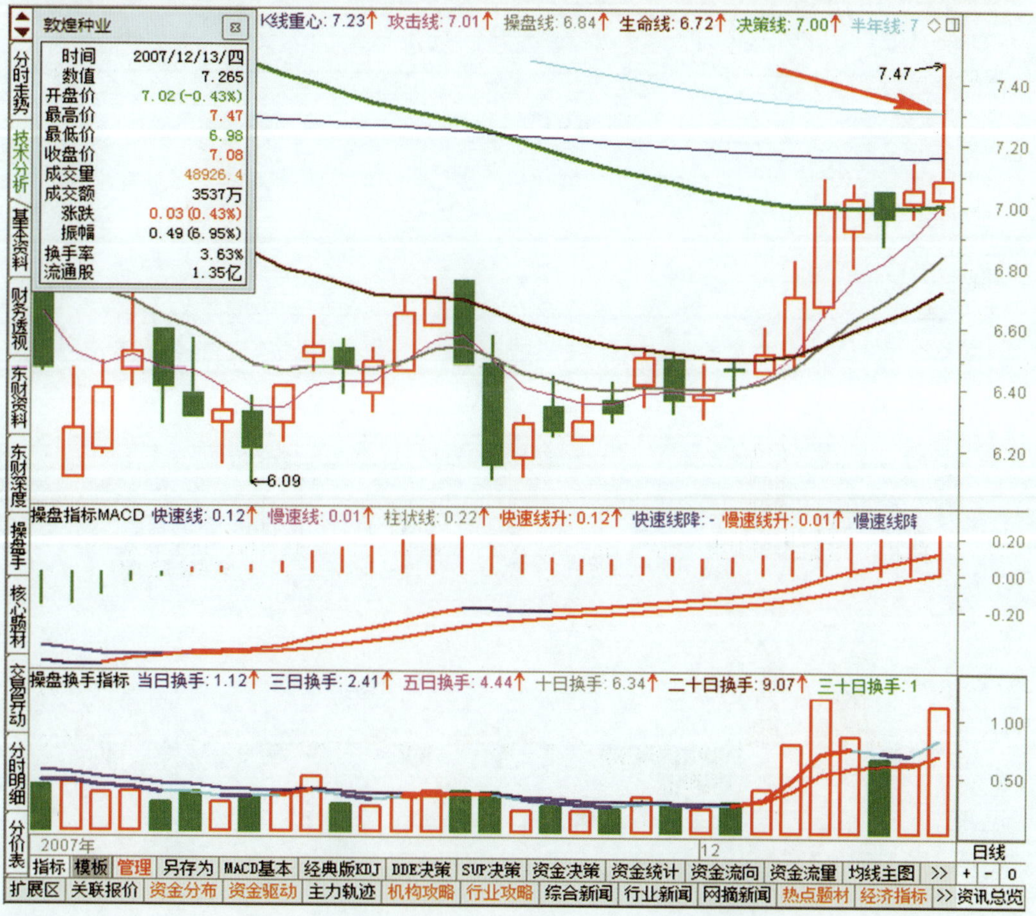

图例 097 敦煌种业（600354）日 K 线走势图谱

技术研判与操盘决策：

2007年12月13日，该股在向上突破决策60线时受阻，临盘形成一根带长上影的小阳K线。当天换手率为3%，涨幅0.43%，而振幅为6%以上。这是典型的仙人指路K线结构特征。股价刚刚从底部反复震荡盘升突破生命20线，成交量持续温和放大。底部持续放量均是中线主力建仓性操盘的结果。仙人指路出现在底部盘升阶段，是主力向上试探盘中阻力的操盘手法。同时也指明了股价的发展方向。

【道破K线天机】实战图谱098

图例098 敦煌种业（600354）全天即时走势图谱

技术研判与操盘决策：

该股全天即时图形中居然出现脉冲波结构。同时，还不断出现尖角状冲击波。当天盘面应为复合型波形结构，说明是中长线主力在盘中滚动操盘。从股价向下展开回头波打压状态分析。主力还会反复在底部位置进行震荡整理，以消磨盘中散户的持股信心。既然有中长线主力在其中操盘。临盘应果断实施中线建仓计划。

【道破K线天机】实战图谱099

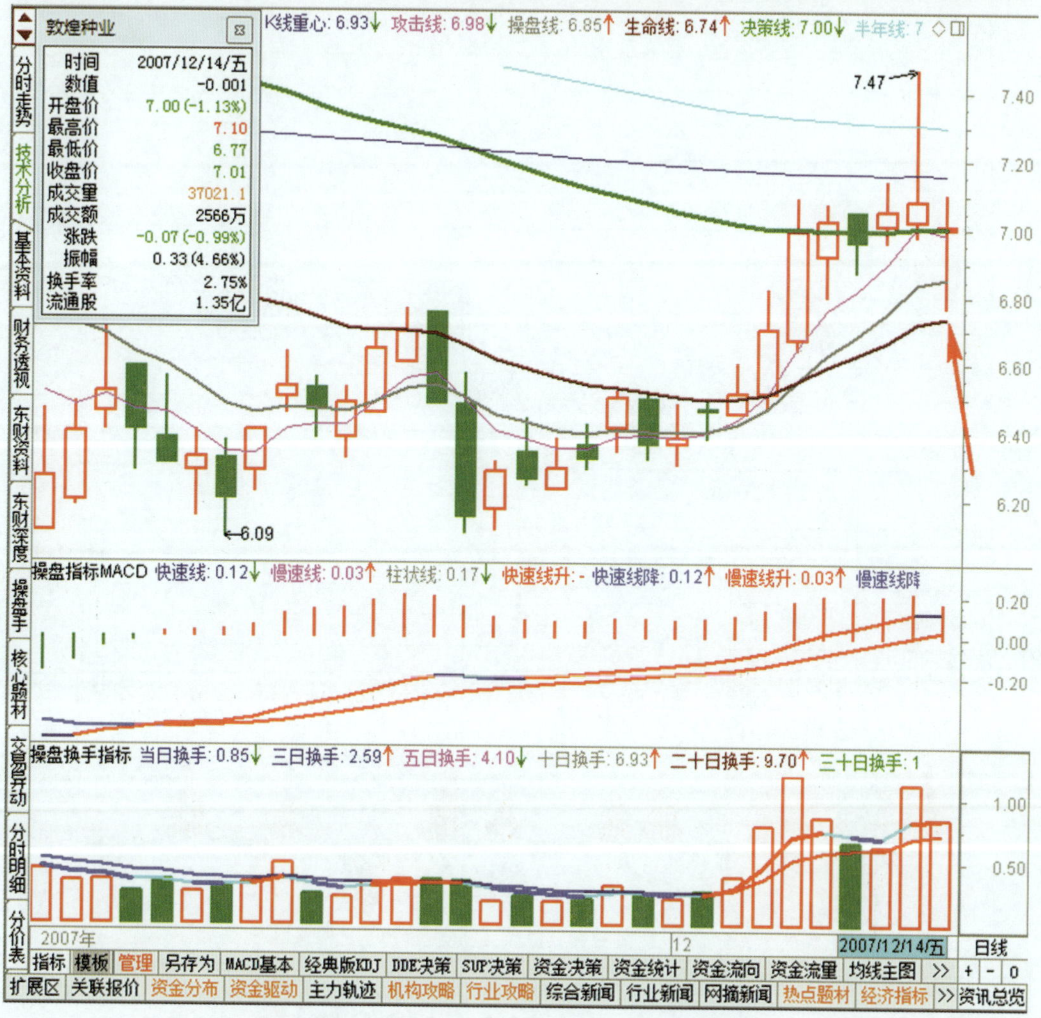

图例 099 敦煌种业（600354）日K线走势图谱

技术研判与操盘决策：

今日该股在操盘10线之上获得支撑而展开窄幅整理。盘中以十字星小阳K线报收，显示主力并无意大幅打压。从盘中形态结构分析，主力对操盘线的技术效果十分重视，因此，操盘线是本轮波段行情的生命线。总结过往的每一轮黑马行情中，我们发现，操盘线有着十分重要的意义。几乎每一轮波段行情均是在操盘线之上完成。一旦股价击穿操盘线，则意味着行情的终结。本次行情应该也不例外。成交量并未大幅萎缩，显示主力操盘力度仍在加大之中。临盘继续大力建仓。

【道破K线天机】实战图谱100

图例100　敦煌种业（600354）全天即时走势图谱

技术研判与操盘决策：

该股当天即时图形中的走势表明主力意图。股价仅仅在四个点范围内作窄幅波动整理。第三时间段反复震荡不能创新低，是主力明显在盘中的护盘行为。波形结构仍然呈现脉冲波特征。说明主力已经有一定的控盘量，并且能够控制盘面波动节奏。在阶段性底部出现这样的波形结构，一般均是中长线主力所为。临盘应逢低果断建仓，与主力抢筹。

【道破 K 线天机】实战图谱 101

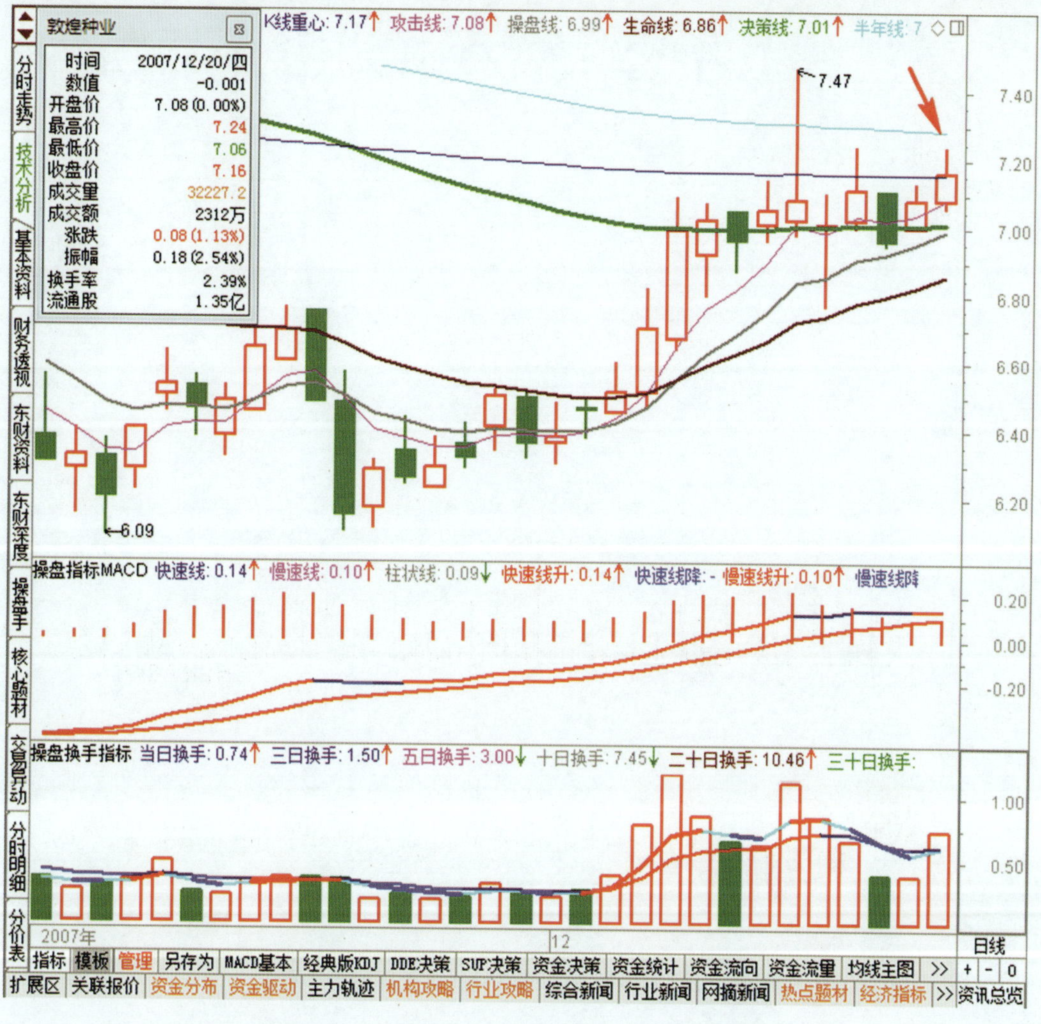

图例 101　敦煌种业（600354）日 K 线走势图谱

技术研判与操盘决策：

经过多日沉闷的窄幅整理后，股价依然没有击穿操盘线。今日盘中以小阳 K 线报收，居然已经突破决策 60 线。成交量相对前两日已经大幅放大，说明主力操盘节奏与力度均已加大。主力以时间换空间，不知不觉之间就突破了重要阻力区域。这样的操盘手法十分成熟和老练。只有高手和雄厚的实力才能展开这样的运作手法。临盘继续建仓，保持与主力一致的操盘节奏。

【道破K线天机】实战图谱102

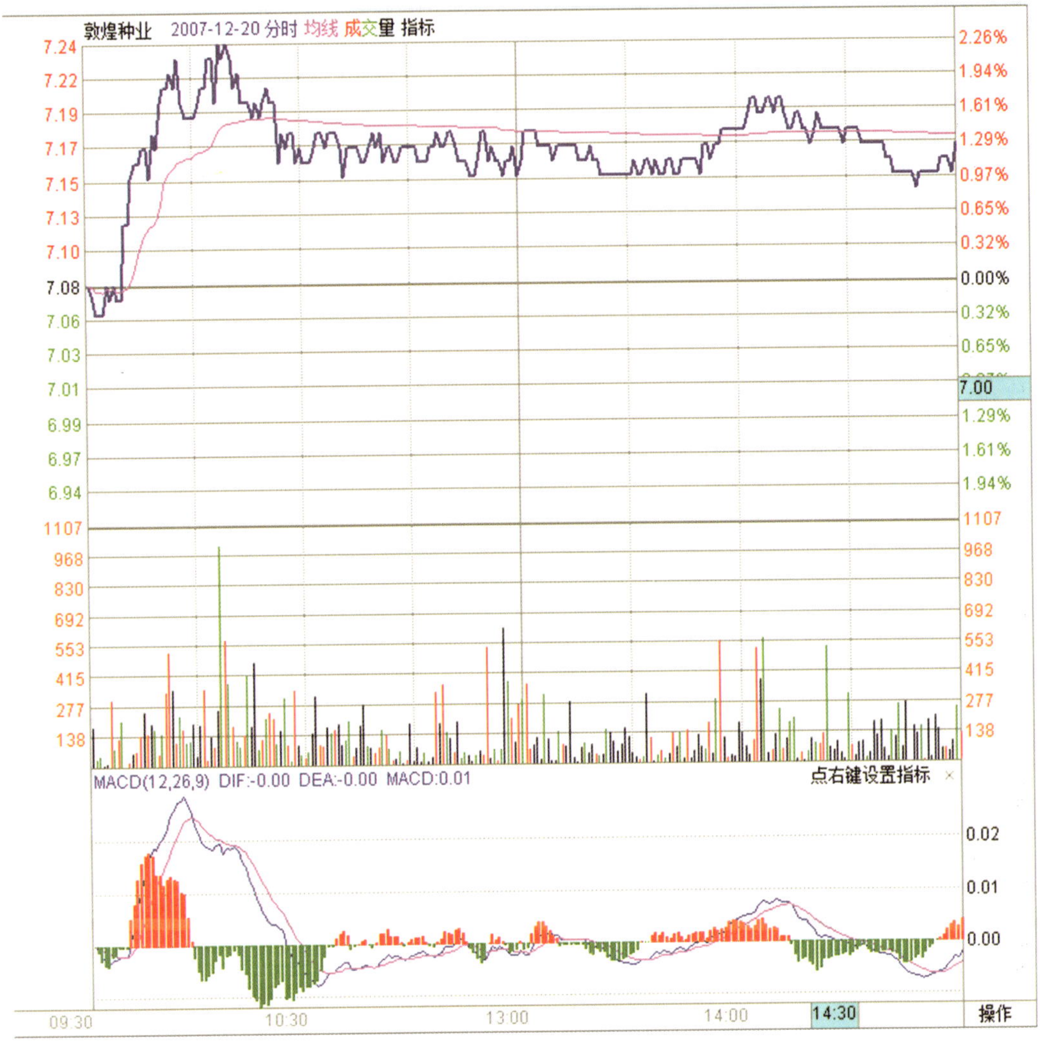

图例102 敦煌种业（600354）全天即时走势图谱

技术研判与操盘决策：

通过即时图形分析发现操作计划。当天攻击时不断出现锯齿状冲击波形结构。这种波形进一步说明主力在盘中滚动操盘的特征。在阶段性底部出现主力滚动操盘，一般情况下，主力买入量往往要大于卖出量。如果出现在阶段性高位的滚动操盘，则是买入量要低于卖出量。

滚动操盘在阶段性底部可视为低位增仓特征。盘中成交活跃度明显得到提高，临盘继续实施建仓计划。

【道破 K 线天机】实战图谱 103

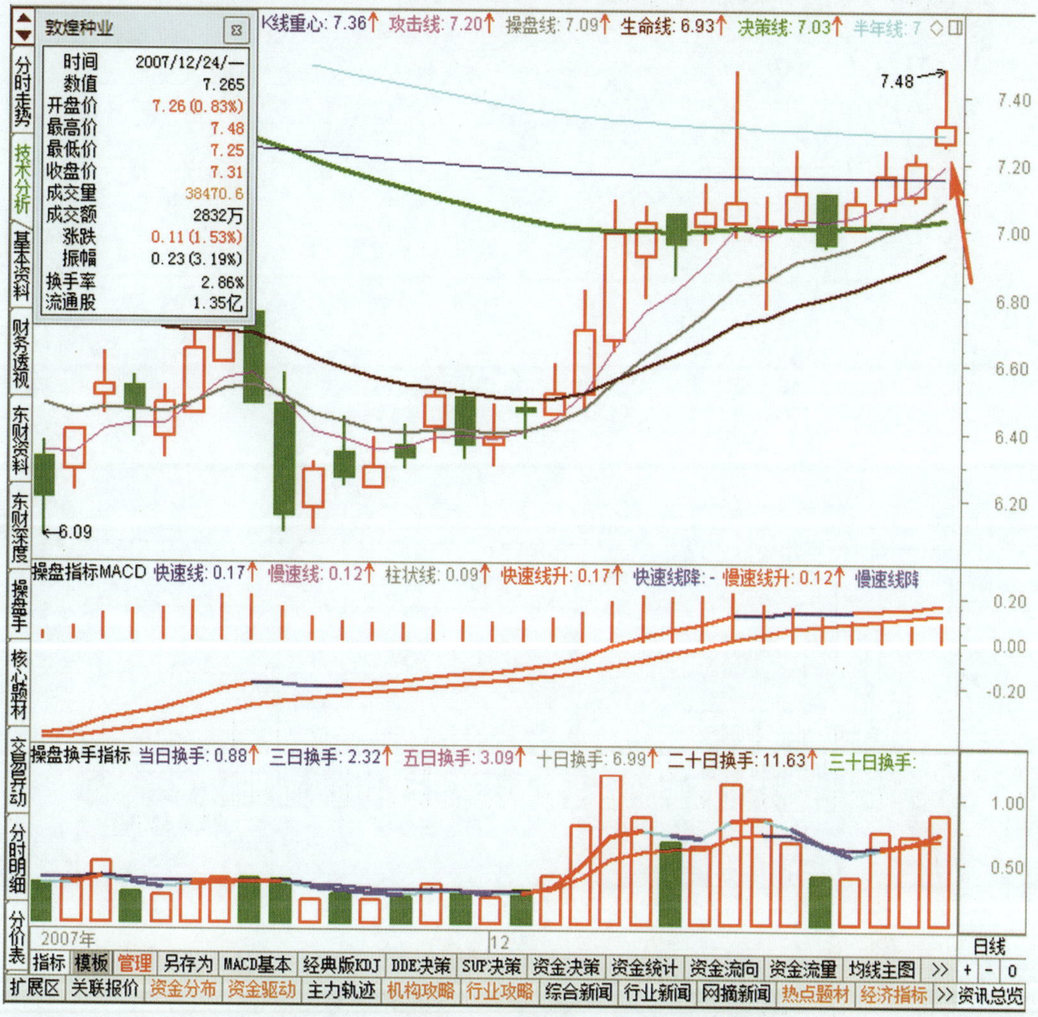

图例 103　敦煌种业（600354）日 K 线走势图谱

技术研判与操盘决策：

今日该股高开高走温和向上盘升。当天以带上影线的小阳 K 线收盘，成交量再次温和放大。这种不温不火的走势显得十分稳重。高手操盘反映在盘面上是一种气定神闲的操盘节奏。该快的时候就像闪电，而慢的时候则如老树盘根稳如泰山。从该股第一根仙人指路形态发展至现在，该股正具备这样的操盘特征。但今天已经脱离决策 60 线的引力，主力已经有开始向上攻击的欲望了。第一阶段仓位于今日顺利完成。

【道破K线天机】实战图谱104

图例104 敦煌种业（600354）全天即时走势图谱

技术研判与操盘决策：

即时图形显示早盘攻击流畅，攻击时，量峰迅速放大，宽度和高度均与当天的价格走势相吻合。这种情况说明主力已经开始向上实施攻击性操盘了。第二时间段之后的回头波打压力度极小。盘中不断出现锯齿状冲击波。主力还在滚动操盘中。临盘仍然加大建仓力度，保持与主力一致的操盘节奏。

【道破 K 线天机】实战图谱 105

图例 105　敦煌种业（600354）日 K 线走势图谱

技术研判与操盘决策：

今日继续展开攻击，盘中以带下影线的小阳 K 线报收。说明股价当天盘中震荡时在攻击 5 线上受到较强支撑。成交量继续保持与昨日均衡状态，显示了主力良好的控盘节奏。今天收盘已经创出底部突破以来的新高，形态上具备了加速攻击的趋势。从该股主力的操盘节奏看。股价突破仙人指路最高点时的操盘节奏明显加快。

【道破 K 线天机】实战图谱 106

图例 106　敦煌种业（600354）日 K 线走势图谱

技术研判与操盘决策：

今日收盘再次出现长上影线小阳 K 线结构特征。连续七天出现小阳 K 线，应该引起高度的重视。因为小阳之后往往是长阳，是大阳。这是主力强势操盘形成的结果。成交量始终保持在均衡水平，说明主力控盘节奏把握极好。长上影线预示股价还将加速攻击，目前还在更高处。如果短线调整就是加仓的最好机会。

【道破K线天机】实战图谱107

图例107 敦煌种业（600354）全天即时走势图谱

技术研判与操盘决策：

盘中攻击波形呈现呆滞形脉冲波结构。这是主力高度控盘的重要标志。脉冲波出现在震荡盘升阶段，说明主力操盘计划正在有条不紊的进行之中。持续向上盘升将是操盘的主基调。

第四时间段之后的打压显得毫无用心，草草而就。看来主力根本无意往下打压。只要用心，你就会发现主力操盘手的操盘心态。

【道破K线天机】实战图谱108

图例108 敦煌种业（600354）日K线走势图谱

技术研判与操盘决策：

经过昨天缩量整理之后，今天该股大涨。盘中以大阳K线报收，收盘再创新高。成交量出现根本性放大，开始具备巨量特征。主力操盘节奏开始进入由慢变快阶段，闪电战操盘手法开始运用上了。后续继续加速上涨将成为不争的事实。临盘应积极加仓，坚决配合主力的操盘计划。

【道破 K 线天机】实战图谱 109

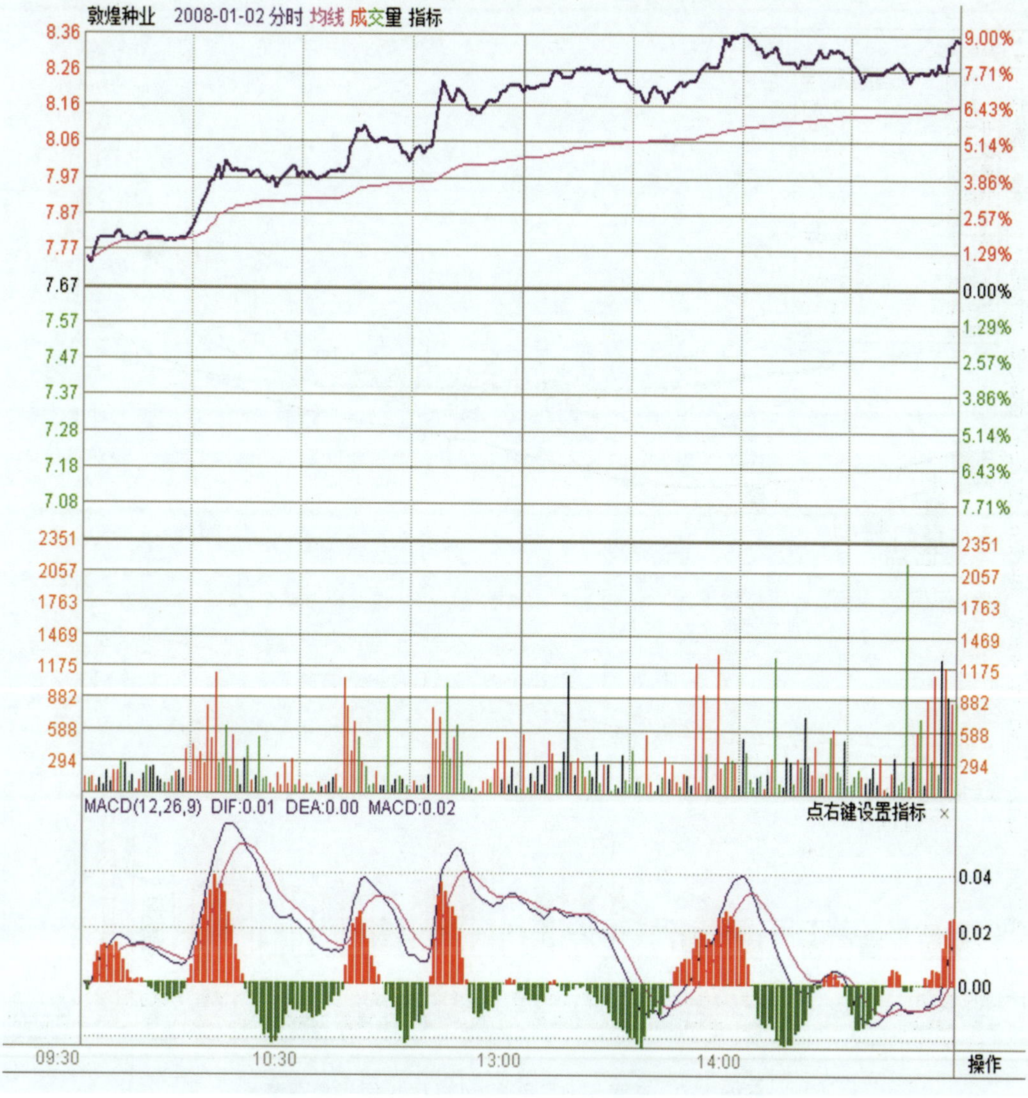

图例 109 敦煌种业（600354）全天即时走势图谱

技术研判与操盘决策：

该股今天多波震荡盘升。盘中每次回调时始终没有击穿均价线。自底部震荡盘升以来，主力首次以强势姿态出现。整体波形走势较为流畅，显示主力无比强烈操盘决心。波形中仍然出现锯齿状冲击波结构，说明今天仍在滚动操盘中。主力投入资金凭实力操盘，我们就无须担心。好戏刚刚上演，临盘继续加大第二仓的建仓力度。

【道破K线天机】实战图谱110

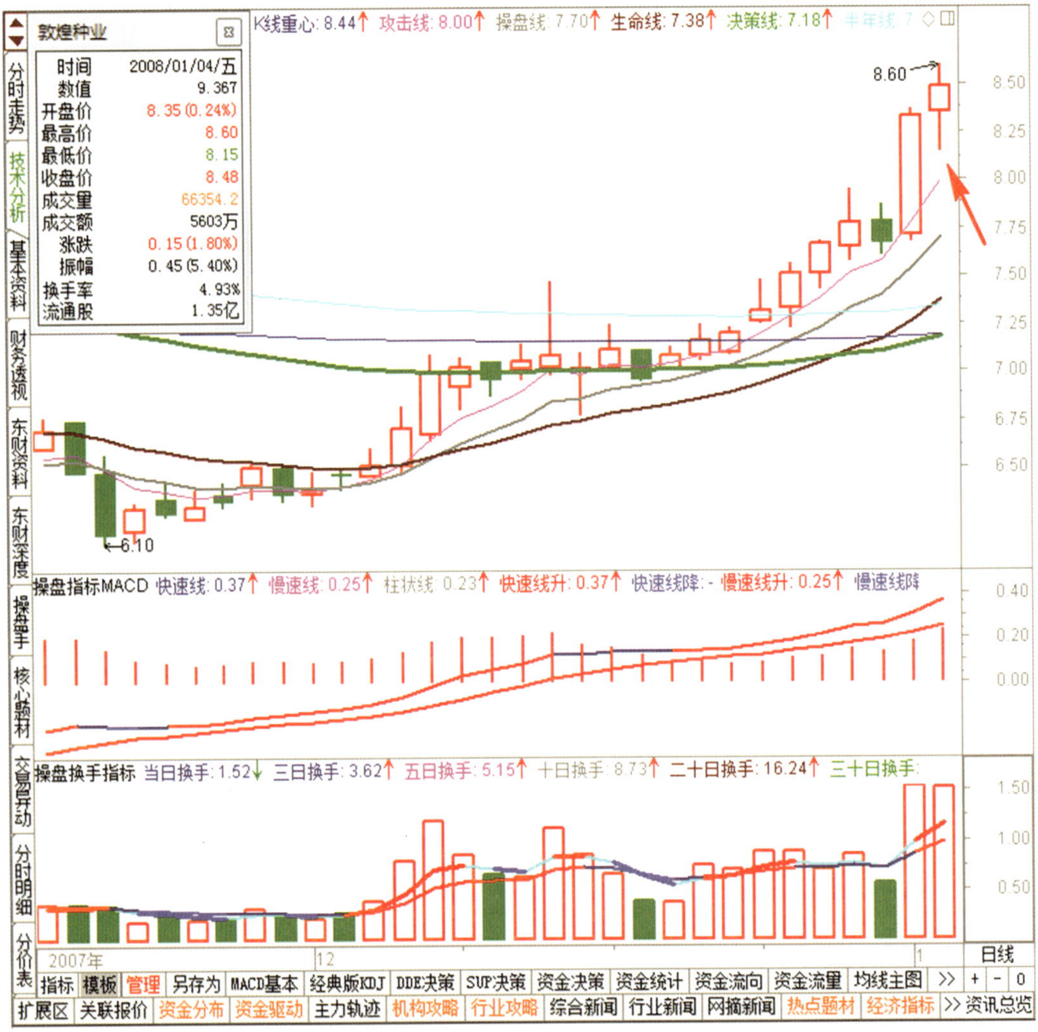

图例110 敦煌种业（600354）日K线走势图谱

技术研判与操盘决策：

今天该股出现高位震荡，窄幅整理。当天以小阳K线报收，这是典型上升中继形态。

成交量继续放大，基本保持与昨日均衡状态，说明行情已经进入质变阶段。股价在大阳K线之后的中继形态，是短线和中线投资者加仓进场狙击的极佳机会。看来主力心地还是比较善良。当然，这种好机会并不永远都会有的。需要有心人细心发现。临盘仍然按计划实施第二仓的加仓工作。

【道破 K 线天机】实战图谱 111

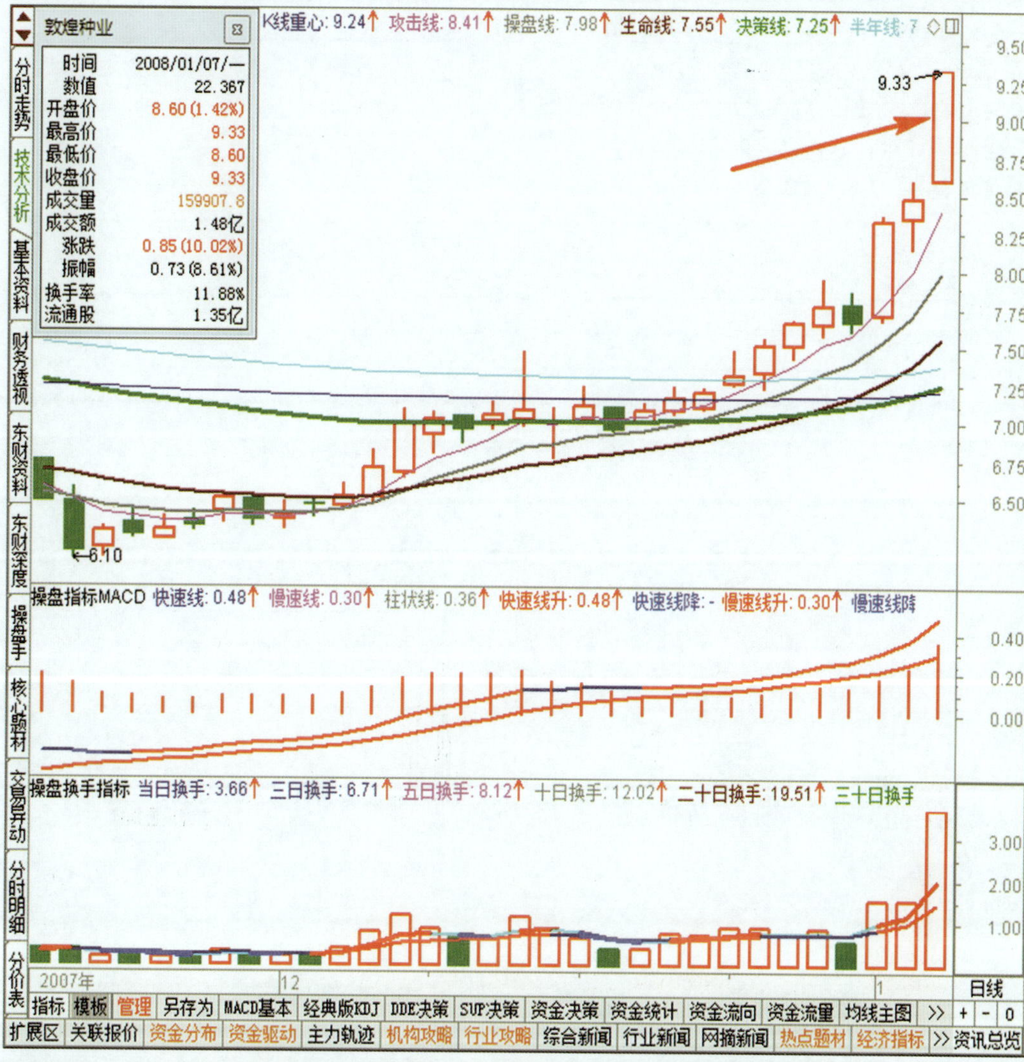

图例 111　敦煌种业（600354）日 K 线走势图谱

技术研判与操盘决策：

经过昨天休整后，今天果然高开高走加速攻击。股价呈现腾飞的态势。当天盘中涨停，以大阳 K 线报收。成交量再次呈现巨量特征，换手率达到 11%。这种量能结构是股价从底部突破以来的真正巨量，预示行情已经演变为超级大牛股。昨天的判断十分正确。但股价加速的背后，是正在面临阶段性头部的逼近。一旦滞涨，就会出现阶段性大调整，毕竟底部突破以来的升幅已经达到 40% 以上了。

【道破K线天机】实战图谱112

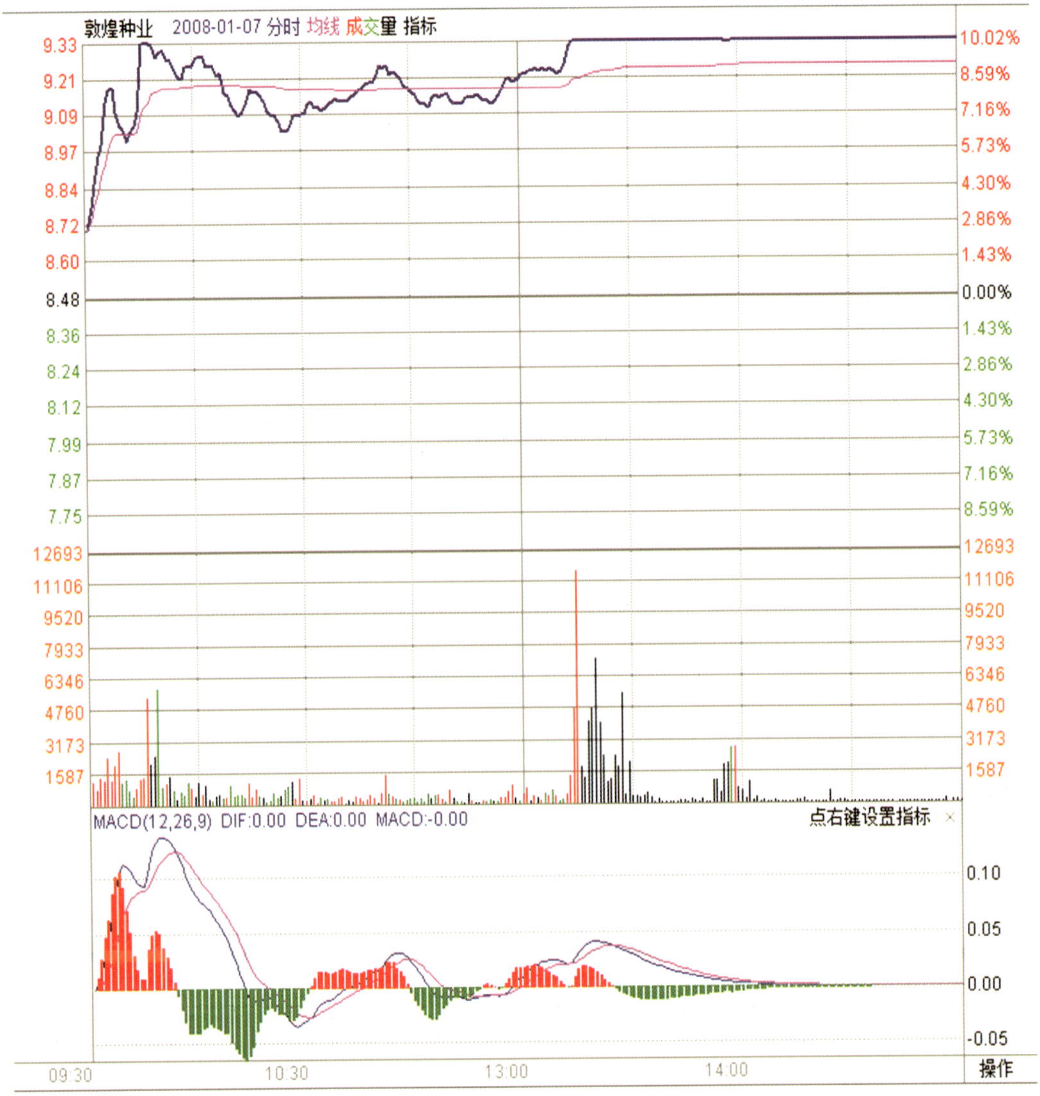

图例112　敦煌种业（600354）全天即时走势图谱

技术研判与操盘决策：

即时图形显示，股价早盘二波攻击涨停。之后于第一时间段迅速开板，并围绕均价线形成夹板区域反复震仓诱空。股价在反复震仓时，成交量迅速萎缩，说明盘口极轻。盘口轻，一方面说明筹码稳定，另一方面说明主力还有继续震仓洗盘的必要。如果主力的操盘目标更高，则进入洗盘行情在所难免。第四时间段封停后，成交稀少，显示了主力的操盘决心。

【道破K线天机】实战图谱113

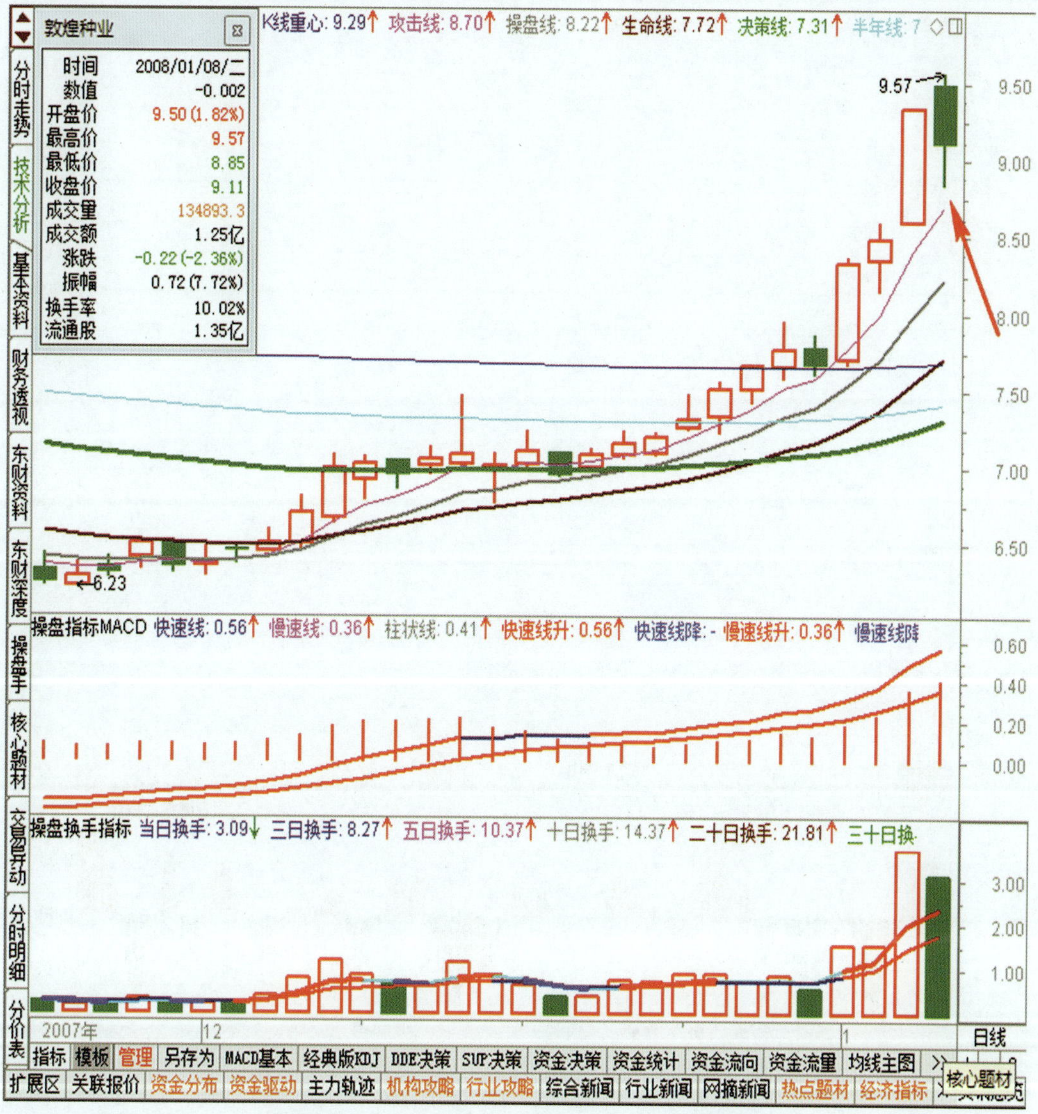

图例 113 敦煌种业（600354）日 K 线走势图谱

技术研判与操盘决策：

该股今日高开低走，盘中滞涨。当天以中阴 K 线收盘，股价涨势终结。下影线结构显示下方支撑力度仍然较强。但股价放量下跌，打压力度较大，因此，洗盘调整时间将会所所延长。从该股运作技术特征分析，主力不会在此迅速结束上涨行情，此为洗盘行情无疑。临盘仍然继续逢低加大第二仓的建仓力度。

【道破K线天机】实战图谱114

图例114 敦煌种业（600354）全天即时走势图谱

技术研判与操盘决策：

即时图形显示主力在早盘开盘时出现巨量对倒现象。开盘一分钟之内连续出现六笔十万级以上的巨量大单，这是主力为当天打压股价做准备。同时，也是在当中进行滚动操盘，抛出部分获利筹码的表现。全天震荡盘跌时，波形结构并不流畅。说明下跌动能不足。打压只是洗盘诱空的假象。股价还会继续上涨。临盘继续加大持仓比例。

【道破K线天机】实战图谱115

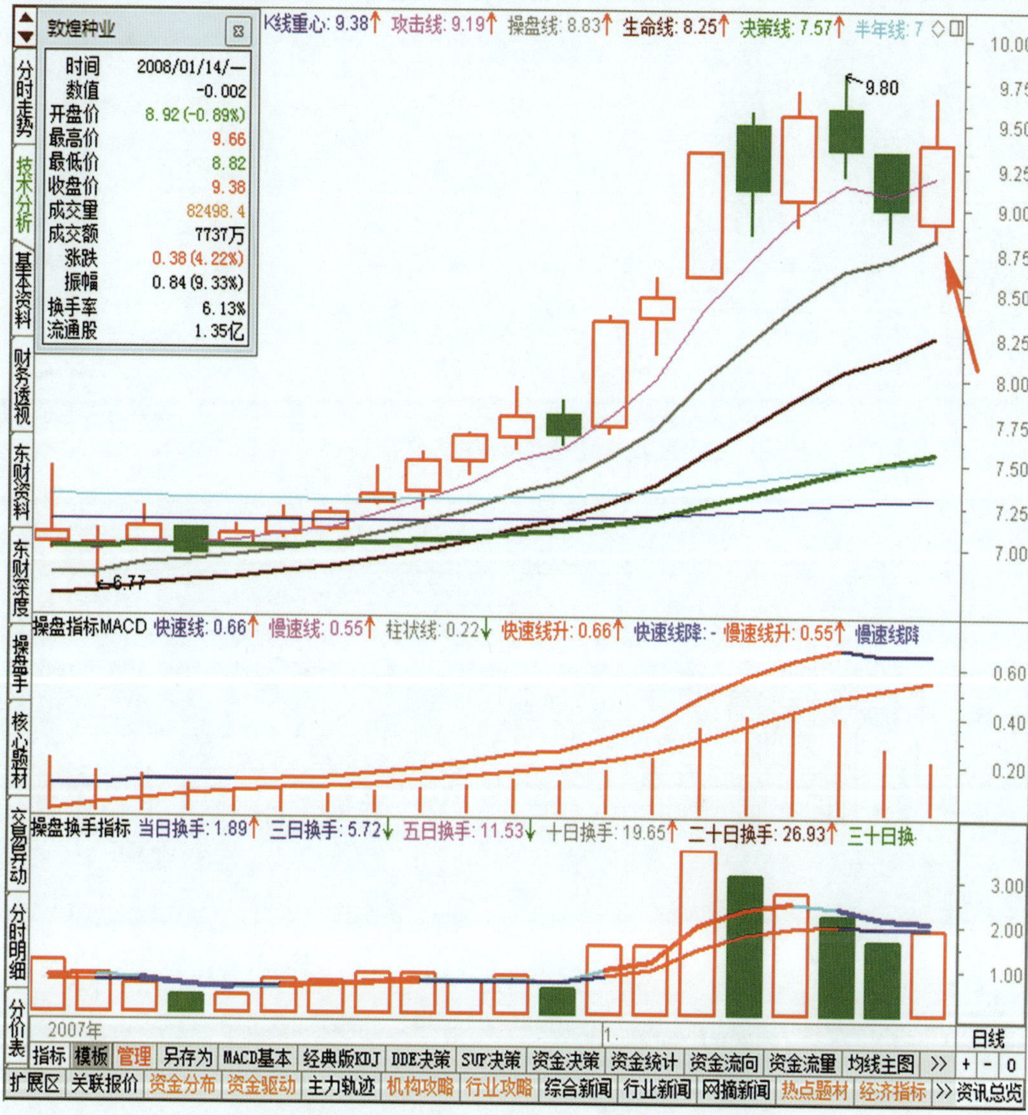

图例115　敦煌种业（600354）日K线走势图谱

技术研判与操盘决策：

经过多日洗盘后，该股今天在操盘线上止跌回升。当天以中阳K线报收，上影线显示股价较强的向上攻击欲望。成交量温和放大，说明股价第一阶段洗盘已经结束。截至今日，第二阶段的加仓计划已经完成。主力即将展开新的拉升行情了。

【道破K线天机】实战图谱116

图例116 敦煌种业（600354）全天即时走势图谱

技术研判与操盘决策：

即时图形显示，股价早盘低开时，主力在低位接盘。盘中二波攻击波形较为流畅。成交量迅速放大，并形成十分完美的量峰结构。第三时间段之后的回头波打压是震仓假象。股价已经经过五天的洗盘，今天上涨是洗盘结束的技术信号。临盘坚决持股不动。迎接主力新的拉升行情。

【道破K线天机】实战图谱117

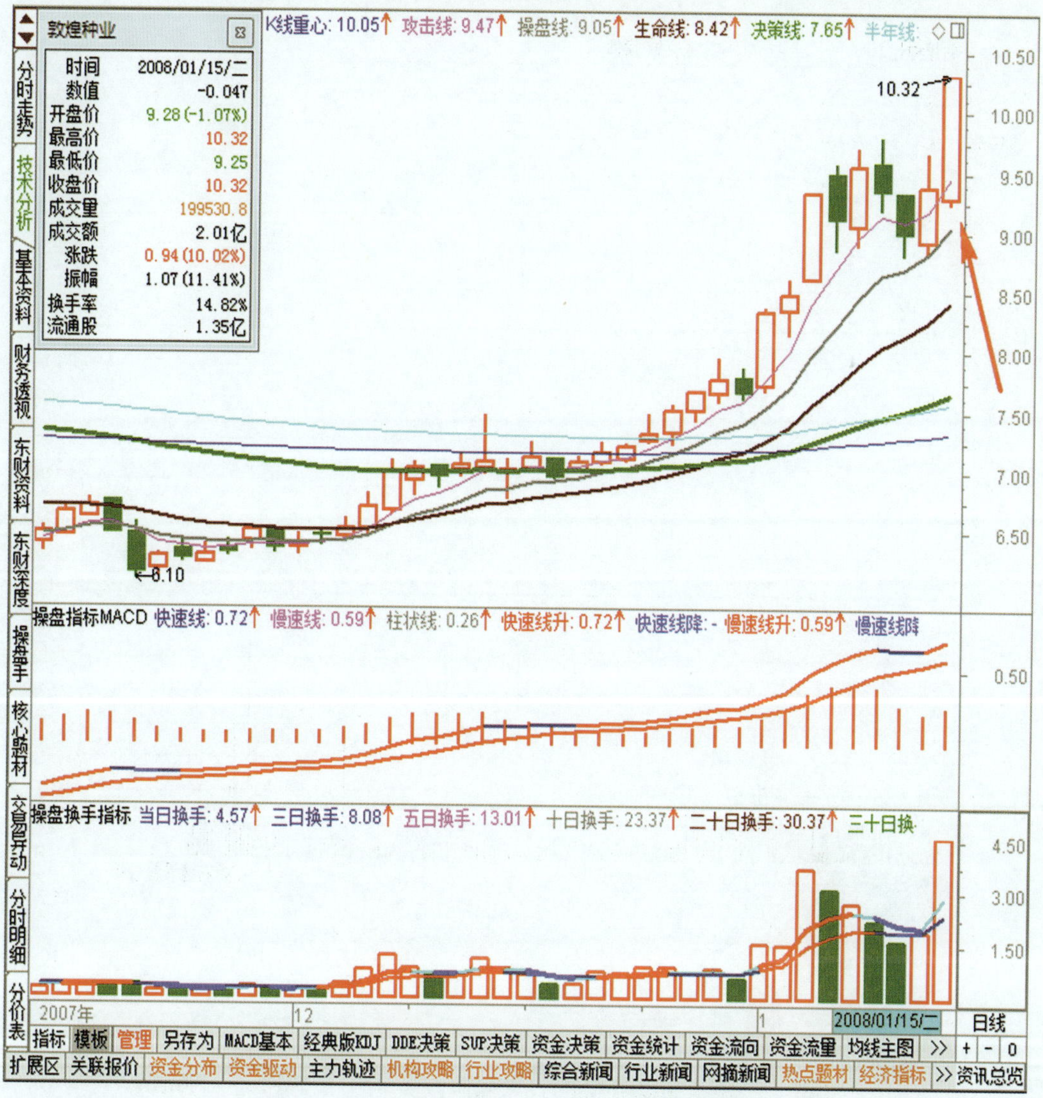

图例117　敦煌种业（600354）日K线走势图谱

技术研判与操盘决策：

今日该股果然展开攻击，一举结束洗盘行情。当天盘中涨停，并以大阳K线报收。成交量再次放大，形成典型的巨量结构，显示了主力无比强大的操盘决心。股价向上突破的气势十分强劲，但同时也反映了盘中抛压越来越重。抛压大，才会形成巨大的成交量。这种操盘结果会快速消耗主力的资金量。当然也会制约行情的进一步发展。如果次日上涨不缩量，则行情高度有限，临盘应保持高度警惕。

【道破K线天机】实战图谱118

图例118 敦煌种业（600354）全天即时走势图谱

技术研判与操盘决策：

即时图形显示股价在下午第五时间段涨停。涨停时，成交量迅速放大，出现巨量成交现象。这种情况一方面说明操盘决心无可阻挡，另一方面也说明上档存在较大抛压。抛压大，容易消耗主力资金。因此，主力必须在次日展开闪电操盘手法。否则，一旦滞涨，就会形成阶段性顶部，从而进入更大级别的调整。

【道破 K 线天机】实战图谱 119

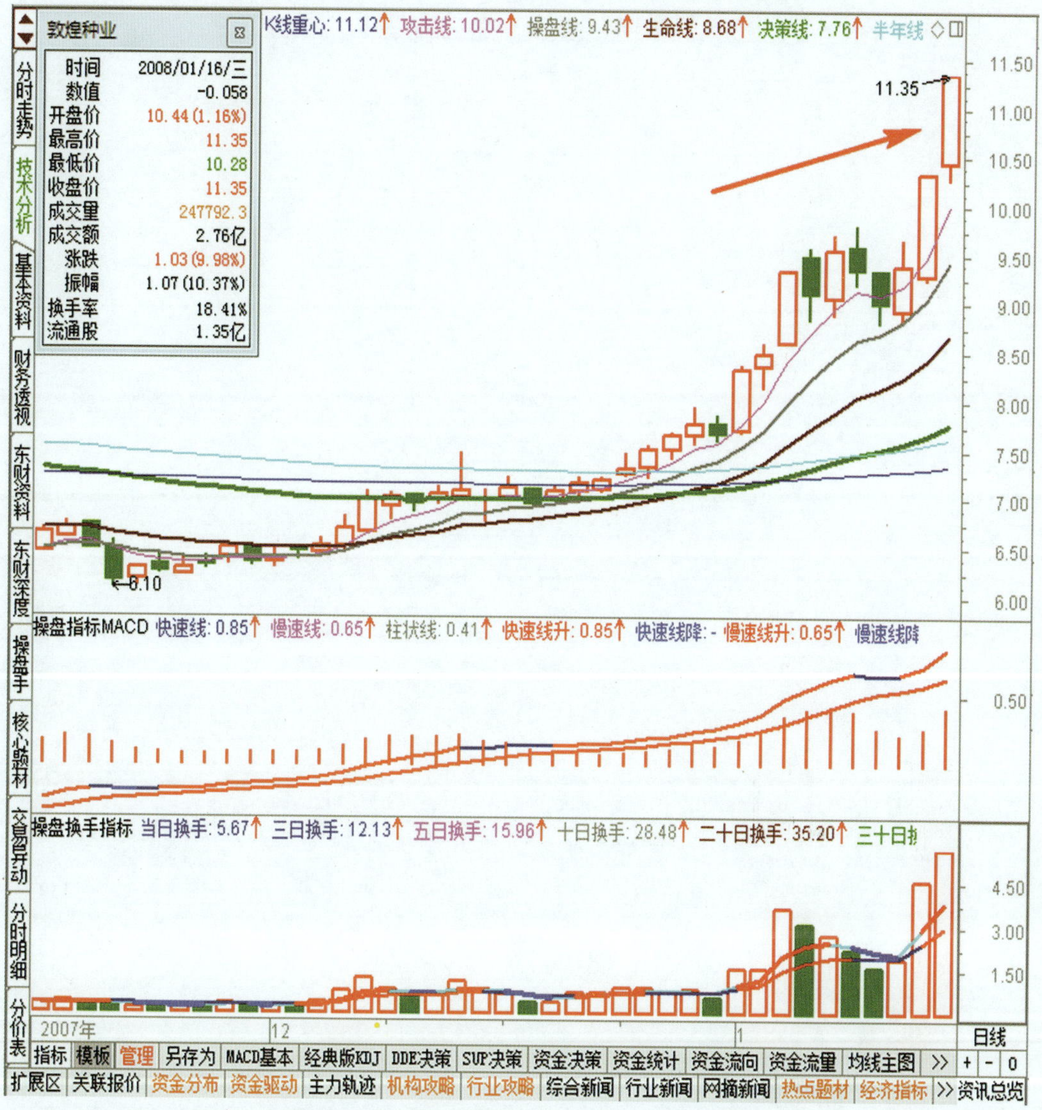

图例 119　敦煌种业（600354）日 K 线走势图谱

技术研判与操盘决策：

今日该股高开高走继续展开攻击。当天盘中果断涨停，以大阳 K 线报收。成交量再次放大，并超过昨日的巨量。连续巨量结构说明上档抛压已经越来越大，行情即将出现见顶迹象。在这种情况下，临盘一定要保持高度警惕。一旦滞涨。则阶段性头部就会出现。股价将进入大级别的调整趋势之中。

【道破K线天机】实战图谱120

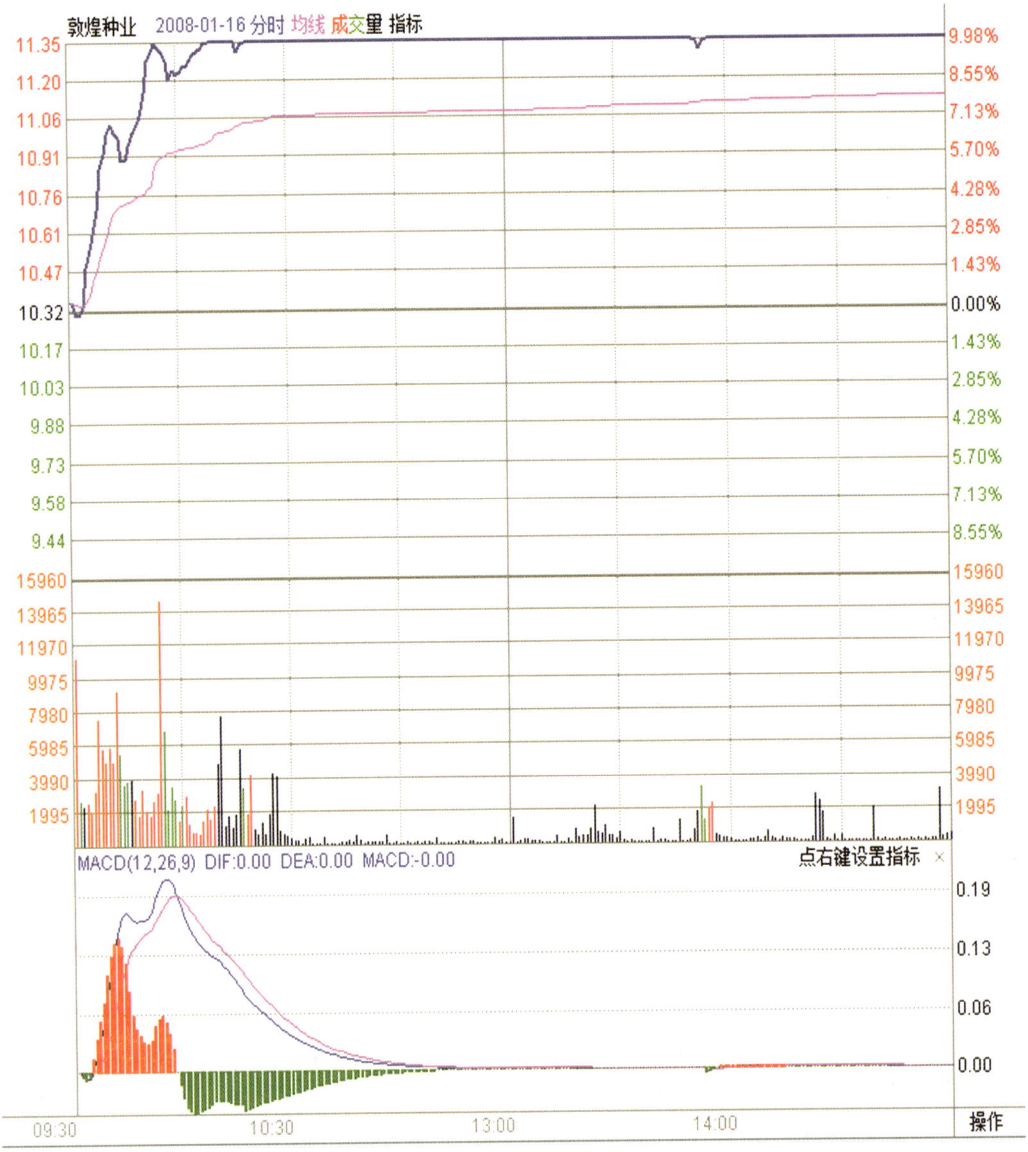

图例120 敦煌种业（600354）全天即时走势图谱

技术研判与操盘决策：

即时图形显示股价于第一时间段三波涨停。但盘中仍出现两次开板现象。这种开板有可能是主力在高位涨停时进行阶段性减仓所致。股价在第二时间段封停时的盘口发现大单成交，这是主力阶段性出货单量。主力在盘中出货，说明波段行情即将进入尾声。如果次日一旦滞涨，则要考虑阶段性减仓出局。

【道破K线天机】实战图谱121

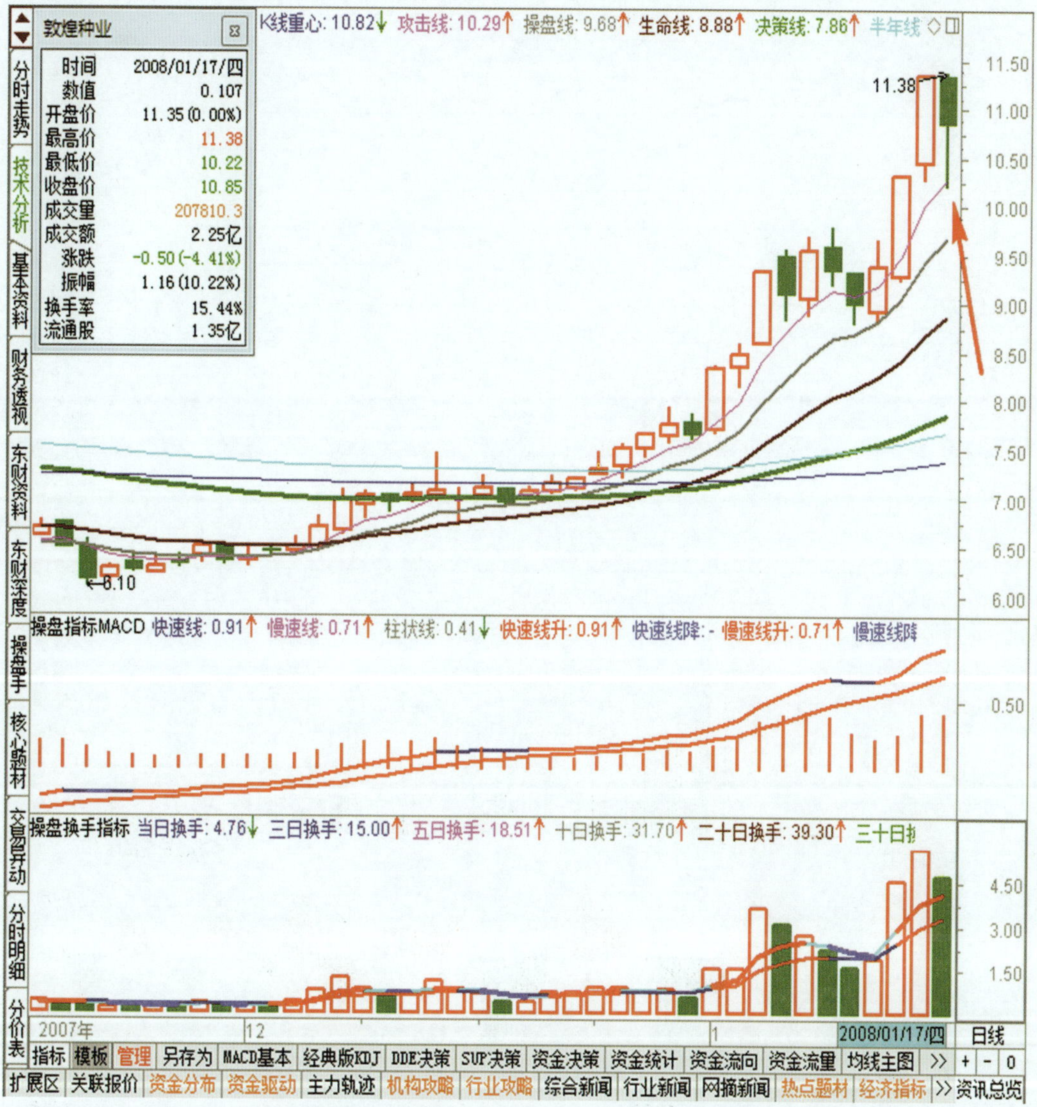

图例121　敦煌种业（600354）日K线走势图谱

技术研判与操盘决策：

今日该股居然低开低走。当天反复震荡盘跌，以带长下影线的中阴K线报收。成交量保持放大特征。主力将昨天涨停位置的跟风盘全部套牢，手段凶悍。下跌放量，说明股价已经进入阶段性大调整状态。临盘应部分减持。与主力采取滚动操盘策略。

【道破K线天机】实战图谱122

图例122 敦煌种业（600354）全天即时走势图谱

技术研判与操盘决策：

该股第三时间段复牌后，以巨量大单对倒准备打压股价。全天反复震荡盘跌。成交量表现较为凌乱，是主力盘中阶段性出货的重要特征。但波形结构中仍然脉冲波迹象。这说明主力打压力度较为有限。如果大规模出货，应维持股价在阶段性高位缓缓抛出才对。临盘也进行阶段性小量减持，与主力保持一致操盘节奏。

【道破 K 线天机】实战图谱 123

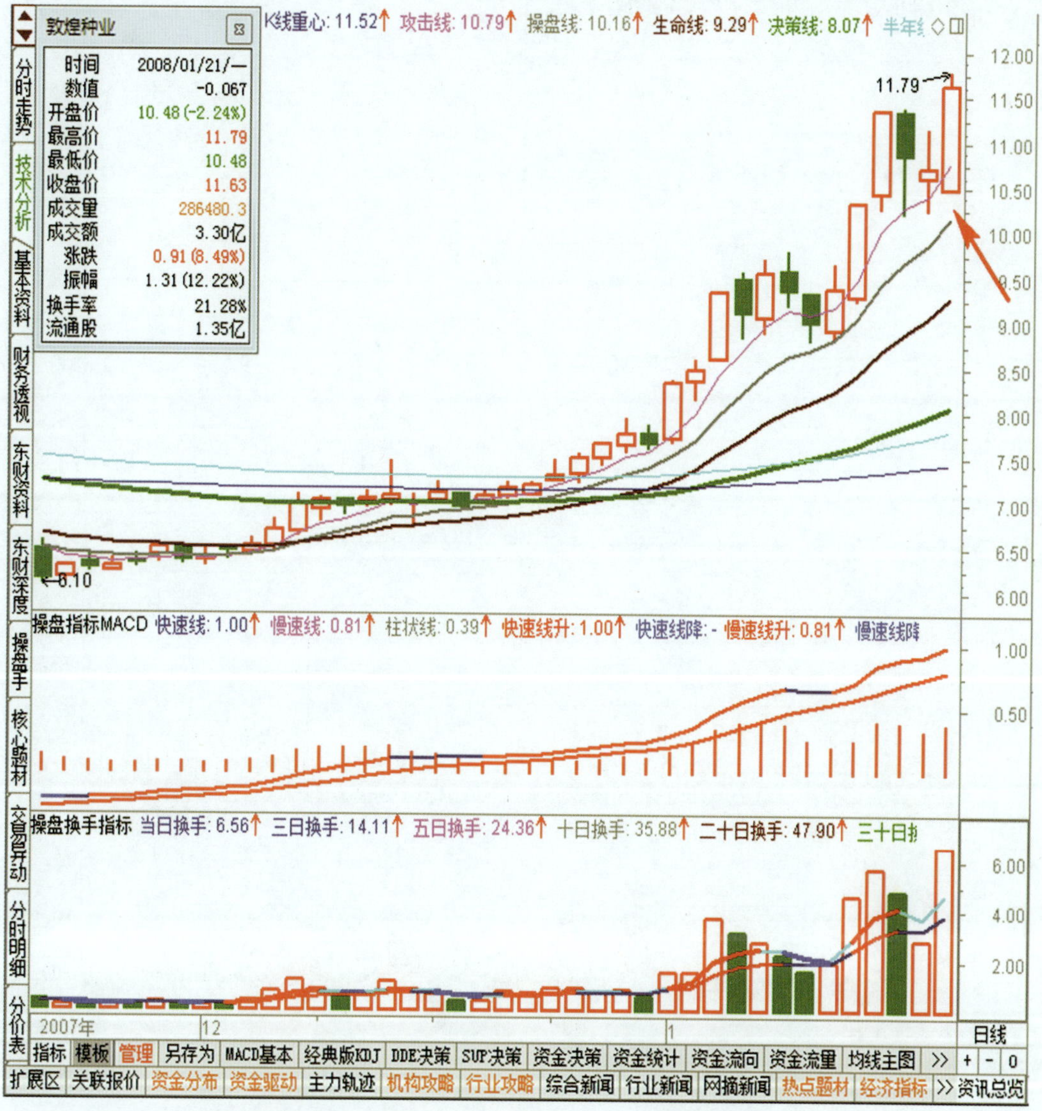

图例 123 敦煌种业（600354）日 K 线走势图谱

技术研判与操盘决策：

经过两天调整，今天该股再次攻击上涨，创出新高。攻击 5 线明显具备较强支撑。当天以大阳 K 线报收，成交量再次放大，形成巨量结构。主力操盘手法表现极为强势。看来昨天的判断有所失误，今天盘中应将昨日抛出筹码全部买回。行情没有出现终结信号，不要轻易下结论。继续放巨量，已经说明了主力无比巨大的操盘决心。股价还会加速上涨。临盘坚定持股。

【道破K线天机】实战图谱124

图例124 敦煌种业（600354）全天即时走势图谱

技术研判与操盘决策：

即时图形显示股价在尾盘开板诱空。主力故意在尾盘示弱，目的是为了吓阻跟风资金进入。这种操盘手法出现后，往往是连续的逼空式上涨行情。临盘将昨天抛出筹码悉数买回。

主力还在盘中花心思操盘，后续上涨行情可能更大。坚决锁定仓位，持股待涨。

【道破K线天机】实战图谱 125

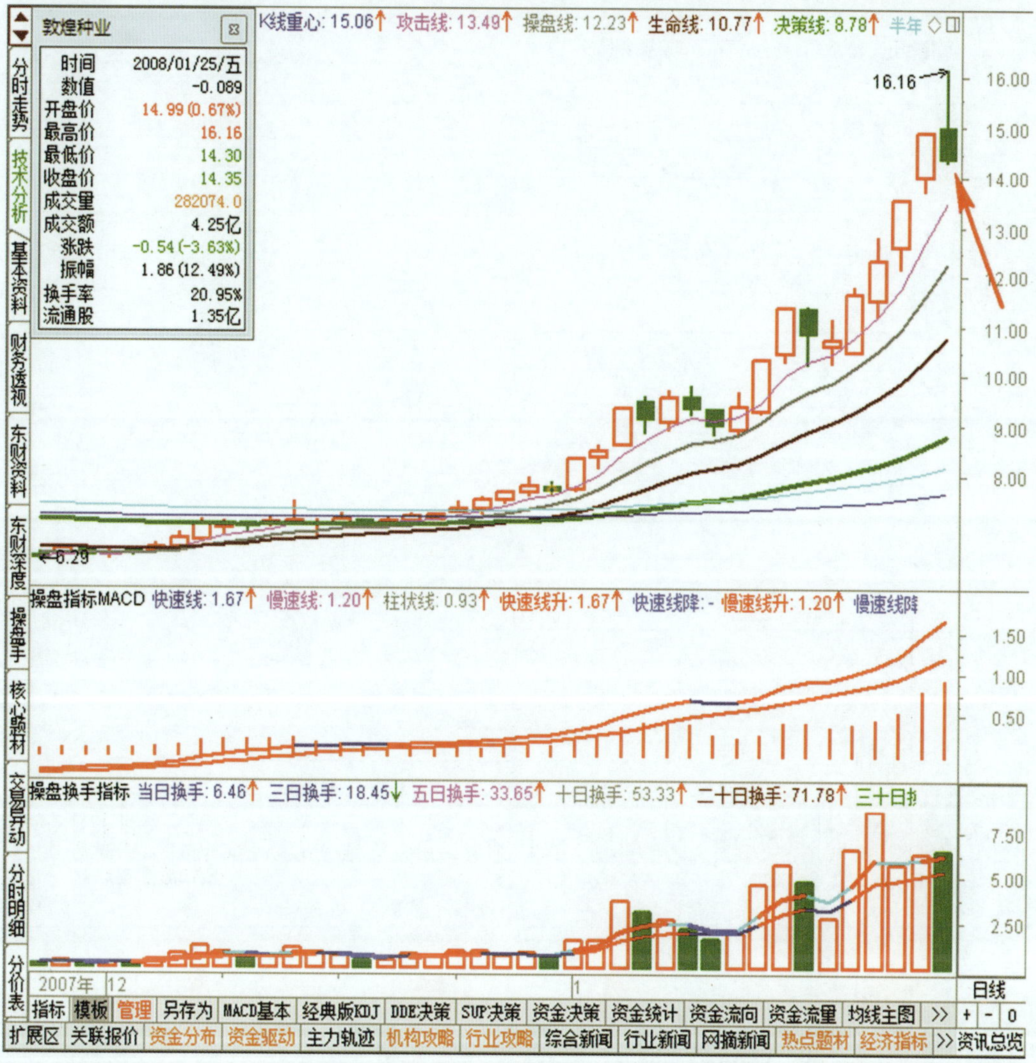

图例 125　敦煌种业（600354）日 K 线走势图谱

技术研判与操盘决策：

经过连续逼空式上涨后，今天股价在高位出现遇阻回落现象。当天以带长上影线的中阴 K 线结构报收。成交量仍然保持在高水平的巨量状态。股价经过大幅拉升后，在阶段性高位出现长上影线阴 K 线，是股价进入下降趋势的转折点信号。在本系列教材中的《道破趋势天机》一书中，笔者对此有详细的介绍。这种大长针 K 线结构，往往是股价进入阶段性调整的重要标志。临盘应果断减持仓位。由于该股主力没有进行大规模出货，因此，调整中不会出现大幅下跌趋势。

【道破K线天机】实战图谱126

图例126 敦煌种业（600354）全天即时走势图谱

技术研判与操盘决策：

即时图形显示股价在第一时间段出现回头波见顶特征。股价经过暴涨之后的回头波要引起高度警惕。这是股价在当天见顶的重要信号。早盘开盘时出现的巨量对倒，已经为当天打压做了充分的准备。既然股价见顶，临盘应在股价向下击穿均价线时果断减持。

【道破K线天机】实战图谱127

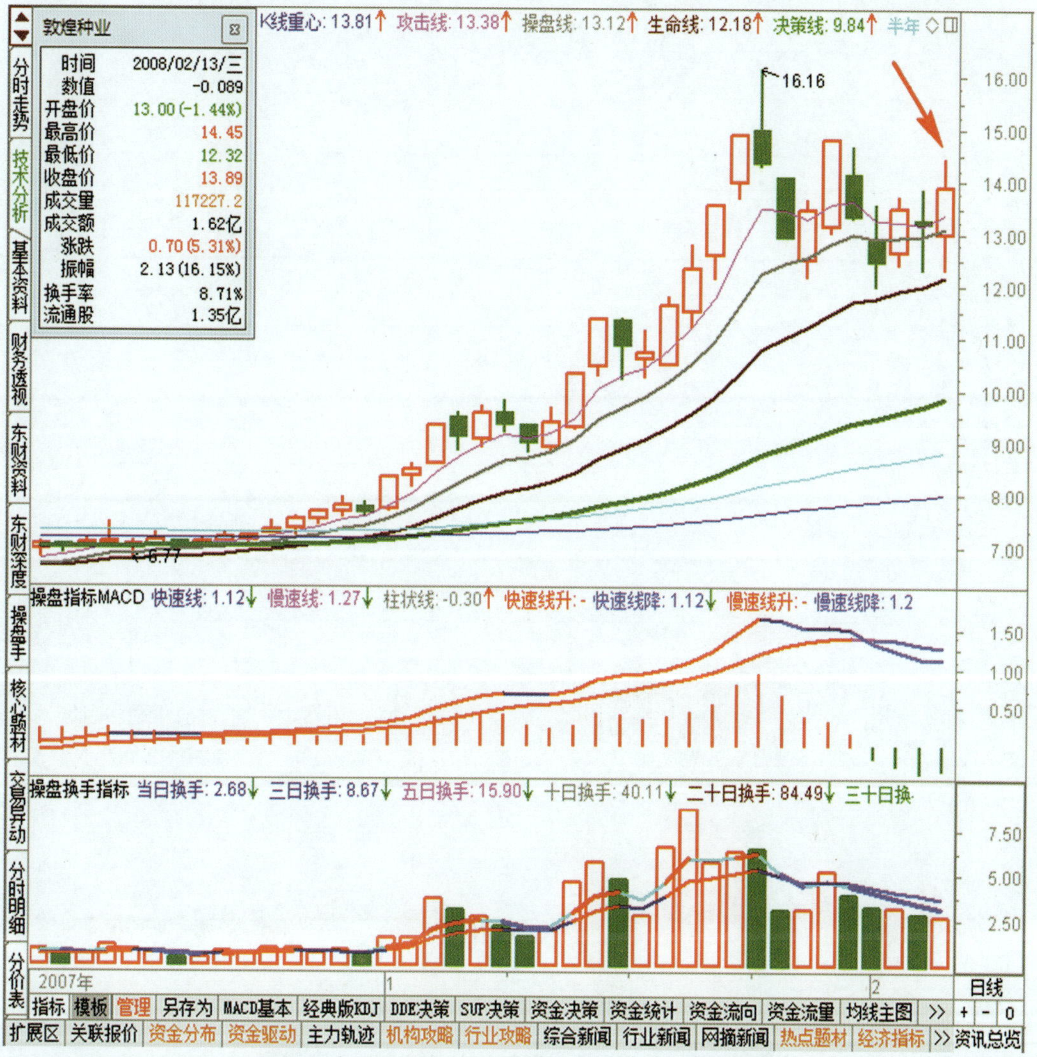

图例127 敦煌种业（600354）日K线走势图谱

技术研判与操盘决策：

该股经过多日整理之后，在12元上方形成一个阶段性平台。今日股价展开震荡盘升，收盘时突破攻击线和操盘线。小阳K线结构显示主力有进一步的操盘动作，短期调整有望结束。股价从高位回落以来的调整时间已经达到9天，这是强势主力结束调整的重要时间之窗。在股价调整过程中，临盘已经继续展开对第三阶段的滚动仓建仓工作。中长线主力控盘的品种不会在短期内迅速结束行情。即使是出货，也会保持在高位反复震荡趋势。

【道破K线天机】实战图谱128

图例128 敦煌种业（600354）全天即时走势图谱

技术研判与操盘决策：

即时图形显示股价在盘中展开明显的攻击波结构。股价攻击时的成交量迅速放大，并形成非常有规律的量峰结构。这种状态说明主力并未大规模出货。而今日盘中的攻击，则是股价结束阶段性调整的重要信号。临盘继续加仓，锁定主力的新一轮拉升行情。该股演变为中长线大牛股已经成为定局，应中长线锁仓，不断采取滚动操盘策略。

第五章

望夫崖

股价处在大周期性阶段底部中，在经过一个小周期的波段性上涨，当涨幅达到30%以上时，股价滞涨并形成阶段性平台。当股价反复震荡整理再也无法创出新高时，主力随即展开向下打压动作。当天股价以单边盘跌方式逐波下跌，量比1倍以上，换手率在3%以内，至收市时跌幅达5%以上。股价以中大阴K线报收，并击穿操盘10线带量下跌。这就是最经典的望夫崖K结构形态。

望夫崖K线结构一般出现大周期性的大底部之中，属于大周期性底部后期，主力展开波段拉升行情结束后的再次筑底特征。因此，望夫崖K线结构带有极浓厚的主力诱空意味。生命20线和决策60线此时仍然金叉保持强势上行趋势，支撑股价中期上涨行情。

第一节　望夫崖K线解码

一、望夫崖的定义

股价处在大周期性阶段底部中，经过一个小周期的波段性上涨。当涨幅达到30%以上时，股价滞涨并形成阶段性平台。当股价反复震荡整理再也无法创出新高时，主力随即展开向下打压动作。当天股价以单边盘跌方式逐波下跌，量比1倍以上，换手率在3%以内，至收市时跌幅达5%以上。股价以中大阴K线报收，并击穿操盘10线带量下跌。这就是最经典的望夫崖K结构形态。

望夫崖K线结构一般出现大周期性的大底部之中，属于大周期性底部后期，主力展开波段拉升行情结束后的再次筑底特征。因此，望夫崖K线结构带有极浓厚的主力诱空意味。生命20线和决策60线此时仍然金叉保持强势上行趋势，支撑股价中期上涨行情。

通常情况下，望夫崖K线结构形成之后，股价将展开快速下跌调整，并在生命20线和决策60线上缩量止跌，形成阶段性小底部后，再次展开更为强势猛烈的主升段行情。当股价经过大幅调整后，再度拉升至望夫崖位置相对应时，望夫崖的战略意图终于实现。在生命20线上止跌的谷底形态，我们也通称为“望夫谷”。如果在大型下降通道中出现的望夫崖结构，则通常是阶段性解套的重大机会。

望夫崖与“断肠崖”不一样。望夫崖出现在股价大周期性底部的后期，周月K线系统趋势向上。而“断肠崖”出现股价大周期性上涨后的高位平台，周月K线系统严重超买并滞涨。关于“断肠崖”的技术理论，请大家关注“中国证券职业操盘培训教材”系列之《道破K线天机高级版》中有详细介绍。

二、望夫崖K线结构特征

望夫崖出现大周期性的大底部之中，属于大周期性底部后期，是波段行情结束后的再次筑底特征。当天量比1倍以上，换手率在3%以内，至收市时跌幅达5%以上。股价以中大阴K线报收，并击穿操盘10线带量下跌。生命20线和决策60线仍然金叉保持强势上行趋势，支撑股价中期上涨行情。股价快速下跌调整，并会在生命20线和决策60线上缩量止跌，形成阶段性小底部。

三、望夫崖与主力操盘计划

望夫崖是主力展开波段拉升行情结束后的再次筑底特征。望夫崖的战略意图是属于典型的诱空性操盘计划。望夫崖的目的是为接下来的主升浪作好蓄势准备，同时，也是最后一次大力度的打压建仓手段。

四、真假望夫崖的识别法则

股价经过大周期涨幅达到100%以上后，如果因滞涨出现的大阴K线下跌，不属于望夫崖特征。股价在下降大趋势中的阶段性调整平台后期，出现大阴K线下跌，不属于望夫崖特征。生命20线和决策60线死叉向下时，出现阶段性大阴K线下跌，不属于望夫崖特征。

五、望夫崖的最佳狙击时机

望夫崖K线结构出现的当天，短线投资应观望为主，当天股价在生命20线止跌时，应果断狙击。望夫崖K线结构运行至谷底位置时，如果股价在生命20线上缩量止跌，临盘应中线及时建仓。望夫崖K线结构运行至谷底位置时，如果股价在决策60线上缩量止跌，临盘应中长线及时建仓。

第二节　望夫崖实战图谱

【道破K线天机】实战图谱129

技术研判与操盘决策：

2007年10月19日，该股在阶段性高位出现望夫崖K线结构技术特征。股价随后连续三天展开快速下跌，以中阴K线带量击穿操盘10线。一轮波段行情中，如

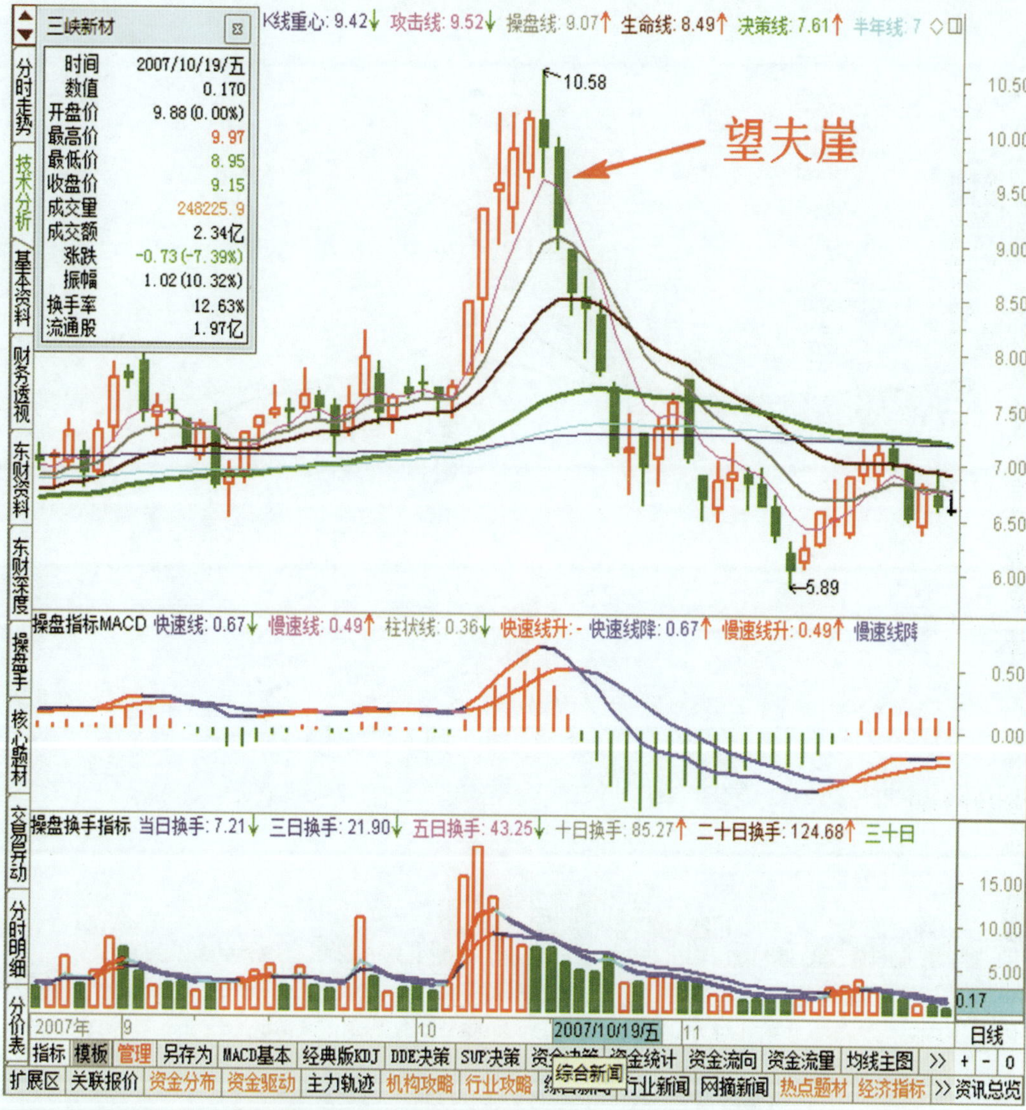

图例 129　三峡新材（600293）日 K 线走势图谱

果股价击穿操盘 10 线往往就意味着该波段行情的终结。尤其是带量下跌击穿这一重要操盘线，更要及时出局。该股在连续下跌之后，于决策 60 线之下缩量整理，并形成典型的小三底结构。在崖底出现的地量结构说明中线主力还在控制操盘节奏。此时应用周 K 线图谱来判断股价的支撑位。如果周 K 线技术形态向上，且有重要均线的支撑，则应果断进场建仓狙击。其后走势表明该望夫崖技术形态构筑十分成功。主力滚动操盘特征明显。

【道破K线天机】实战图谱130

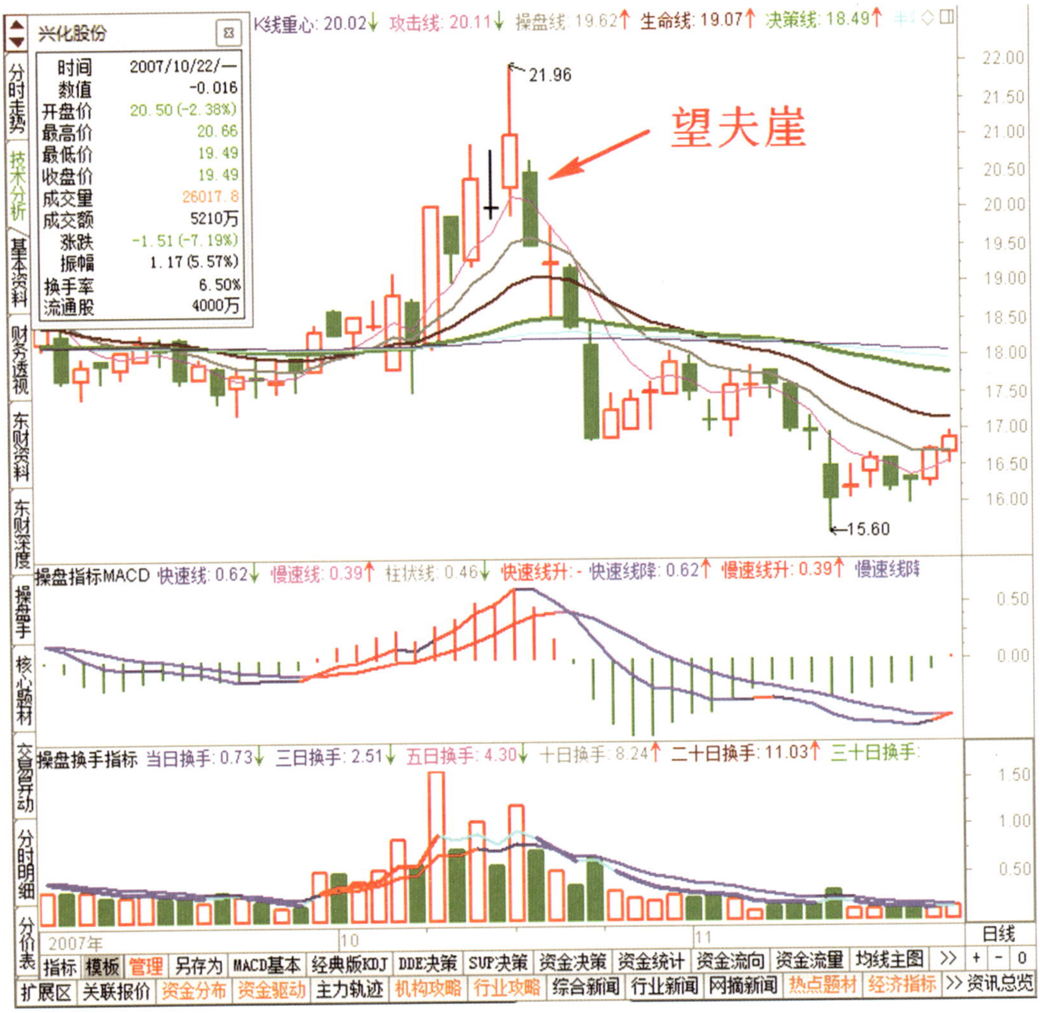

图例130 兴化股份（002109）日K线走势图谱

技术研判与操盘决策：

2007年10月22日，该股在阶段性高位出现望夫崖K线结构技术特征。股价第二天展开快速下跌，以带上下影线的十字阳K线带量击穿操盘10线。一轮波段行情中，如果股价击穿操盘10线往往就意味着该波段行情的终结。2008年1月17日，该股再次形成望夫崖K线结构。该股两次在崖底均出现的地量结构说明中线主力还在控制操盘节奏。此时应用周K线图谱来判断股价的支撑位。如果周K线技术形态向上，且有重要均线的支撑，则应果断进场建仓狙击。其后走势表明该望夫崖技术形态构筑十分成功。主力滚动操盘特征明显。

【道破K线天机】实战图谱131

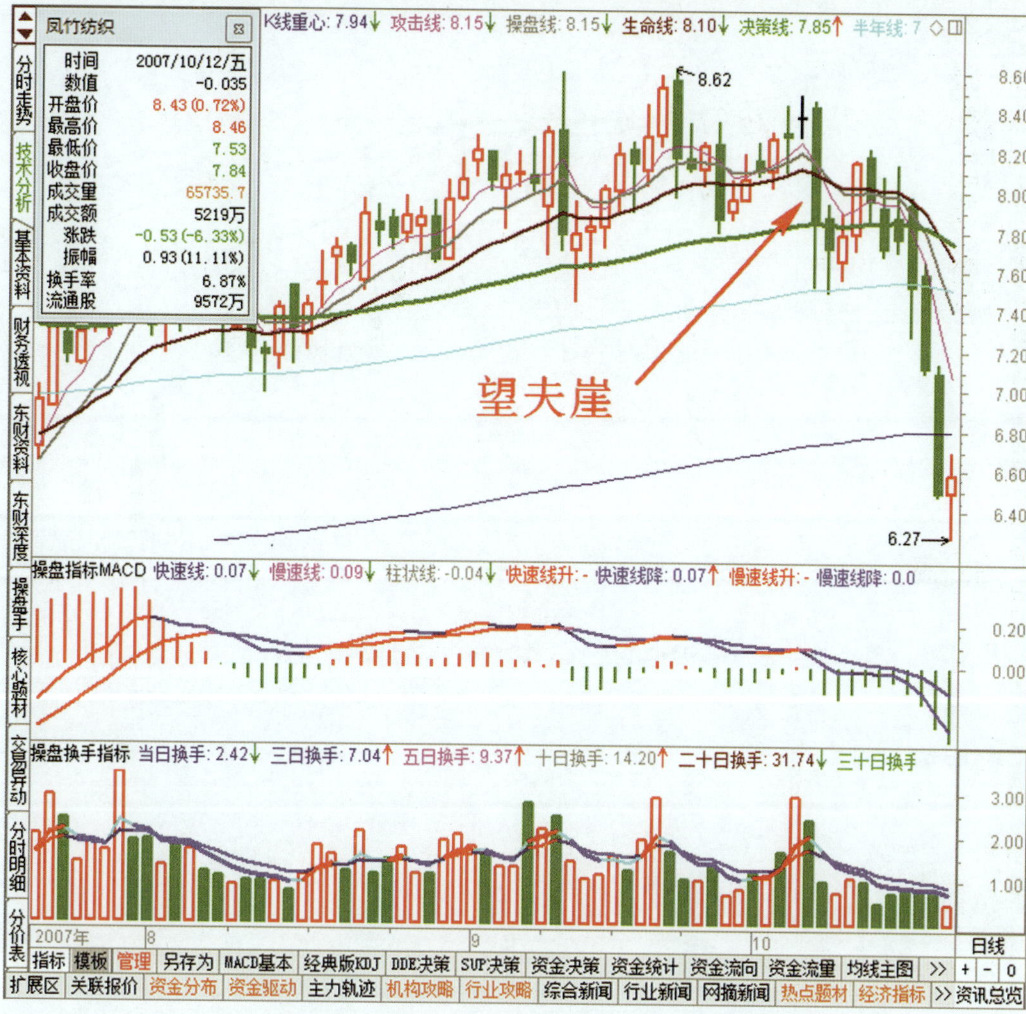

图例131 凤竹纺织（600493）日K线走势图谱

技术研判与操盘决策：

2007年10月12日，该股在阶段性高位出现望夫崖K线结构技术特征。股价随后快速下跌，以中阴K线带量击穿决策60线。其后，股价在决策60线之下形成崖底形态。在崖底出现的地量结构说明中线主力还在控制操盘节奏。从上图中可以清晰发现，从左至右的的成交量呈现“大、小、大”结构布局。这种结构布局说明有中线主力在其中展开滚动性操盘。

右边的成交量放大并出现滞涨，主力有阶段性出货的痕迹。如果周K线技术形态向上，且有重要均线的支撑，崖底地量结构时，应果断进场建仓狙击。

【道破K线天机】实战图谱132

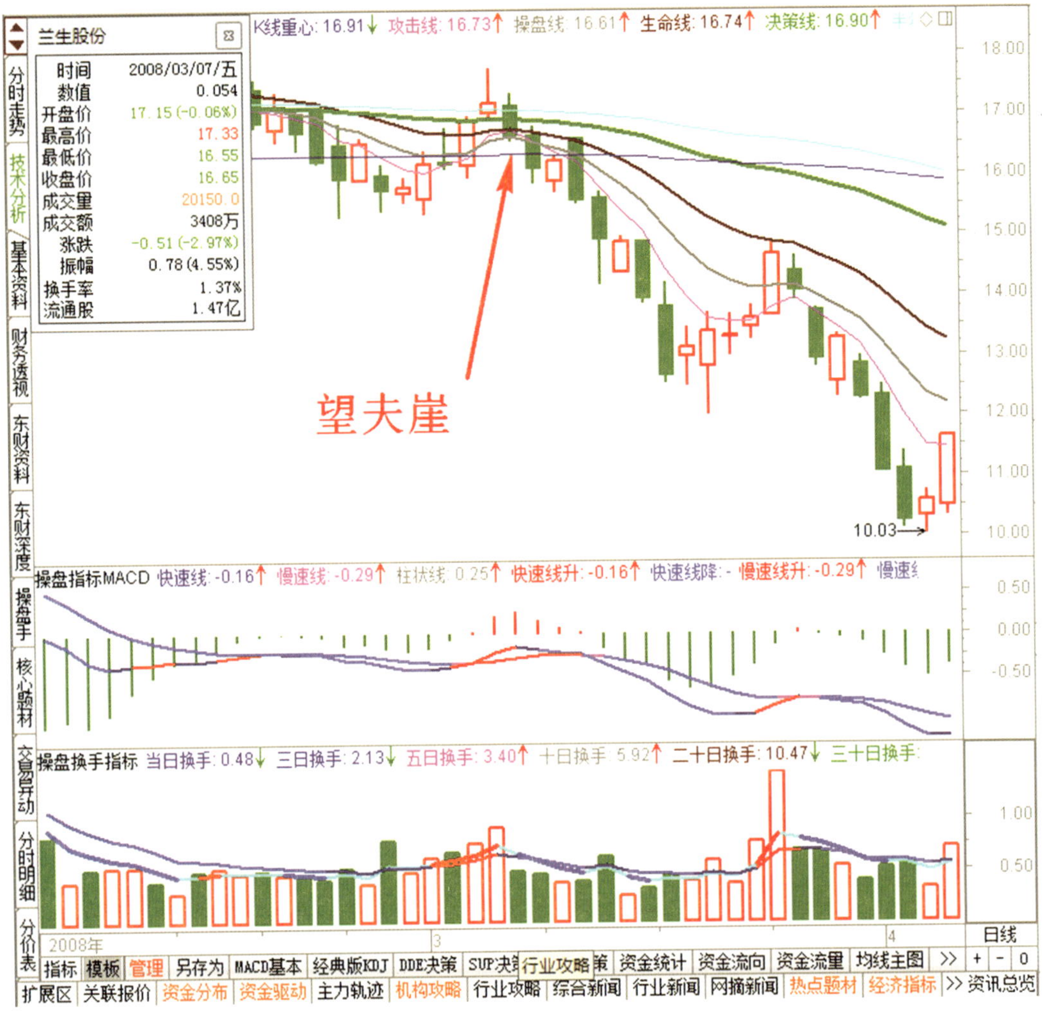

图例132 兰生股份（600826）日K线走势图谱

技术研判与操盘决策：

2008年3月7日，该股在底部反弹后出现望夫崖K线结构技术特征。股价处在在下降大通道中，这种望夫崖结构形态应引起高度的警惕。崖底的地量结构是解套盘在低位补仓的最佳机会。因为，经过大幅下跌后，出现地量结构一方面是下跌动能消失。另一方面也会有中线主力进场回补仓位，进行滚动操盘。所以，此时中小投资者可以迅速进场进行补仓，以降低持仓成本。当股价震荡盘升至崖顶位置时，放量滞涨，则应果断出局。这种滞涨形成的阶段性顶部结构就是“逃命顶”，临盘必须及时解套杀出。下降大通道中的望夫崖只能作为解套的机会，后续还会有更大规模的下跌，因此，必须谨慎。

第三节　望夫崖 K 线实战案例

【道破 K 线天机】实战图谱 133

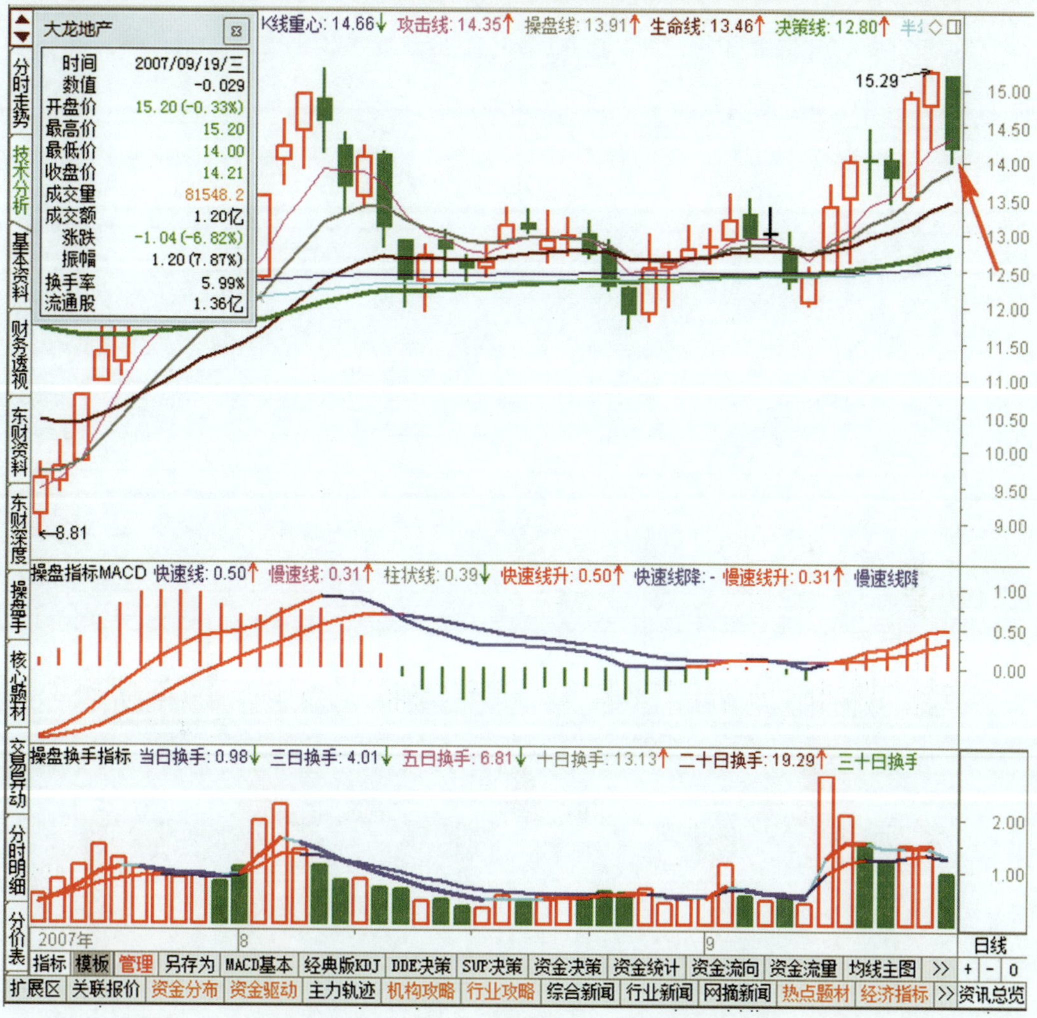

图例 133　大龙地产（600159）日 K 线走势图谱

技术研判与操盘决策：

2007 年 9 月 19 日，该股在经过连续震荡盘升后出现中阴 K 线下跌的技术特征。

股价放量滞涨后出现的中阴 K 线下跌，必须要警惕出现望夫崖 K 线结构。因为当天大盘也已经见顶出现明显的下跌了。外围环境如果变化恶劣，会影响主力的操盘计划。因此，次日要观察该股能否在操盘 10 线上止跌。如果股价放量击穿操盘线，则意味着行情已经终结，临盘应及时出局。该股在 9 月 11 日的巨量结构显示有中线主力操盘并未完全出货，可以作为跟踪的目标。

【道破 K 线天机】实战图谱 134

图例 134 大龙地产（600159）全天即时走势图谱

技术研判与操盘决策：

2007 年 9 月 19 日，该股在盘中出现脉冲波震荡盘跌的技术特征。脉冲波是主力控盘的重要标志。高度控盘的股票如果出现大幅下跌，往往是主力操盘计划发生重大改变的重要信号。主力在下跌中很难完成大规模出货，因此，后市行情仍会延续。尾盘出现跳水式打压现象。这种情况表明，次日还会大幅下跌。股价在杀跌过程中，必须要保持高度警惕，临盘要静静等待操盘机会的来临。

【道破K线天机】实战图谱135

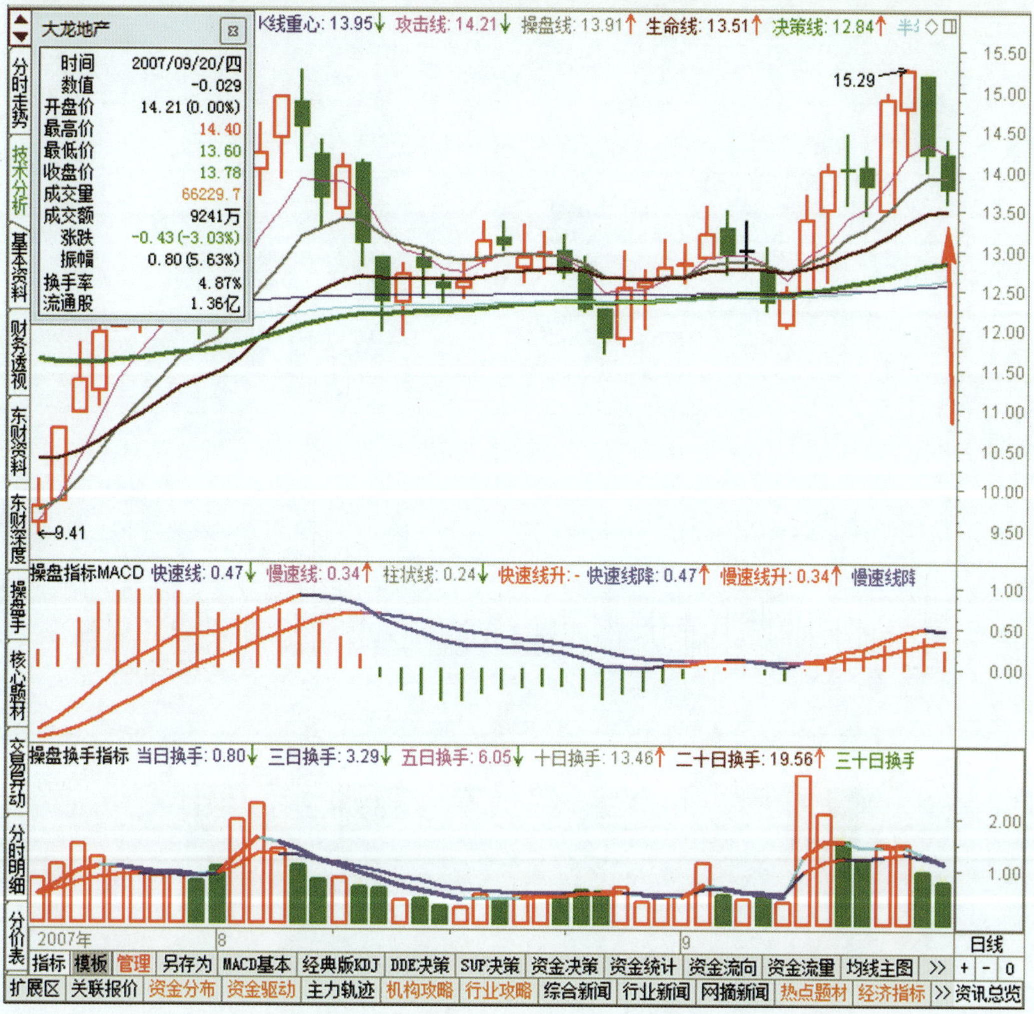

图例135 大龙地产（600159）日K线走势图谱

技术研判与操盘决策：

2007年9月20日，该股继续下跌，并以小阴K线报收，收盘于操盘线之下。日KDJ技术指标已经死叉向下。今天的收盘已经表明操盘线失守。技术指标向下，意味着一轮较大级别的下跌行情即将展开。因此，今天是盘中跟风盘最后出局的机会，否则，损失将会继续扩大。临盘实战操盘中，对操盘10线的重要价值应引起高度的重视。望夫崖K线结构形态已经于今天形成，临盘保持密切跟踪。

【道破K线天机】实战图谱136

图例136 大龙地产（600159）全天即时走势图谱

技术研判与操盘决策：

2007年9月20日，该股在盘中连续以脉冲式杀跌波形震荡盘跌。这种状态，说明股价下跌大局已定。今天是短线投资者的最后出局机会，临盘不必计较任何价格的高低。只要出来，守住资金就是胜利。控盘状态下股票，其杀跌力度通常也会十分凶悍。实战中，守住资金是上上之策，要像对待自己的生命一样。

【道破 K 线天机】实战图谱 137

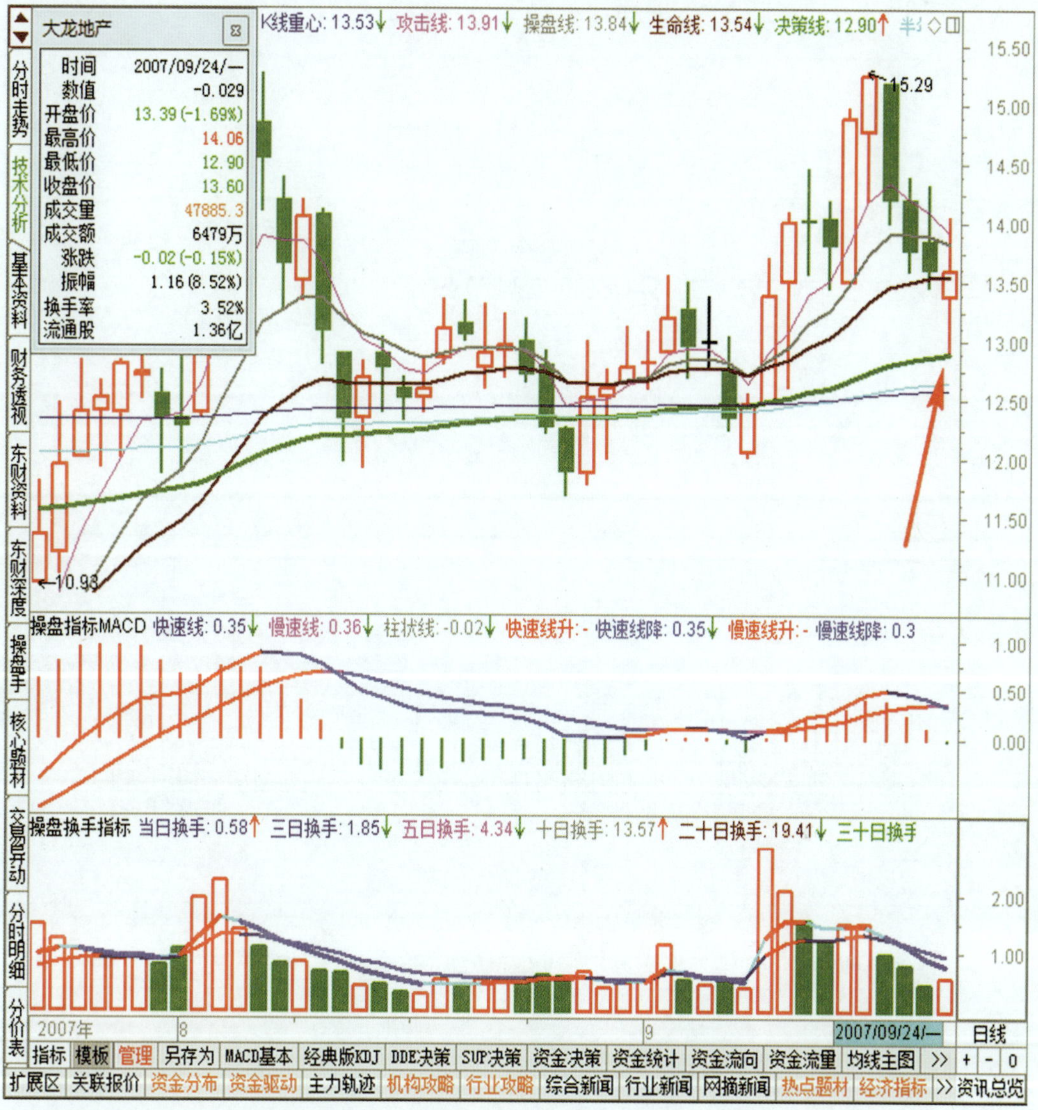

图例 137 大龙地产（600159）日 K 线走势图谱

技术研判与操盘决策：

2007 年 9 月 24 日，该股在经过连续四天杀跌后，在生命 20 线上暂时进行休整。这种带上下影线的小阳十字星 K 线结构是股价暂时止跌的形态。但同时也是下跌中继形态。当天股价向上反弹时受到操盘线的阻力。成交量已经大幅萎缩，说明反弹没有力度。攻击线已经弯头向下，而 KDJ 也已经继续死叉向下。股价要想扭转乾坤，基本上是不可能的了。

【道破K线天机】实战图谱138

图例138　大龙地产（600159）全天即时走势图谱

技术研判与操盘决策：

2007年9月24日，该股在经过下跌后出现三波攻击拉升特征。盘中攻击时，明显没有成交量的配合。无量反弹，说明主力并无意展开拉升，向上做盘意望十分薄弱。因此，今天的反弹只能是一种下跌抵抗行为。也是修正短期超卖指标行为，是典型的下跌中继形态。轻度套牢者在今天是最后的逃命机会。职业操盘手必须要通过现象看到本质，不能盲目乐观。

【道破 K 线天机】实战图谱 139

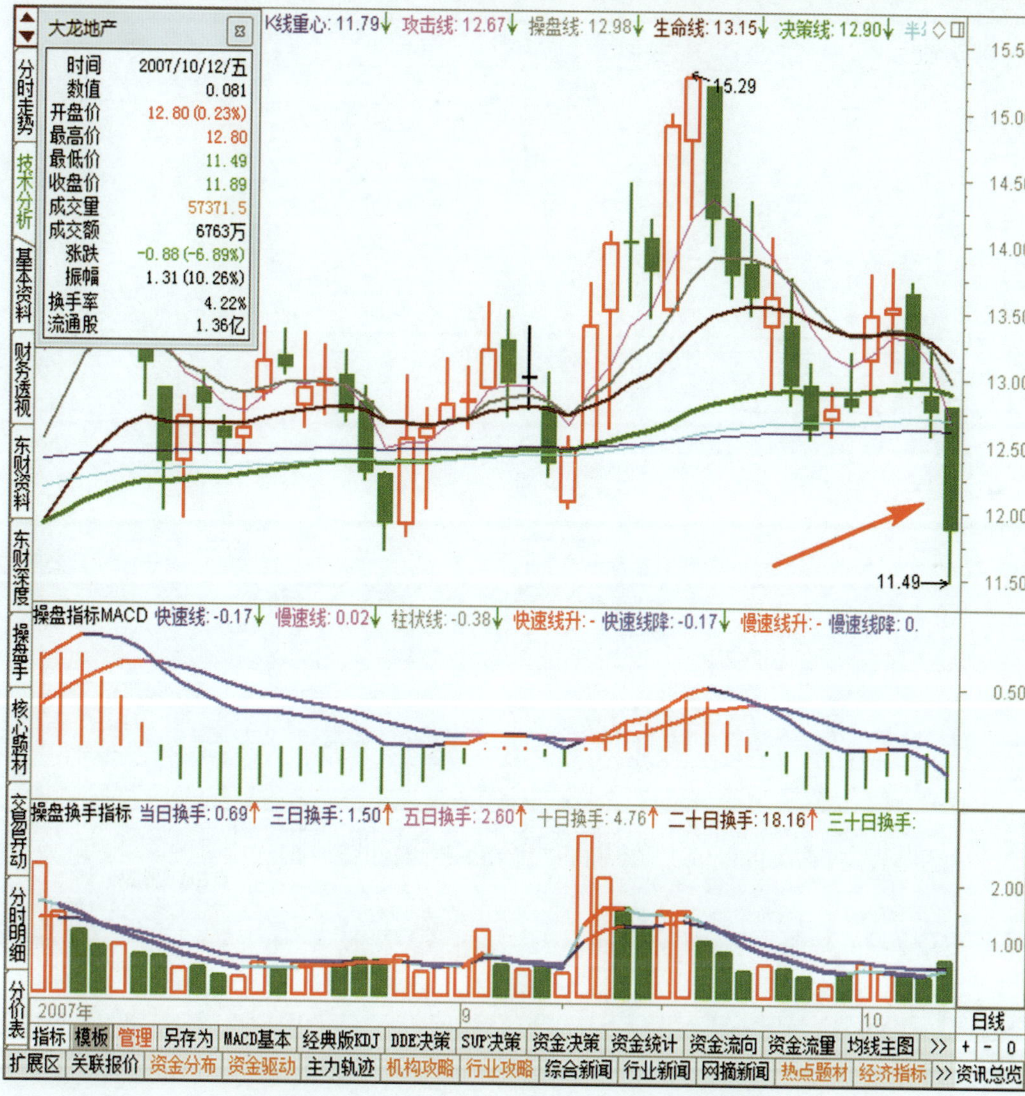

图例 139 大龙地产（600159）日 K 线走势图谱

技术研判与操盘决策：

2007 年 10 月 12 日，该股在经过连续震荡盘跌后于今日出现中阴 K 线破位下跌的技术特征。盘中放量击穿决策 60 线，形成水滴石穿的技术形态。既然股价放量下破，因而，其下跌量度目标应在 7 月份的底部附近。日 KDJ 指标处于较低区域，对股价下跌空间形成初步的封锁状态。临盘继续保持密切跟踪。股价加速下跌的同时，也说明了中线建仓机会正在悄悄来临。

【道破K线天机】实战图谱 140

图例 140 大龙地产（600159）全天即时走势图谱

技术研判与操盘决策：

2007 年 10 月 12 日，该股在盘中跌停后反复开板。主力在加速下跌初期的开板，是典型诱多特征。主要是诱使场外跟风资金杀入，以便造成更大的杀伤力，为后续滚动操盘打下基础。因此，当天开板不宜进场狙击。应继续保持密切跟踪。

【道破 K 线天机】实战图谱 141

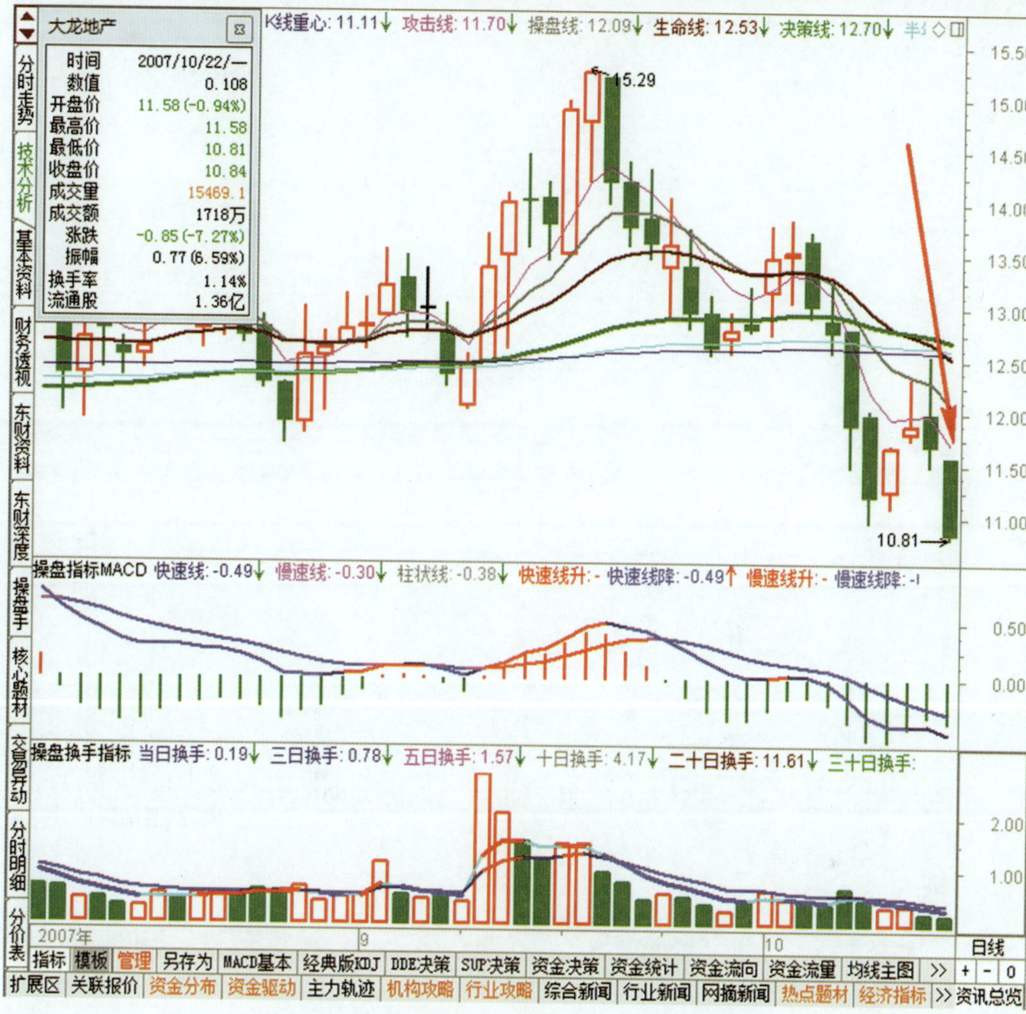

图例 141　大龙地产（600159）日 K 线走势图谱

技术研判与操盘决策：

2007 年 10 月 22 日，该股在经过短暂反弹后再次出现中阴 K 线下跌的技术特征。

这种下跌是新一轮下跌波段的开始信号。盘中并未放量，说明下跌是主力反复对敲打压股价的结果。临盘注意：成交量已经连续两天萎缩至地量结构，地量见地价的股市格言又将得到验证。地量一方面说明地价就在附近，另一方面也说明下跌动能大幅减弱。因此，当股价出现这种地量结构时，临盘必须进入高度警惕状态。中线建仓机会即将来临。

【道破K线天机】实战图谱 142

图例 142 大龙地产（600159）全天即时走势图谱

技术研判与操盘决策：

2007 年 10 月 22 日，该股以大幅低开后出现以脉冲波结构震荡式下跌的技术特征。

尾盘跳水走势，说明下跌还会继续。但盘中明显发现成交冷清。成交过于冷清，基本是主力在盘中维持交易。这种状态，说明下跌空间已经被人为封锁，股价距离真正的底部已经越来越近了。临盘继续跟踪，静待中线建仓机会的来临。

【道破K线天机】实战图谱 143

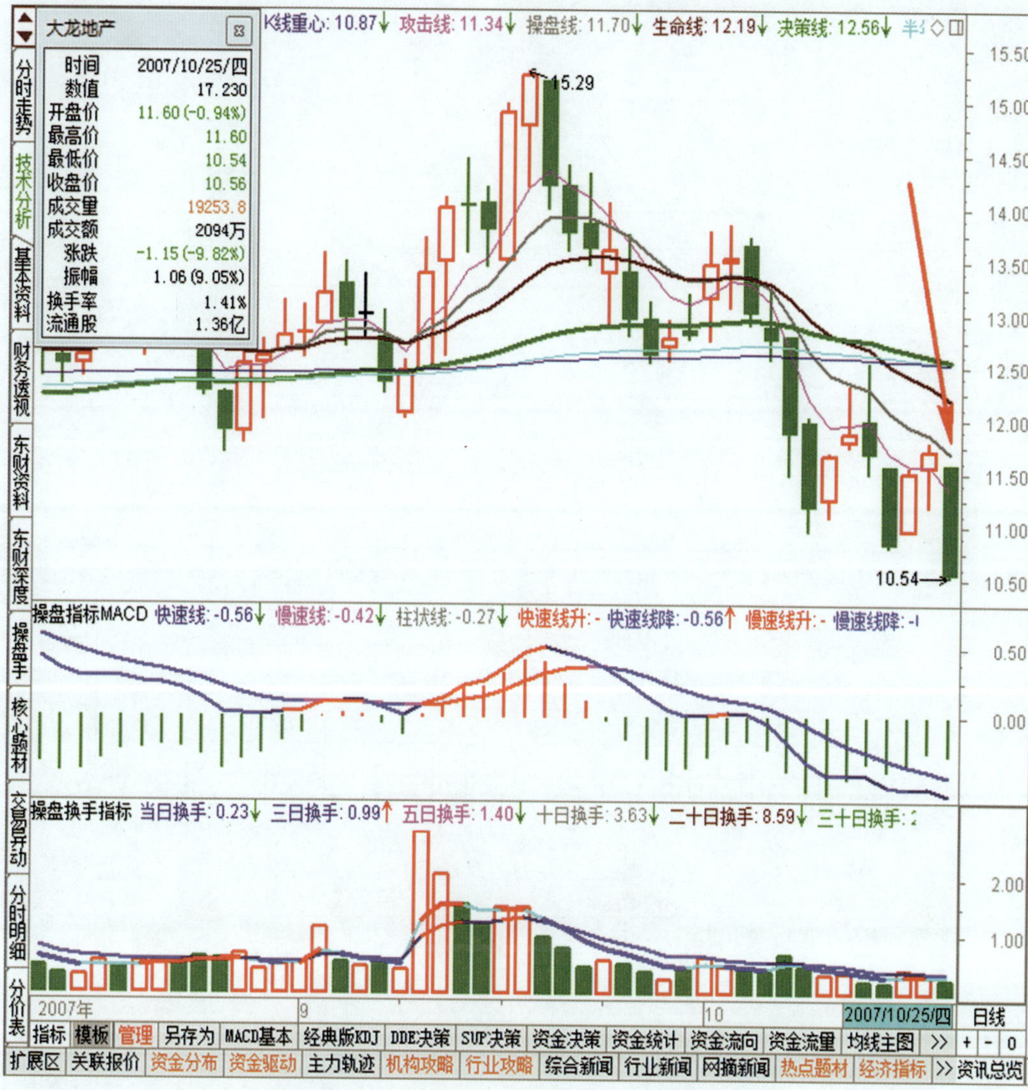

图例 143 大龙地产（600159）日 K 线走势图谱

技术研判与操盘决策：

2007 年 10 月 25 日，该股今天出现大阴 K 线下跌的技术特征。长阴杀跌，是股价在下跌阶段的加速形态。盘中仔细发现，成交量并没有放大，反而萎缩至地量结构。日 KDJ 技术指标已经在底部区域反复背离。这说明今天的下跌是纸老虎。股价底部就在眼前。因此，临盘启动中线建仓计划。果断按计划进入狙击。股价在反复探底过程中，建仓应保持节奏，徐徐进行，不可操之过急。

【道破K线天机】实战图谱144

图例144 大龙地产（600159）全天即时走势图谱

技术研判与操盘决策：

2007年10月25日，该股以脉冲波震荡盘跌趋势反复下跌。盘中交易冷清，基本是主力对敲性操盘在维持盘面的活跃度。这种对敲式下跌，对主力而言并不会带来操作成本的增加。反而可以为后市的滚动操盘打开上涨的空间。因此，临盘在下午第四时间段之后正式启动中线建仓计划。中期大底就在眼前，可以逐步介入建仓了。

【道破K线天机】实战图谱145

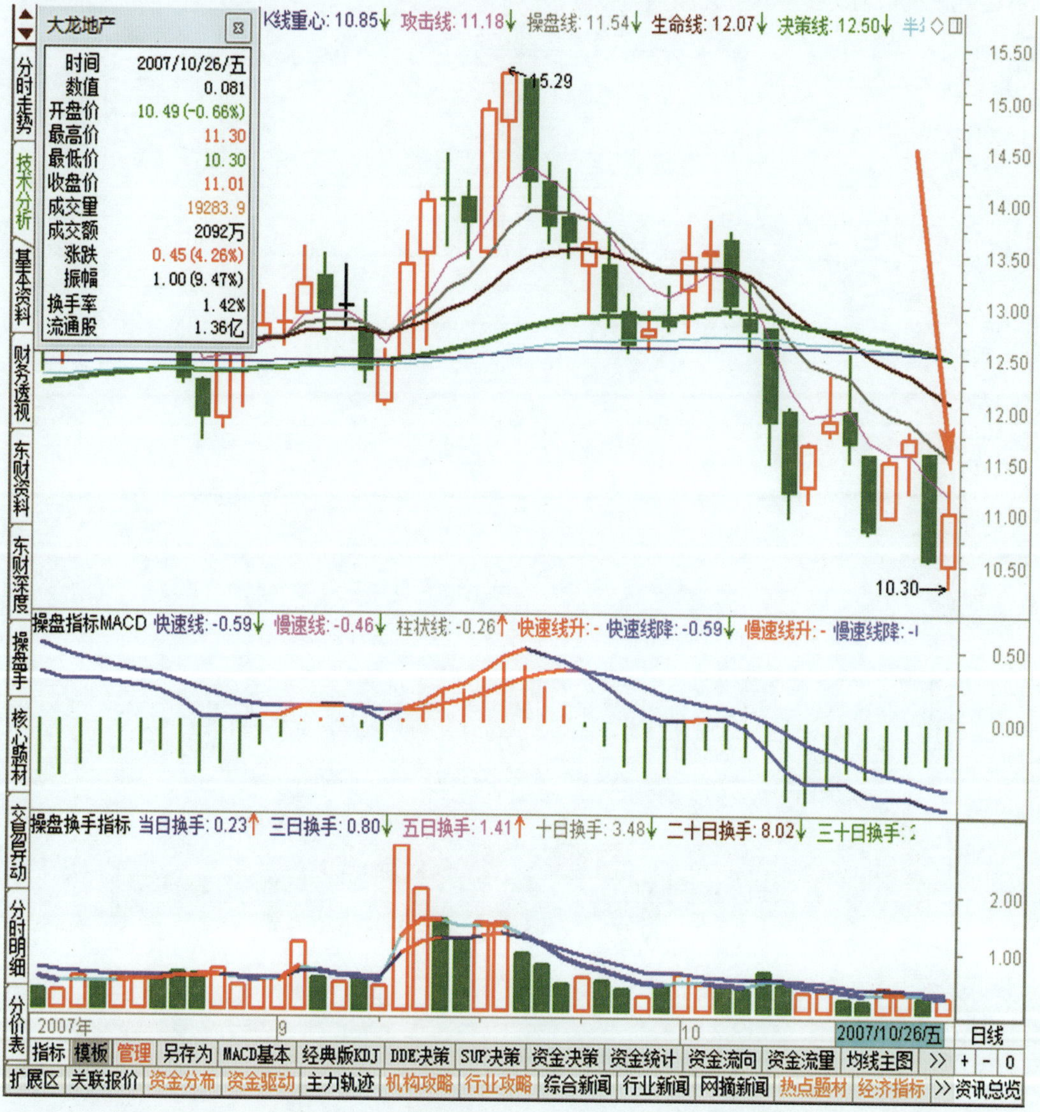

图例 145 大龙地产（600159）日 K 线走势图谱

技术研判与操盘决策：

2007 年 10 月 26 日，该股今日果然展开触底反弹。但成交量仍然处于高度萎缩状态。

这一现象说明股价还没有完全止跌。下跌目标还未到达，因此，主力不会轻易展开大幅反弹动作。针对这一情况，临盘应仍然保持缓缓建仓计划不变。在地量结构状态中，中线建仓策略应该是越跌越买，这样才会降低持仓成本。

【道破K线天机】实战图谱146

图例146　大龙地产（600159）全天即时走势图谱

技术研判与操盘决策：

2007年10月26日，该股早盘低开高走，第四时间段出现脉冲式攻击波。这种技术特征说明股价已经止跌。但反弹过程中，明显发现没有成交量的配合。盘中交易仍然十分冷清，基本上是主力通过对敲在掌握盘面价格波动节奏。因此，临盘仍然继续建仓。股价短时间内还不会出现大幅拉升的反弹趋势。临盘无须过于紧张。

【道破K线天机】实战图谱 147

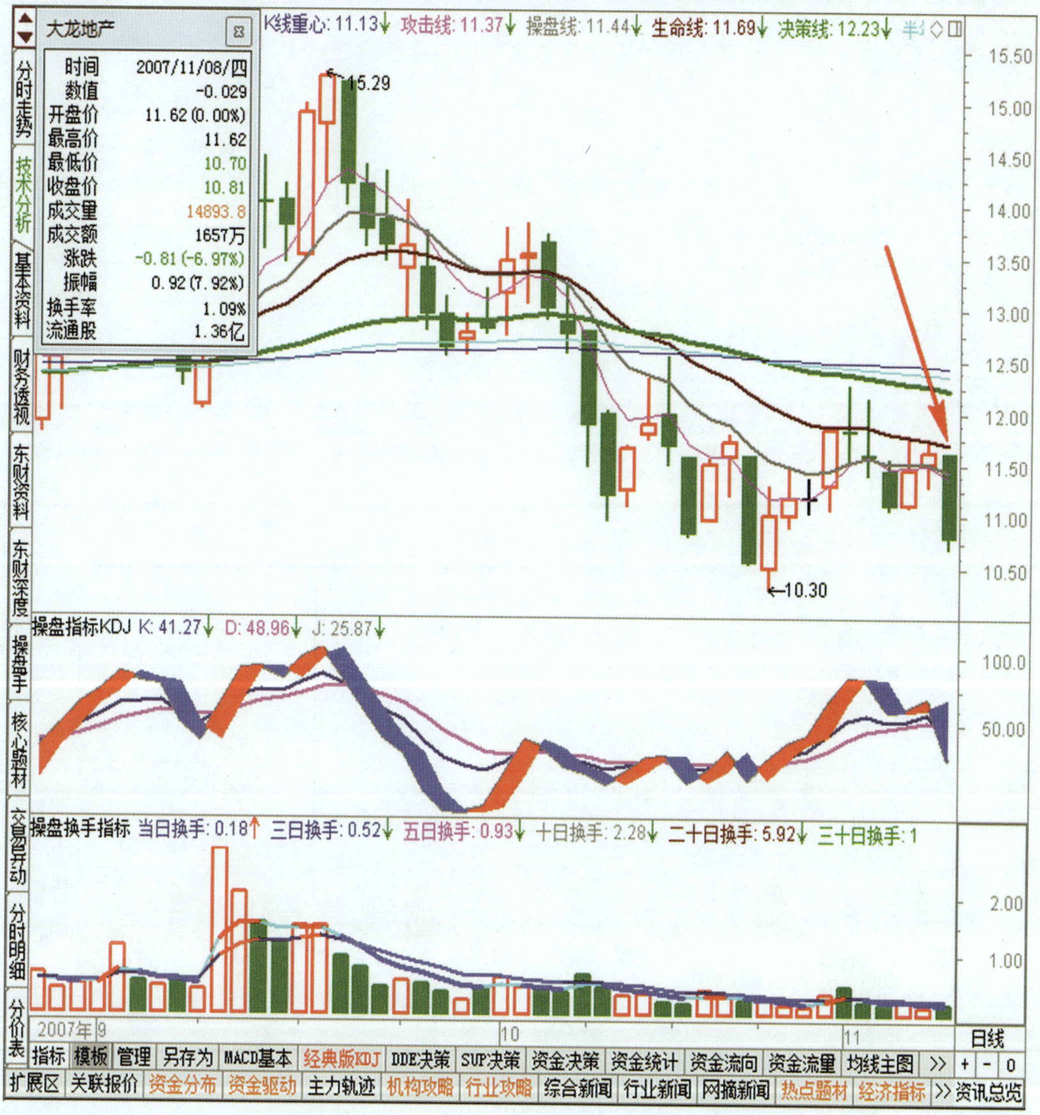

图例 147　大龙地产（600159）日 K 线走势图谱

技术研判与操盘决策：

2007 年 11 月 8 日，该股再次出现中阴 K 线下跌的技术特征。这种下跌形态是股价二次探底技术形态。成交量仍然萎缩至地量结构，盘面交易十分低迷。日 KDJ 技术指标再次死叉，说明新一轮探底行情已经展开。临盘仍然缓缓建仓，股价下跌再次提供低成本建仓机会。

第一阶段仓位的建设成本应按计划控制在 10.8 元之下。

【道破K线天机】实战图谱 148

图例 148 大龙地产（600159）全天即时走势图谱

技术研判与操盘决策：

2007 年 11 月 8 日，该股低开低走，持续震荡盘跌。脉冲波杀跌，在没有成交量的配合下，明显是典型的纸老虎行为。这种下跌为低成本建仓带来巨大的机会。临盘继续保持平缓的建仓步伐。尾盘杀跌时放量，说明股价下跌空间不会太大。后市应该以反复震荡盘跌的方式出现会比较适合主力的操盘风格。

【道破 K 线天机】实战图谱 149

图例 149　大龙地产（600159）日 K 线走势图谱

技术研判与操盘决策：

2007 年 11 月 13 日，该股连续两天出现带长下影的小阴 K 线结构。这是最典型的上涨转折点信号。在经历大幅下跌之后，出现带下影线的大长针 K 线组合，均是明显的上涨转折技术特征。这说明股价已经完全见底止跌了。临盘继续加大建仓力度。股价见底止跌，并不会迅速展开反弹和大幅拉升。主力将会将股价维持在底部位置反复震荡，以消磨盘中散户的持股信心。目前已经进入望夫崖的谷底，临盘应按计划紧密实施建仓步伐。

【道破K线天机】实战图谱150

图例150 大龙地产（600159）全天即时走势图谱

技术研判与操盘决策：

2007年11月13日，该股在继续在盘中实施脉冲式盘跌打压。盘中成交十分清淡。可以想见，如果主力不维持交易，就几乎不会散户交易。这种情况，也会我们的建仓带来的一定的困难。如果大量建仓必然会引起主力的警惕。因此，在建仓时，将每笔单量放在较小的水平就不会引起主力的注意。尾盘杀跌，是主力刻意所为的恐吓动作。目前已经进入望夫崖的谷底，临盘应按计划紧密实施建仓步伐。

【道破K线天机】实战图谱151

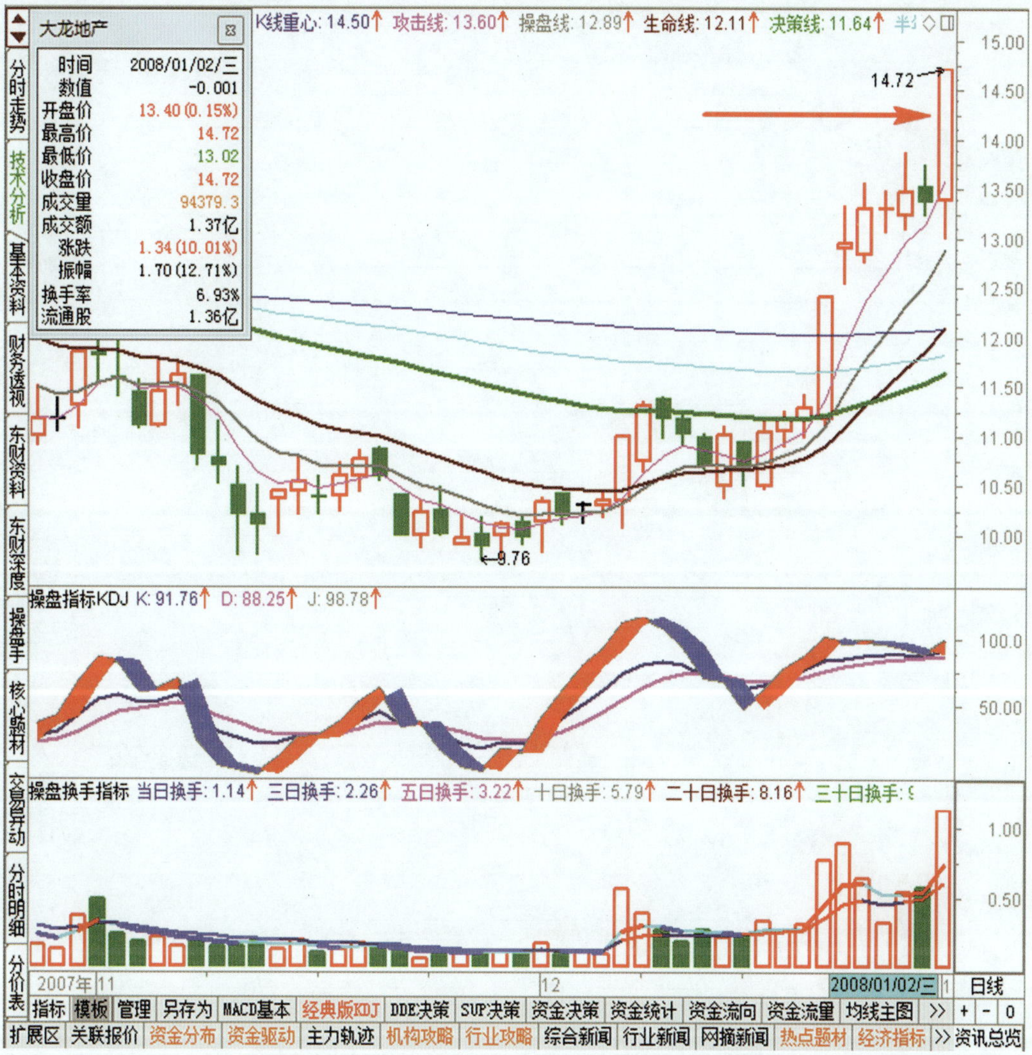

图例151　大龙地产（600159）日K线走势图谱

技术研判与操盘决策：

2008年1月2日，该股在经过连续震荡盘升后出现大阳K线上涨的技术特征。这是明显的旭日东升K线技术结构。旭日东升是股价进入加速阶段的重要标志，说明了主力强势操盘的技术特点。今日所处的位置是望夫崖的崖顶区域。惜别多日之后，股价再次回到这一区域时的境况已经截然不同。从崖底至现在区域的价格升幅已经达到40%。今日成交量迅速放大，显示股价已经进入最后的加速拉升阶段。临盘持股不动。享受账户盈利持续扩大带来的极大乐趣。

【道破K线天机】实战图谱152

图例152 大龙地产（600159）全天即时走势图谱

技术研判与操盘决策：

2008年1月2日，该股在盘中展开脉冲式攻击波涨停。但涨停后，主力不断展开开板性动作。开板时，成交量并没有异常放大，说明主力开板仍然是诱空动作。股价已经进入加速拉升阶段。其大涨行情已经基本成为定局。临盘持股待涨，不要为主力操盘诱空的假象所迷惑。

第六章 红三兵

在一轮周期性的波段上升行情中，股价在上升波段初期和拉升波段中期阶段时，经常出现连续三根阳 K 线结构形态。通常情况下，第一根阳 K 线为大阳或中阳 K 线，第二根和第三根阳 K 线为中阳或小阳 K 线。同时，成交量也配合放大。第一根阳 K 线的换手率达到 3% ~10% 以上，涨幅达到 3% ~7% 以上。而第二和第三根阳 K 线的平均换手率均达到 5% 以上，平均涨幅达到 3% 以上。当这种三根阳 K 线的组合结构形成之时，就是经典的红三兵 K 线组合特征。红三兵出现周 K 线中的实战意义十分巨大，信号可靠度极高。

临盘实战中，红三兵的 K 线结构组合根据最后一根 K 线的大小来决定股价的强弱。如果最后一根 K 线实体涨幅在 5% 以上，说明股价极强。如果最后一根 K 线实体涨幅在 3% 左右，说明股价涨势呈中性。如果最后一根 K 线实体以大幅低开形成的小阳线，涨幅仅在 1% 左右，则说明股价涨势偏弱。

第一节 红三兵 K 线解码

一、红三兵的定义

在一轮周期性的波段上升行情中，股价在上升波段初期和拉升波段中期阶段时，经常出现连续三根阳 K 线结构形态。通常情况下，第一根阳 K 线为大阳或中阳 K 线，第二根和第三根阳 K 线为中阳或小阳 K 线。同时，成交量也配合放大。第一根阳 K 线的换手率达到 3% ~10% 以上，涨幅达到 3% ~7% 以上。而第二和第三根阳 K 线的平均换手率均达到 5% 以上，平均涨幅达到 3% 以上。当这种三根阳 K 线的组合结构形成之时，就是经典的红三兵 K 线组合特征。红三兵出现周 K 线中的实战意义十分巨大，信号可靠度极高。

红三兵出现在股价上升波段的初期，如果成交量配合迅速放大，则是股价启动大行情的开始状态。如果出现在股价上升波段的中期，在成交量配合放大的情况下，股价将加速上涨。但如果出现在大幅上涨后的拉升阶段末期，则是主力盘中即将见顶的重要特征；而成交量持续放大，则说明主力已经开始展开大规模出货动作了。

临盘实战中，红三兵的 K 线结构组合根据最后一根 K 线的大小来决定股价的强弱。如果最后一根 K 线实体涨幅在 5% 以上，说明股价极强。如果最后一根 K 线实体涨幅在3%左右，说明股价涨势呈中性。如果最后一根K线实体以大幅低开形成的小阳线，涨幅仅在1%左右，则说明股价涨势偏弱。同时，红三兵形成时的高低点整体涨幅在20%以上为强势特征，整体涨幅在15%左右为中性偏强，整体涨幅在10%以内为偏弱特征。

股价上升波段初期，红三兵出现时的即时盘中应以连续攻击波形态出现，如果伴随有冲击波特征，则说明主力还在继续建仓性操盘中。在股价上升波段中期，红三兵的即时盘中亦应以连续攻击波形态出现，攻击时，成交量形成明显的标准"量峰"结构，这是健康特征，说明主力主动性攻击。在股价上升波段后期，红三兵的即时盘中如果出现脉冲型攻击波或者回头波，则说明股价攻击力度减弱，主力随时在盘中实施减仓出货动作，股价即将见顶了。

二、红三兵K线结构特征

在一轮周期性的波段上升行情中，经常出现连续三根阳K线结构形态。第一根阳K线为大阳或中阳K线，第二根和第三根阳K线为中阳或小阳K线。第一根阳K线的换手率达到10%以上，涨幅达到7%以上。第二和第三根阳K线的平均换手率均达到5%以上，平均涨幅达到3%以上。盘中应以连续攻击波形态出现，成交量形成明显的标准"量峰"结构。

三、红三兵与主力操盘计划

红三兵出现在股价上升波段的初期，如果成交量配合迅速放大，则是主力已经发动主升段行情。红三兵如果出现在股价上升波段的中期，在成交量配合放大的情况下，股价将加速上涨。红三兵如果出现在大幅上涨后的拉升阶段末期，则是主力盘中即将见顶的重要特征；主力盘中放量出货。

四、红三兵的强弱法则

红三兵如果高低点整体涨幅在20%以上，最后一根K线实体涨幅在5%以上，说明股价极强。红三兵如果高低点整体涨幅在15%左右，最后一根K线实体涨幅在3%左右，说明股价涨势呈中性。红三兵如果高低点整体涨幅在10%以内，最后一根K线实体涨幅仅在1%左右，则说明股价涨势偏弱。

五、红三兵的最佳狙击时机

股价在上升阶段初期、中期和末期，出现较强的红三兵结构时，临盘可即时短线狙击。股价在上升阶段初期和中期，出现较强的红三兵结构时，临盘可中线加仓狙击。股价在上升阶段末期，出现较弱的红三兵结构时，临盘应中线或中长线波段性减仓。

第二节　红三兵实战图谱

【道破 K 线天机】实战图谱 153

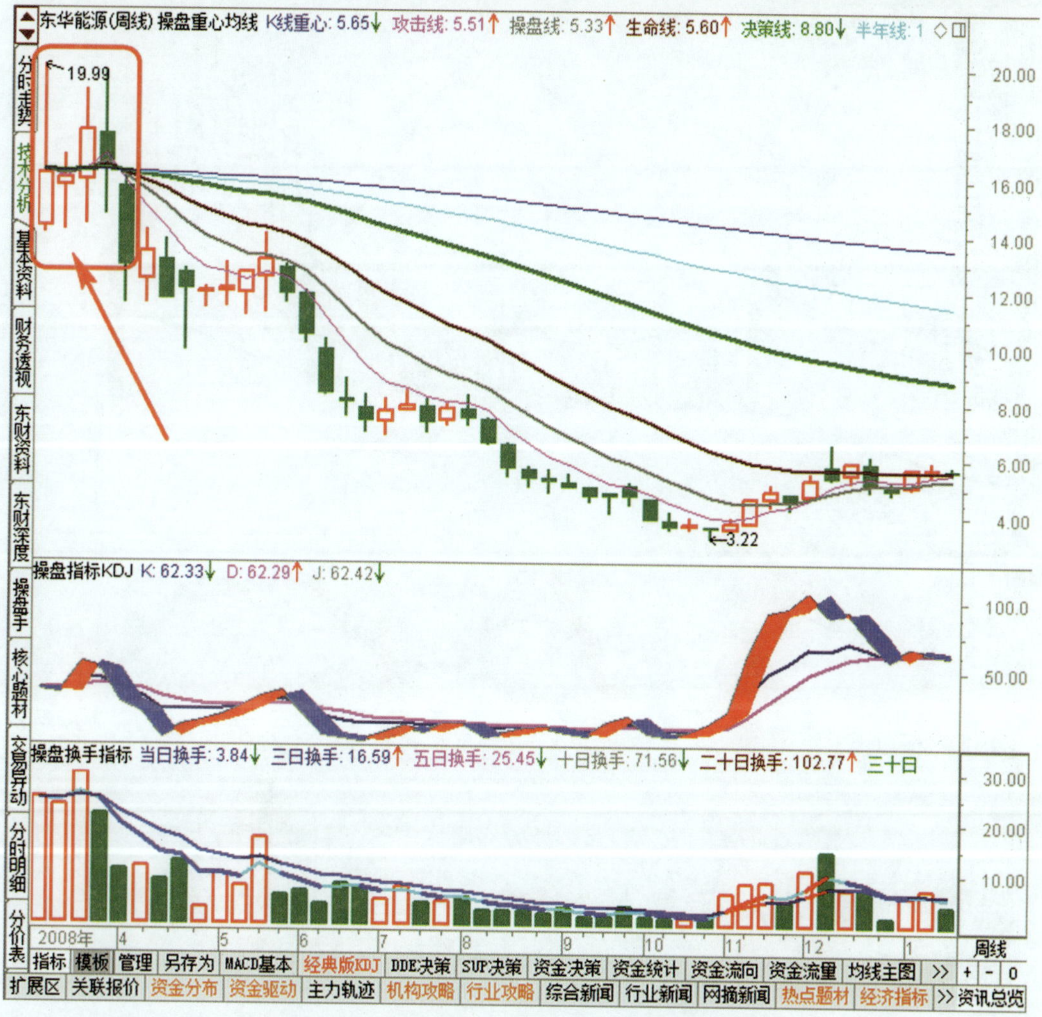

图例 153　东华能源（002221）周 K 线走势图谱

技术研判与操盘决策：

2008 年 3 月 28 日，该股上市三周连续出现红三兵 K 线结构技术特征。三周换手率达到 381% 以上，股价仅仅在 30% 空间范围内波动。K 线结构连续出现长上影和长下影线。说明新主力已经进入盘中建仓。临盘仔细发现，红三兵的第二根和第三根 K 线均是在第一根 K 线上影线内完成。这种形态结构说明股价还在筑底阶段，并不具备大幅上涨的动力。临盘应作密切跟踪。当股价回调不创新低，且萎缩至地量结构时，才是中线建仓机会来临。

【道破 K 线天机】实战图谱 154

图例 154　滨海能源（000695）周 K 线走势图谱

技术研判与操盘决策：

2008 年 3 月 28 日，周 K 线红三兵已经完成第二根阳 K 线的建设。本周换手率达到 49% 以上，主力操盘力度明显加强。红三兵的第三根必然在 2008 年 4 月初第一周完成。由于该股已经连续四周放量，说明主力介入程度较深。周 KDJ 指标金叉向上，均线系统亦形成金叉，中期趋势强势形态明显。中级大波段行情已经展开，临盘可以逢低狙击。

【道破 K 线天机】实战图谱 155

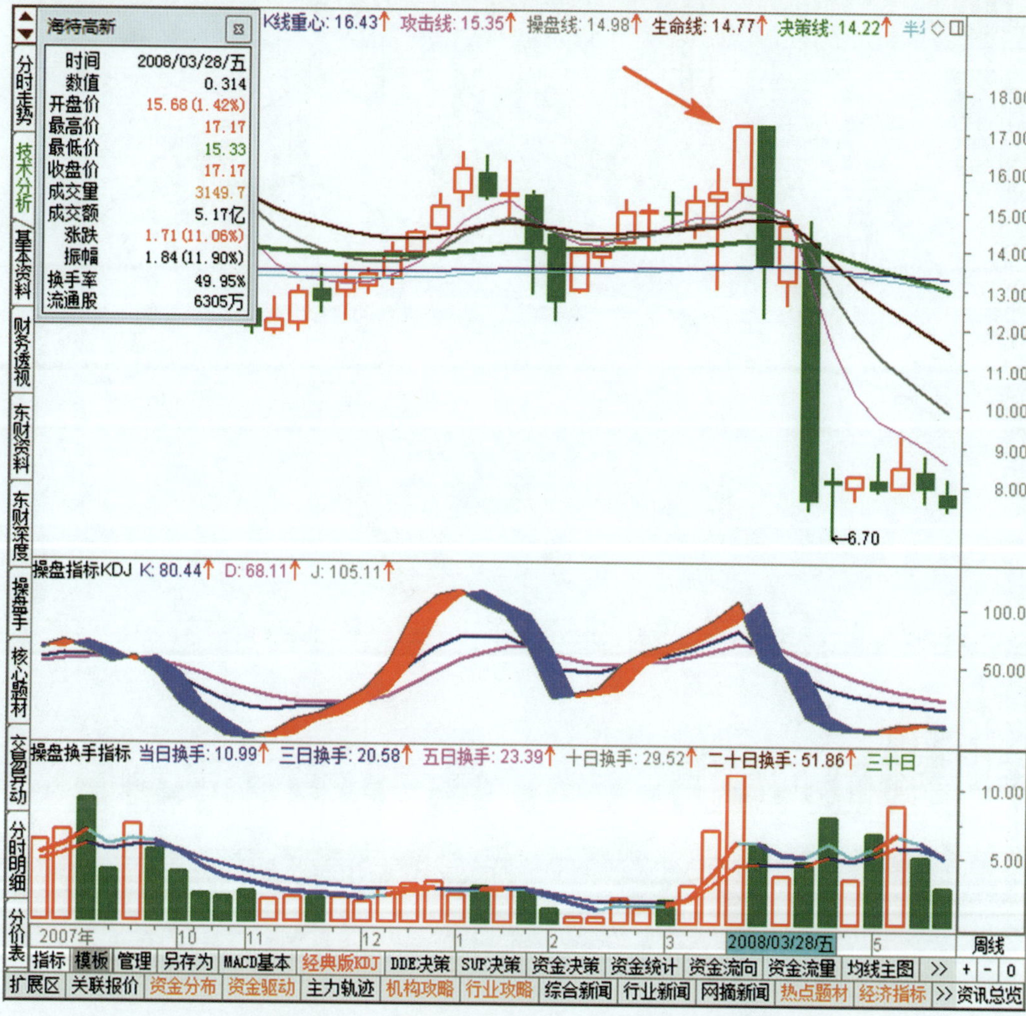

图例 155 海特高新（002023）周 K 线走势图谱

技术研判与操盘决策：

2008 年 3 月 28 日，该股周 K 线系统顺利完成红三兵结构。第三周换手率达到 49% 以上，连续三周放量，强势特征突出。红三兵出现周线的阶段性底部，是中线主力建仓的重要标志。因而具有极强的反转意义。周 KDJ 指标和均线系统已经形成金叉共振，中级行情已经展开。临盘应积极介入，中线建仓狙击。

【道破K线天机】实战图谱 156

图例 156　北海国发（600538）周 K 线走势图谱

技术研判与操盘决策：

该股在 2008 年 2 月 5 日 ~22 日形成红三兵结构。其后股价创出阶段性新高。成交量持续放大，明显出现中线主力建仓特征。由于该股中线强势特征已经明朗，因此，回调缩量时就是最佳建仓机会。均线系统和 KDJ 指标均已形成金叉，支撑股价中级强势。该股在 3 月份连续两周下调均未破生命 20 线，说明下档支撑较强。第 5 周是股价调整的时间之窗。因此，向上突破的可能性极大。临盘必须密切跟踪。

【道破 K 线天机】实战图谱 157

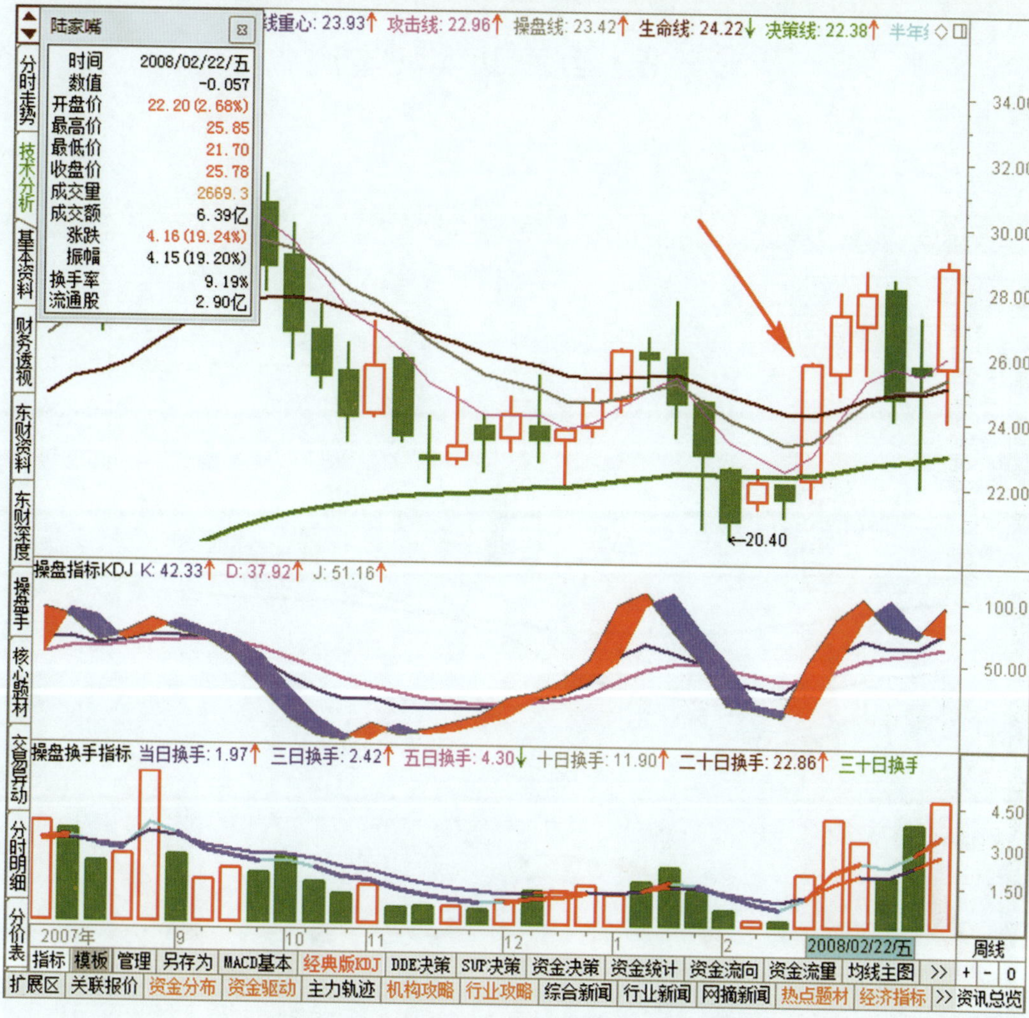

图例 157 陆家嘴（600663）周 K 线走势图谱

技术研判与操盘决策：

该股在决策 60 线上获得支撑后，形成红三兵 K 线结构技术特征。连续三周成交量持续放大。但红三兵的最后一根 K 线实体较小，显示向上攻击力度趋弱。由于该股经历大幅下跌后，处在阶段性底部的调整行情中。因此，红三兵 K 线结构的出现是该股行情反转的重要标志。截止 2008 年 3 月 28 日当周，股价再次以中阳 K 线展开向上攻击。成交量迅速配合放大，显示一轮中级波段反弹行情即将展开。临盘应密切跟踪，中短线建仓狙击。

第三节　红三兵实战案例

【道破K线天机】实战图谱158

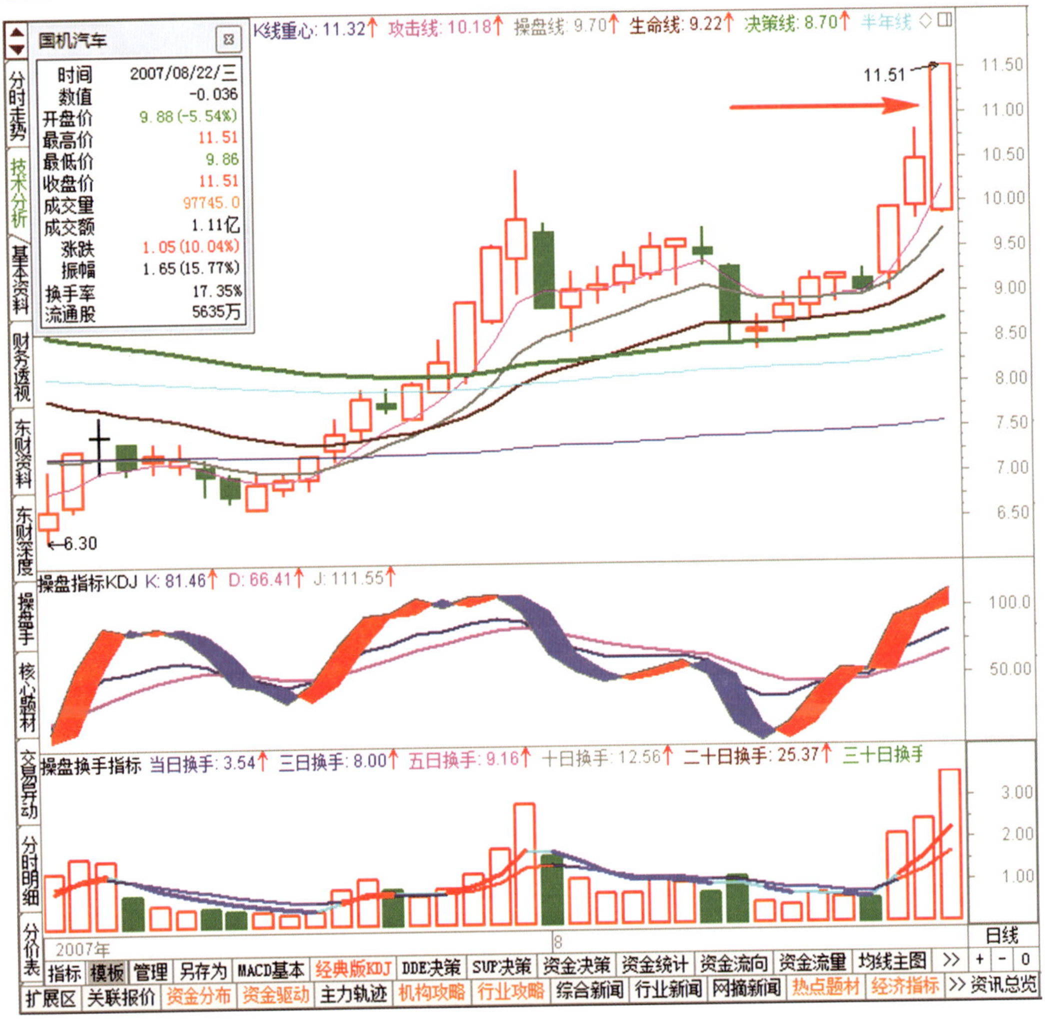

图例 158　国机汽车（600335）日 K 线走势图谱

技术研判与操盘决策：

该股突破底部平台后连续三天上涨，形成红三兵 K 线结构技术特征。成交量连续放大，显示操盘力度持续加强。该股从 7 元区间盘升时，出现连续小阳 K 线结构。这是中线主力建仓性操盘的结果。说明该股主力介入程度较深。股价在突破决策 60 线之后，连续采取小阳 K 线结构的操盘定式，暴露主力操盘计划。主力持续在盘中做线，说明实力较强。并有演变为中长线大牛股的可能性。中短线均可即时临盘果断介入狙击。

【道破 K 线天机】实战图谱 159

图例 159 国机汽车（600335）全天即时走势图谱

技术研判与操盘决策：

该股在第一次上涨时的即时图形中，居然出现脉冲波结构。在攻击过程中，出现脉冲波，是主力高度控盘的重要标志。今天是红三兵的第一根 K 线结构。盘中于第五时间段涨停时，并没有发现大单抛压。主力高度控盘的品种，后市上涨时会出现腾飞趋势。因此，临盘要果断建仓狙击。

【道破K线天机】实战图谱160

图例160 国机汽车（600335）全天即时走势图谱

技术研判与操盘决策：

今天是红三兵第二根K线的即时走势技术特征。盘中仍然有较为流畅的攻击波形。攻击波形仍然有脉冲波结构，说明主力确实完成高度控盘。从攻击力度来看，还有进一步放大趋势。成交量也明显放大，显示主力操盘计划较为紧迫。继续加仓狙击。

【道破 K 线天机】实战图谱 161

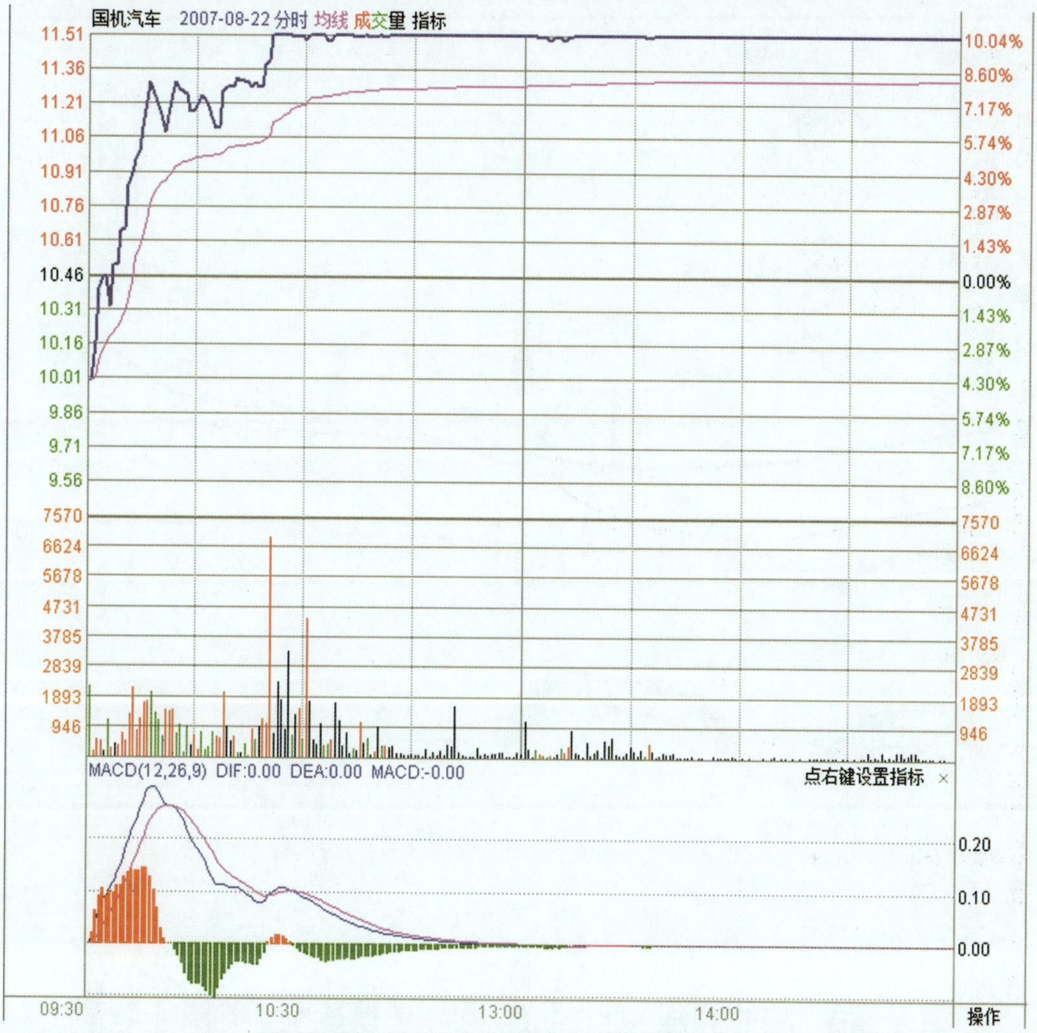

图例 161 国机汽车（600335）全天即时走势图谱

技术研判与操盘决策：

今天是红三兵的第三根 K 线即时走势技术特征。早盘主力迅速展开三波攻击，第二波攻击波形较长，明显是主力对敲拉升的结果。第二时间段涨停时，盘中并未出现大单抛压。说明盘口较轻。在主力高度的情况下，盘口轻更有利于主力进一步拉升股价。盘中封停后成交量迅速萎缩。股价持续走强已经形成定局。红三兵的最后一根 K 线居然以涨停形态出现，其强势特征自然十分突出。临盘必须大胆建仓，迎接主力主升浪。

【道破K线天机】实战图谱162

图例162 国机汽车（600335）日K线走势图谱

技术研判与操盘决策：

今日该股在高位展开窄幅整理。当天以带上下影线的小阴十字星K线报收。成交量并未大幅萎缩，仍然属于强势特征。红三兵之后十字星结构组合，一般是股价处于上升中继形态的重要标志。在上升通道中出现这种形态，临盘应果断加仓。这是主力给场外跟风资金低成本建仓的最佳机会。

【道破K线天机】实战图谱163

图例163　国机汽车（600335）全天即时走势图谱

技术研判与操盘决策：

从该股全天即时走势技术形态发现。当天反复震荡盘跌时，幅度极少。而震荡波形中出现呆滞型脉冲波结构。说明主力并无意大幅打压股价，调整的目的只是中继性休整，以调节过热的技术指标。既然主力无意打压，临盘应果断加仓。

【道破K线天机】实战图谱164

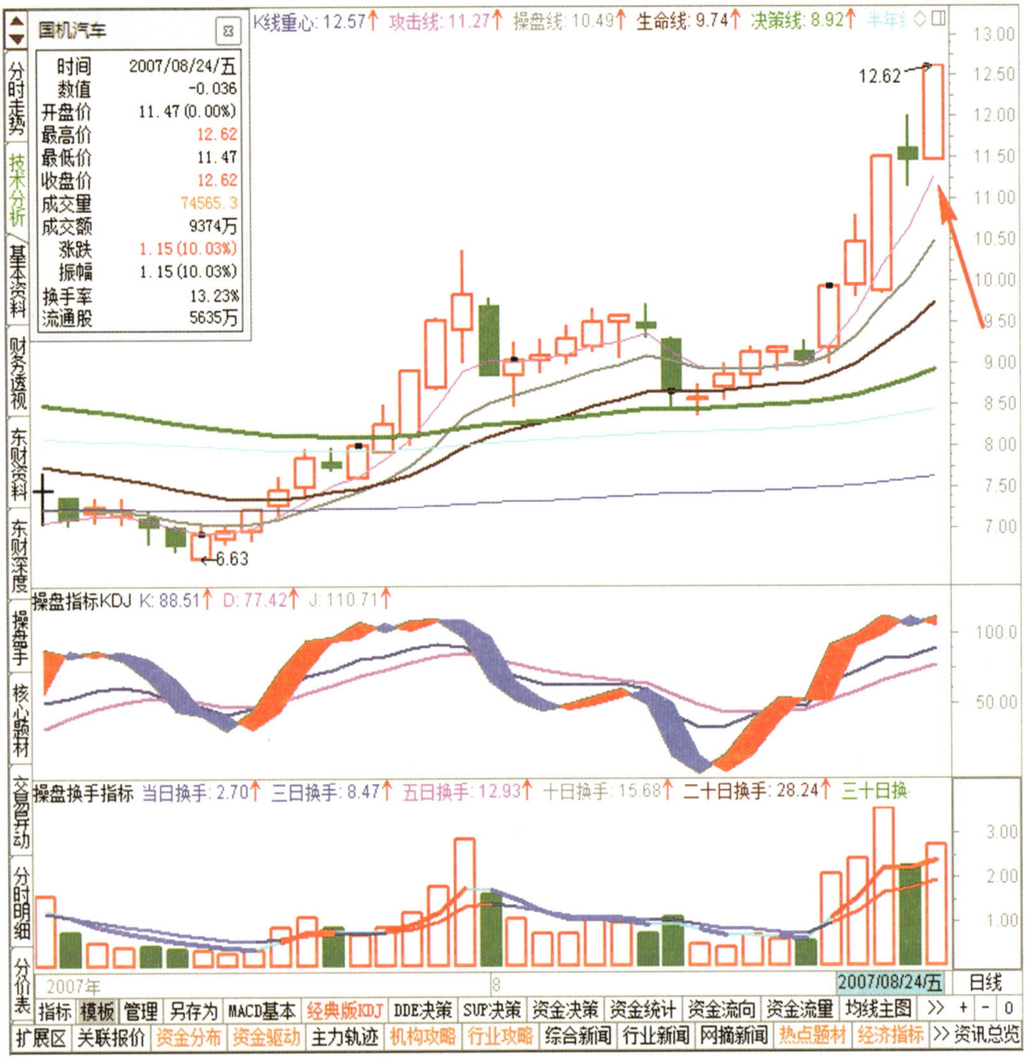

图例164　国机汽车（600335）日K线走势图谱

技术研判与操盘决策：

该股果然于今日高开高走展开攻击。盘中果断涨停，并以大阳K线报收。股价在底部阶段整理时期，如果经常出现连续性的阳K线，其后续走势也不断出现大阳K线。这是区别主力强弱的重要标志。该股阳K线明显多于阴K线，本身就已经说明主力实力非常雄厚。

今日成交量继续放大，配合十分健康。股价形成大波段上升趋势已经成为定局，临盘必须逢低果断加仓。

【道破 K 线天机】实战图谱 165

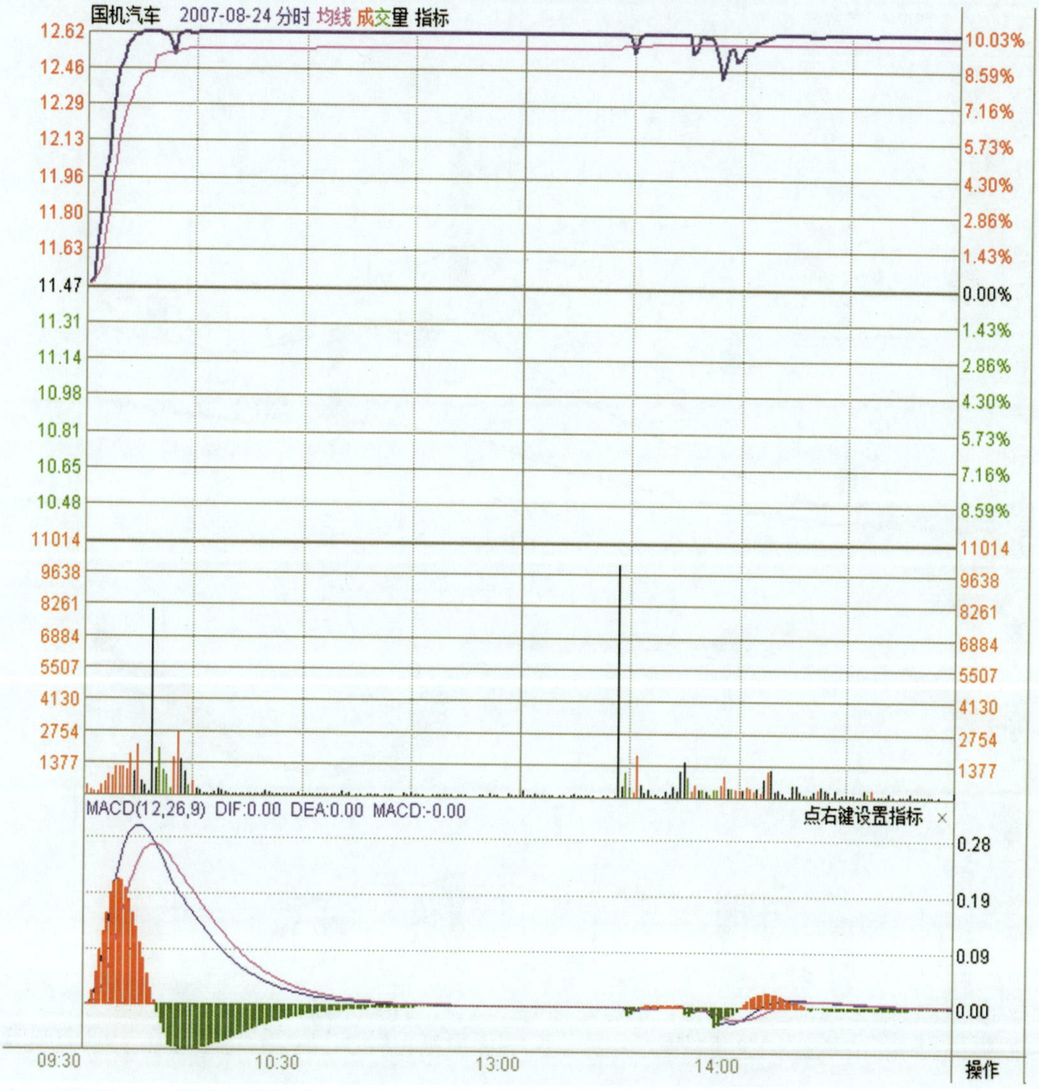

图例 165　国机汽车（600335）全天即时走势图谱

技术研判与操盘决策：

通过该股全天即时图形发现，今日早盘一波涨停。盘中反复开板，主力存在诱空可能性。

但下午第四时间段之后的开板，成交量放大明显，说明盘中抛压较大。抛压太大，对主力资金的消耗必然也十分巨大。这种状态持续下去，对行情的延伸将受到影响。因此，主力必须在近期展开洗盘动作，以化解抛盘压力。

【道破 K 线天机】实战图谱 166

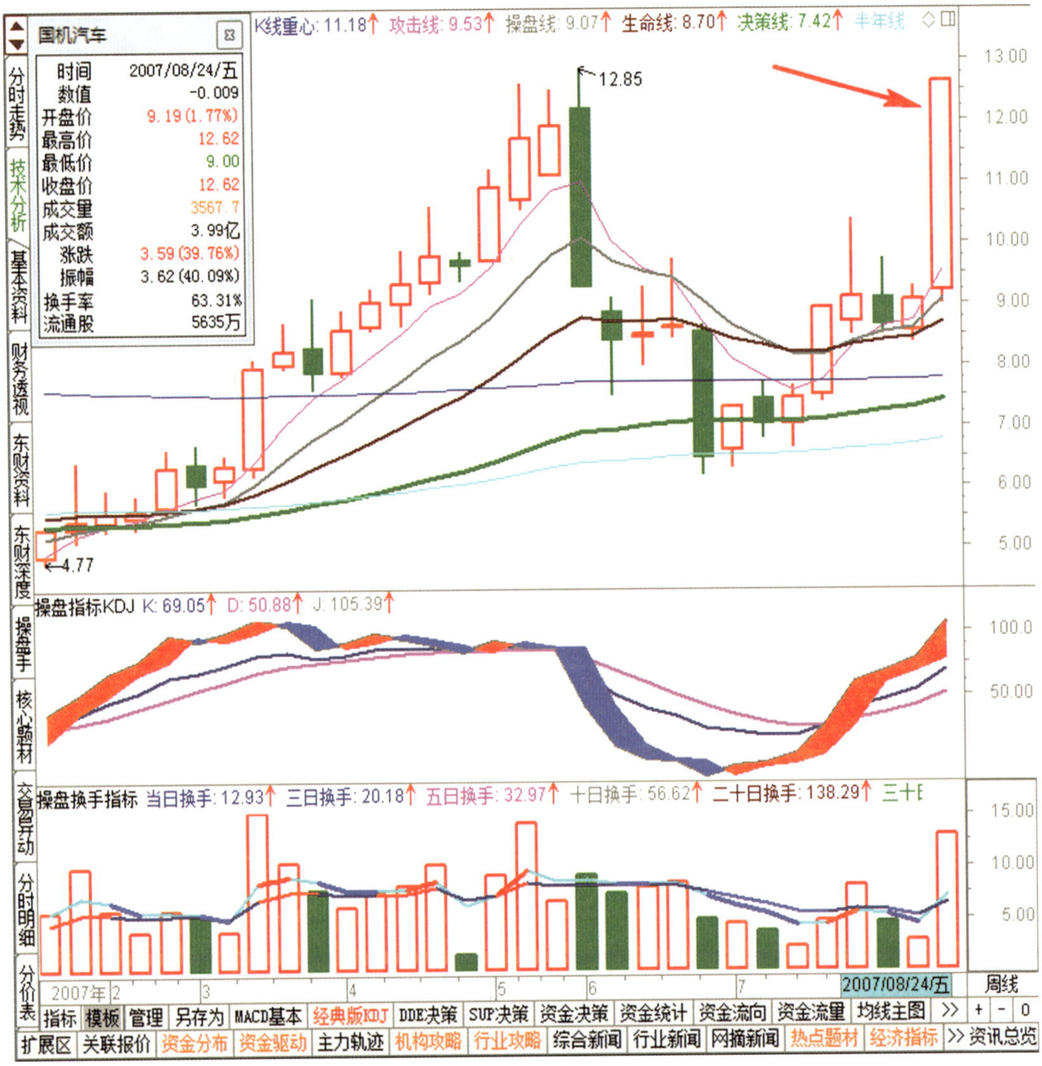

图例 166 国机汽车（600335）周 K 线走势图谱

技术研判与操盘决策：

周 K 线结构显示股价已经形成旭日东升的技术特征。成交量已经突破前期平台量，出现过顶状态。这种成交量过顶结构，均表明股价上涨的动能极强，创新高已经成为定局。周线形态是股价中期强弱的综合体现。如果周 K 线形态强，则中级大波段行情就会顺利展开。反之，则会反复走弱。该股周 k 线已经十分强势，因此，中期大波段行情将成为必然。临盘应果断建仓，迎接主升浪行情。

【道破K线天机】实战图谱167

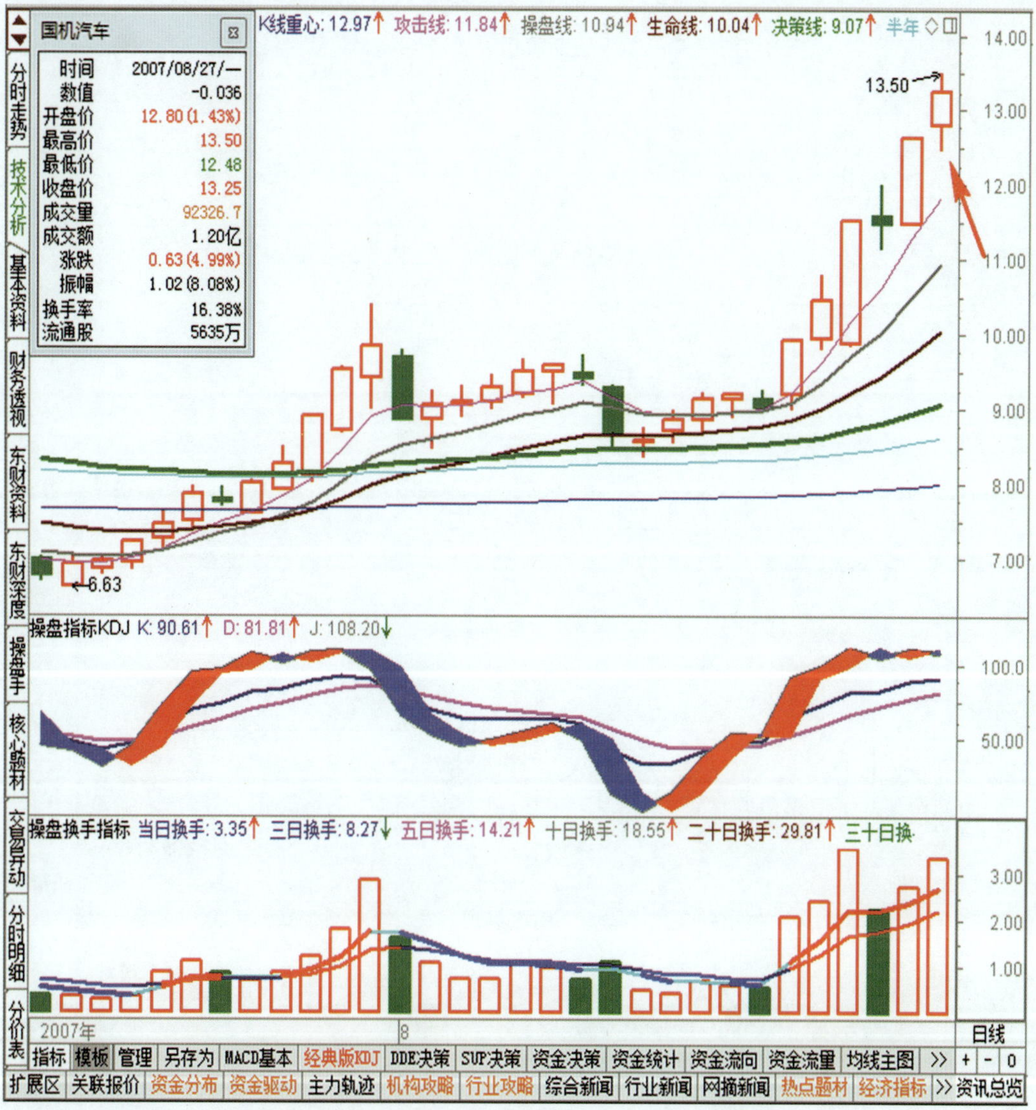

图例167　国机汽车（600335）日K线走势图谱

技术研判与操盘决策：

今日股价再次在高位展开窄幅整理。当天以小阳K线报收，收盘价创出底部上升以来的新高。成交量仍然持续放大，显示股价运行在极强势的上涨行情中。主力操盘力度一步步加强，这说明行情已经正在向纵深处发展。临盘继续加仓狙击。

【道破 K 线天机】实战图谱 168

图例 168 国机汽车（600335）全天即时走势图谱

技术研判与操盘决策：

该股即时图形显示早盘出现主力大单对敲。早盘对敲大单一般均是股价展开阶段性整理的重要信号。盘中波形走势仍然以脉冲波为主要特征，这说明主力还未出货。主力没有出货，盘中加仓就是安全环境。尾盘向上拉升时没有成交量的配合。该股次日必然还会展开整理，临盘必须全力以赴，持续完成加仓计划。

【道破 K 线天机】实战图谱 169

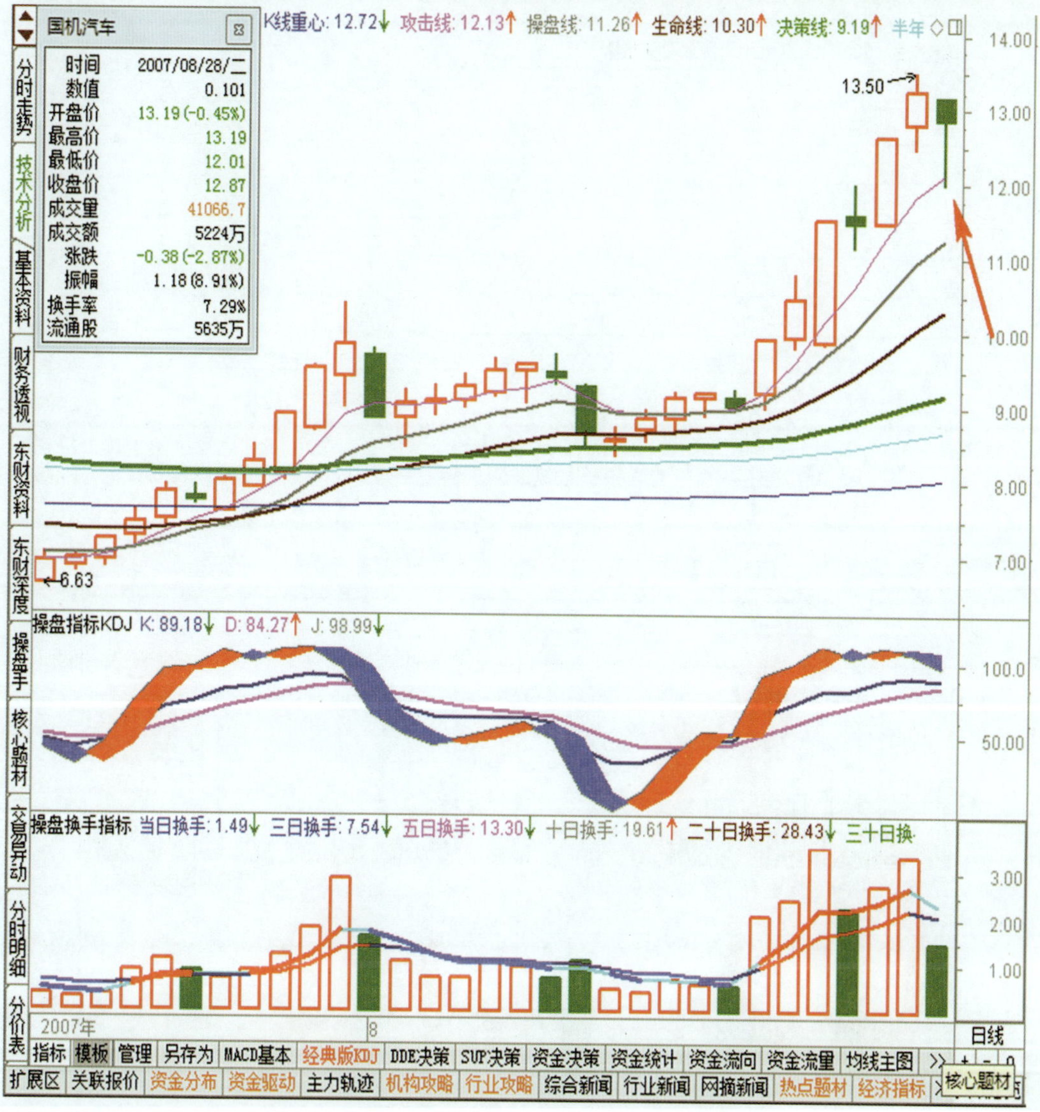

图例 169 国机汽车（600335）日 K 线走势图谱

技术研判与操盘决策：

该股今日低开低走，展开震荡整理。盘中触及攻击 5 线时明显受到较强支撑，当天以带长下影线的小阴 K 线报收。成交量大幅萎缩，说明主力向下打压力度较小。但同时，主力也不会迅速展开拉升。从主力操盘手法上分析，目前价格区域符合洗盘式操盘原则。既然主力进入洗盘行情，临盘必须以操盘线为最终狙击点。

【道破K线天机】实战图谱170

图例170 国机汽车（600335）全天即时走势图谱

技术研判与操盘决策：

该股低开进入洗盘行情。盘中第二时间段打低后出现明显的放量承接现象。说明主力一方面向下测试支撑，另一方面激发恐慌盘抛出。波形走势仍然呈现脉冲波结构。主力高度控盘情况下，洗盘深度有限。临盘仍然继续加仓。

【道破K线天机】实战图谱171

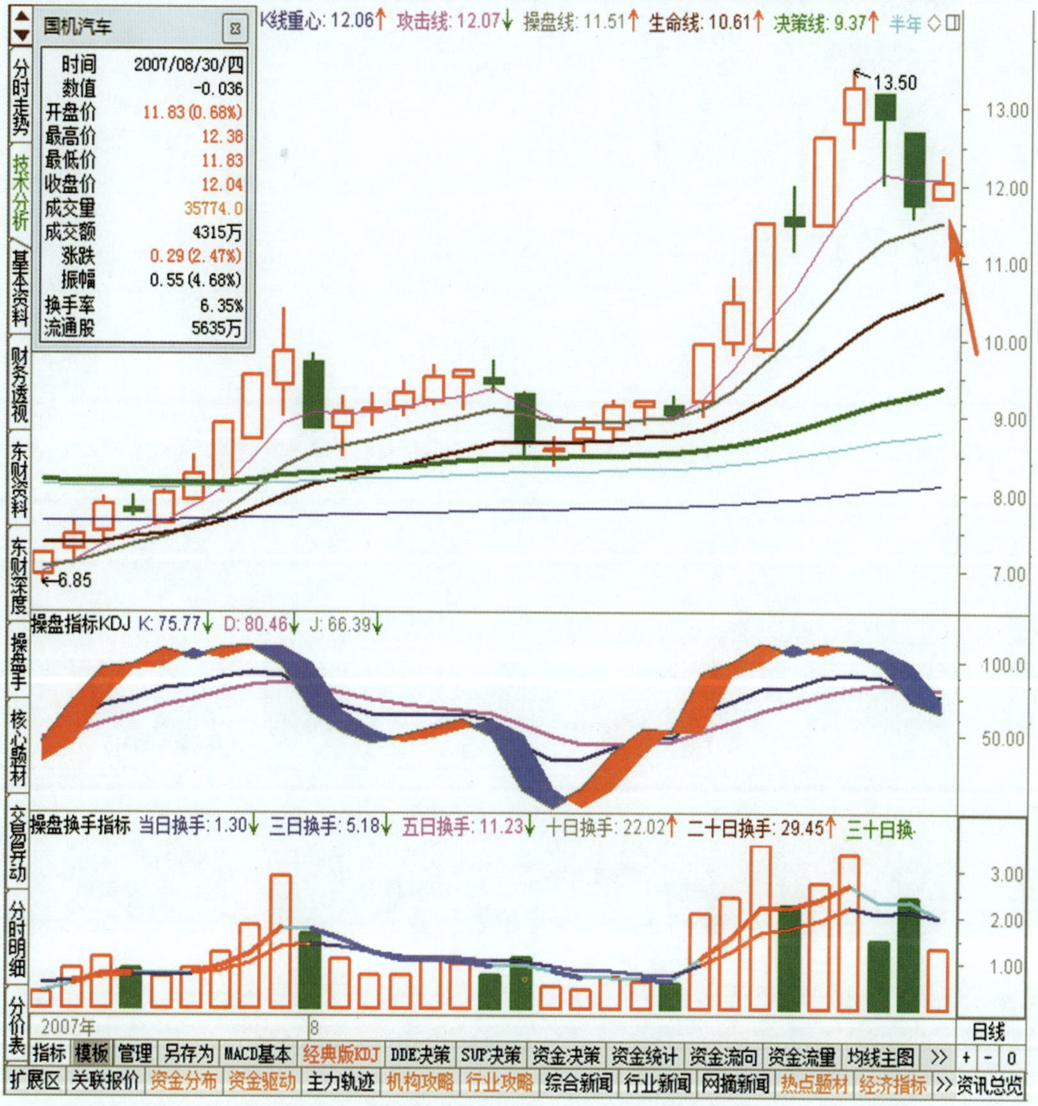

图例171　国机汽车（600335）日K线走势图谱

技术研判与操盘决策：

该股今日继续窄幅整理。操盘10线对股价构成较强支撑。在一轮中级波段行情中，主力不会轻易击穿操盘线。小阳K线结构预示股价即将结束洗盘行情。成交量大幅萎缩，说明洗盘行情已经进入尾声。临盘继续完成建仓计划。如果主力强势，次日必然展开攻击，结束洗盘。

【道破K线天机】实战图谱172

图例172 国机汽车（600335）全天即时走势图谱

技术研判与操盘决策：

该股在极小的价格区间波动。盘中波形走势仍然带有脉冲波结构。从早盘第一时间段的攻击动作来看，主力已经有意结束洗盘行情。股价洗盘已经四天，第五天是时间之窗，强势主力通常在当天结束洗盘而展开上涨。次日应密切跟踪股价的变化，关注主力的操盘细节。

【道破K线天机】实战图谱173

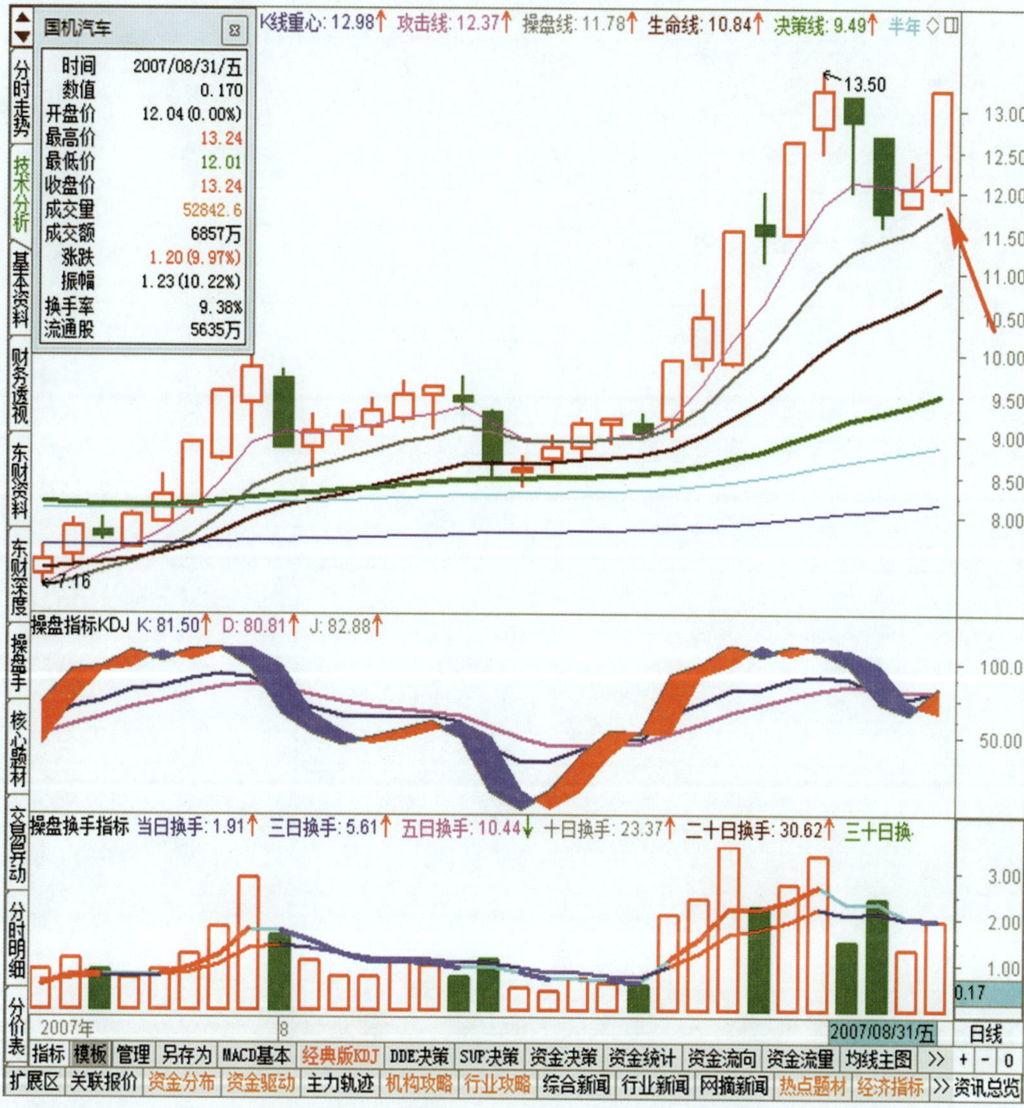

图例173 国机汽车（600335）日K线走势图谱

技术研判与操盘决策：

该股今日果然展开攻击，结束洗盘行情。当天盘中果断涨停，强势突出。并以大阳K线收盘，成交量温和放大，配合较好。从股价趋势特征分析，该股第二轮拉升行情已经展开。

临盘应果断狙击，中短线机会均十分巨大。

【道破K线天机】实战图谱174

图例174　国机汽车（600335）全天即时走势图谱

技术研判与操盘决策：

该股第四时间段涨停时，盘中并未出现大盘抛压。这种现象说明盘中极轻。主力高度控盘后，股价上涨在没有较大抛压的情况下会表现更自然。波形走势表现流畅，显示主力已经驾轻就熟。股价已经结束洗盘行情，新一轮拉升已经展开。因此，临盘必须果断狙击。

【道破 K 线天机】实战图谱 175

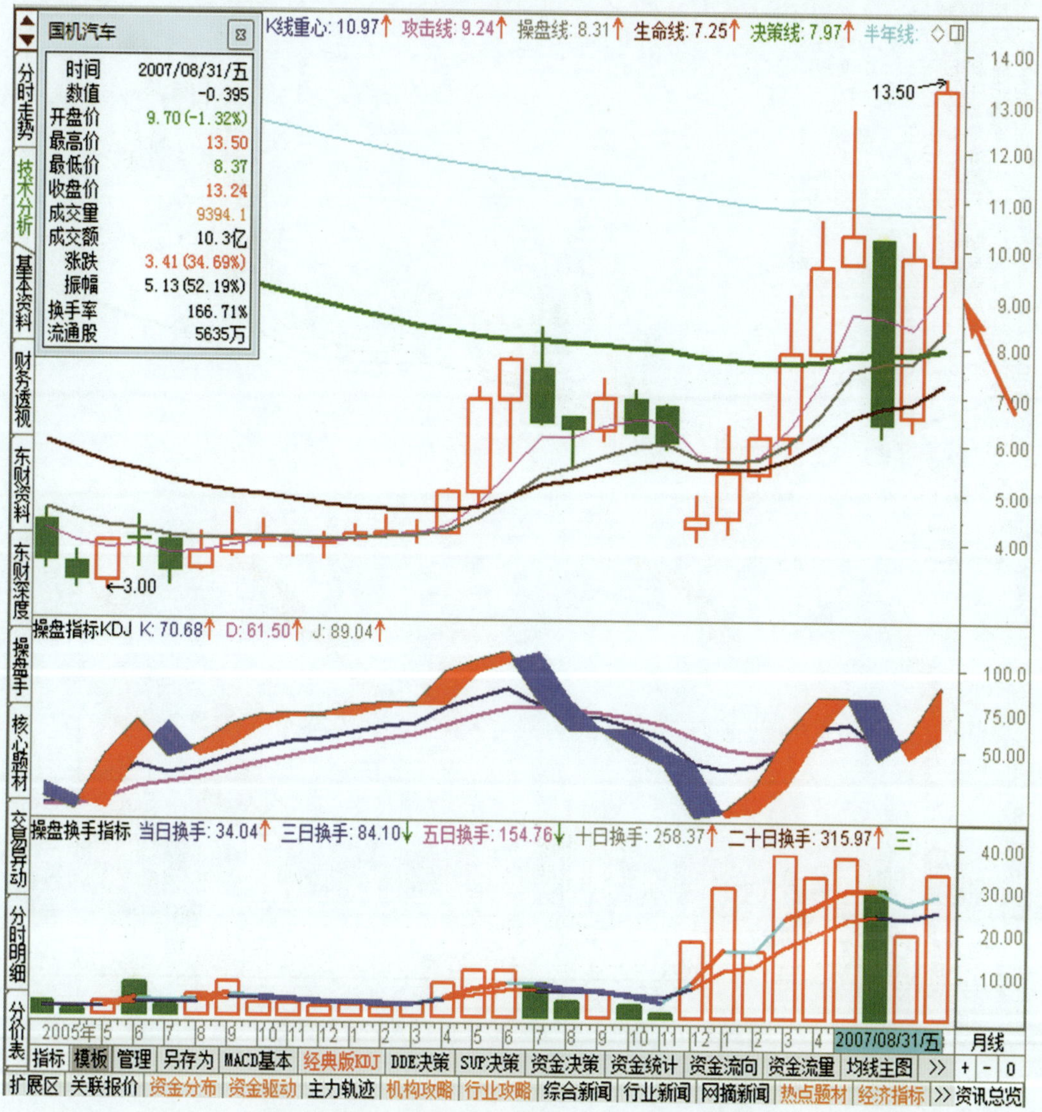

图例 175　国机汽车（600335）月 K 线走势图谱

技术研判与操盘决策：

该股月 K 线结构技术特征显示股价已经突破历史新高。成交量连续九个月放大。月 KDJ 指标与均线系统均形成金叉向上趋势。这种形态结构通常说明了大级别的周期性行情已经展开。因此，股价每次回调的低点均是最佳的狙击机会。

【道破K线天机】实战图谱 176

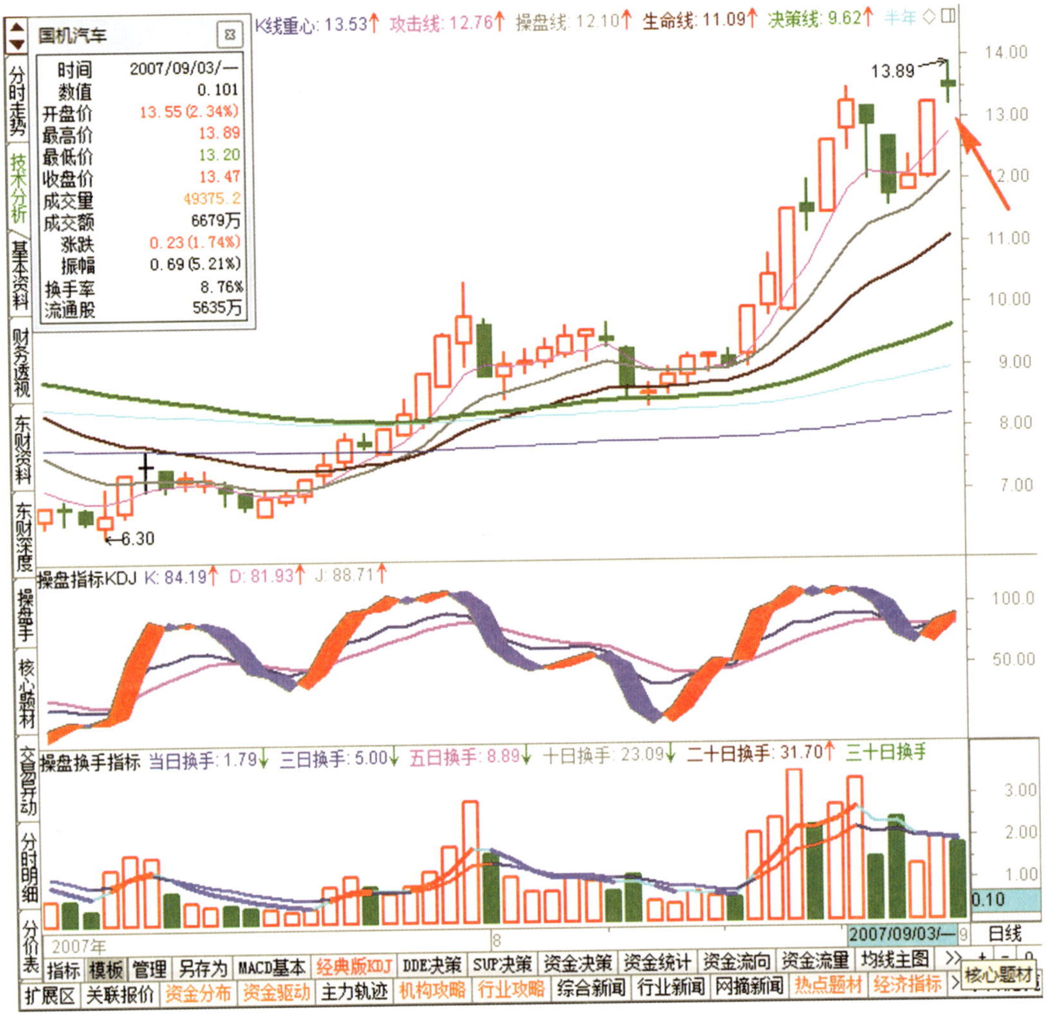

图例 176 国机汽车（600335）日 K 线走势图谱

技术研判与操盘决策：

该股今日高开后形成窄幅整理状态。当天以小阴十字星 K 线报收，收盘价再创新高。

成交量与昨日保持均衡状态。主力操盘力度正在进一步加大之中。这种小阴十字 K 线结构出现在股价洗盘结束之后，是上升中继技术特征。通常情况下，也是主力实施修正短期技术指标的重要操盘手法。临盘应果断加仓狙击。主力必然会展开加速拉升行情。

【道破 K 线天机】实战图谱 177

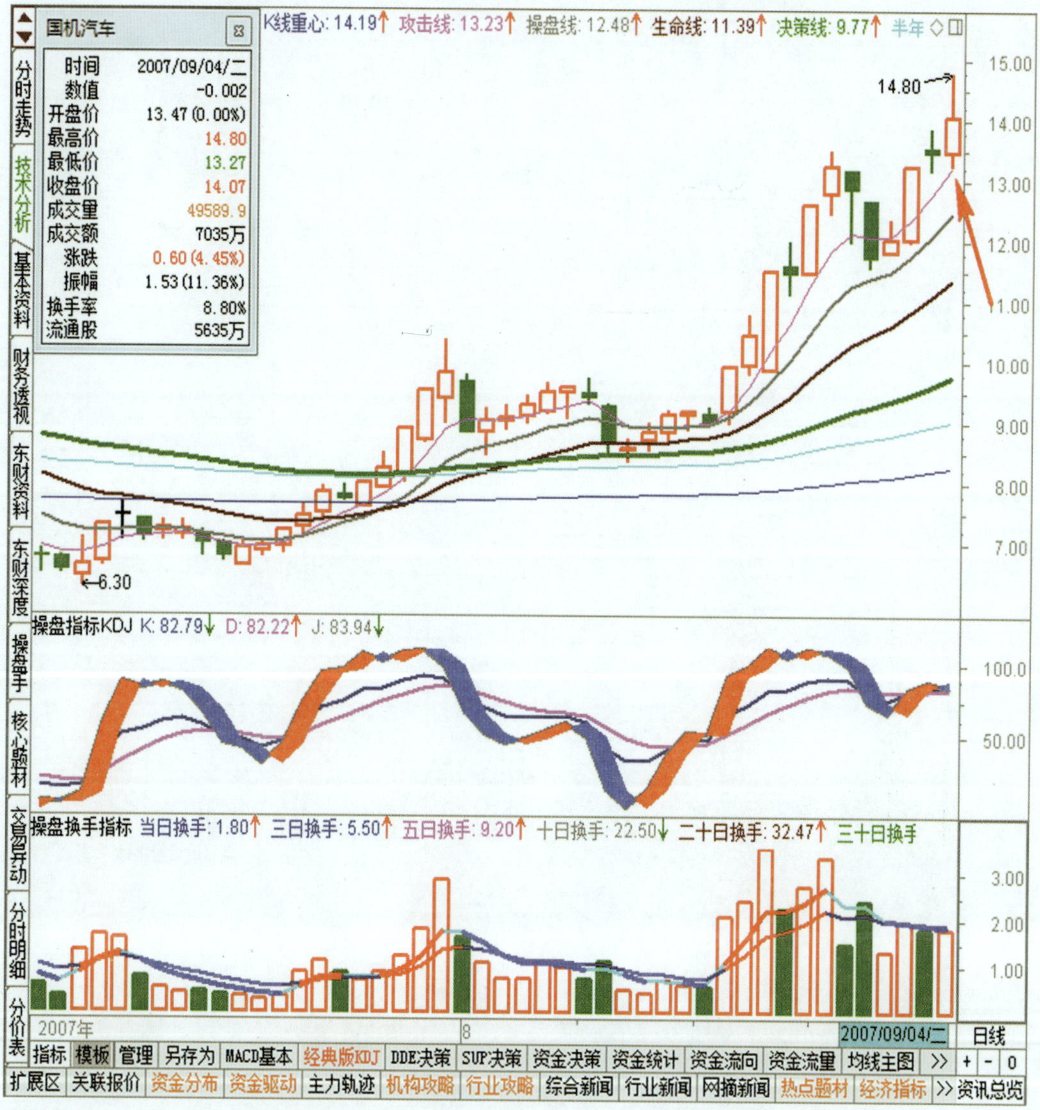

图例 177　国机汽车（600335）日 K 线走势图谱

技术研判与操盘决策：

该股今日果然展开向上攻击。长上影线的小阳 K 线结构似乎显示上档受阻。成交量已经连续三天出现均衡状态，这是主力有意控制盘面操盘节奏所致。上攻受阻是假象。长上影线只是用来吓唬技术功底不深的小散户。股价强势特征已经明朗，因此，临盘必须继续果断加仓狙击。

【道破K线天机】实战图谱178

图例178 国机汽车（600335）全天即时走势图谱

技术研判与操盘决策：

该股在尾盘打压股价。主力选择在尾盘打压，目的仍在诱空。这样做可以减少操盘的难度，容易做成骗线型K线特征。但全天攻击波形十分流畅，因此，尾盘的打压只是主力的纸考虑。盘中并未发现主力出货迹象，临盘应积极加仓狙击。

【道破 K 线天机】实战图谱 179

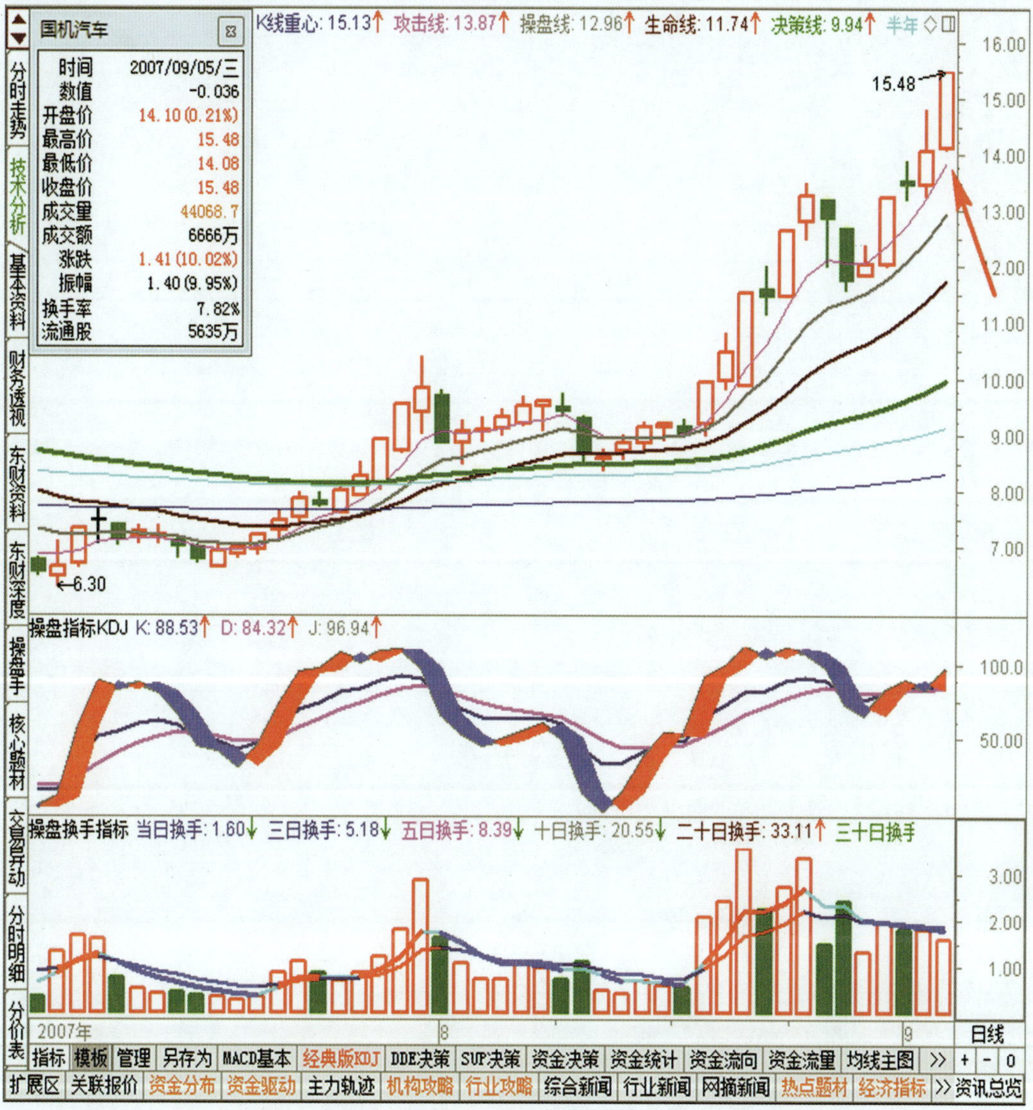

图例 179　国机汽车（600335）日 K 线走势图谱

技术研判与操盘决策：

该股今日高开高走向上攻击。昨天尾盘向下打压出现的长上影线 K 线果然是主力诱空手法。超越经典和教条主义，你才会获得成功。注意：今日成交量突然减少的细节。这种情况说明主力高度控盘后，展开缩量上涨，是最健康的技术特征。成交量没有放大，说明上方抛压极轻。这样的股价才能展开大级别的腾飞。

【道破K线天机】实战图谱 180

图例 180 国机汽车（600335）全天即时走势图谱

技术研判与操盘决策：

即时图形显示股价展开多波涨停。盘中攻击波形十分流畅。和前其盘中的脉冲波形相比，主力已经明显加大了操盘力度和操盘节奏。上涨时，攻击姿势流畅是十分健康的盘面特征。股价在第三时间段封停时，主力用大单攻击，一气呵成。加速行情已经展开，临盘果断完成最后的加仓计划。

【道破 K 线天机】实战图谱 181

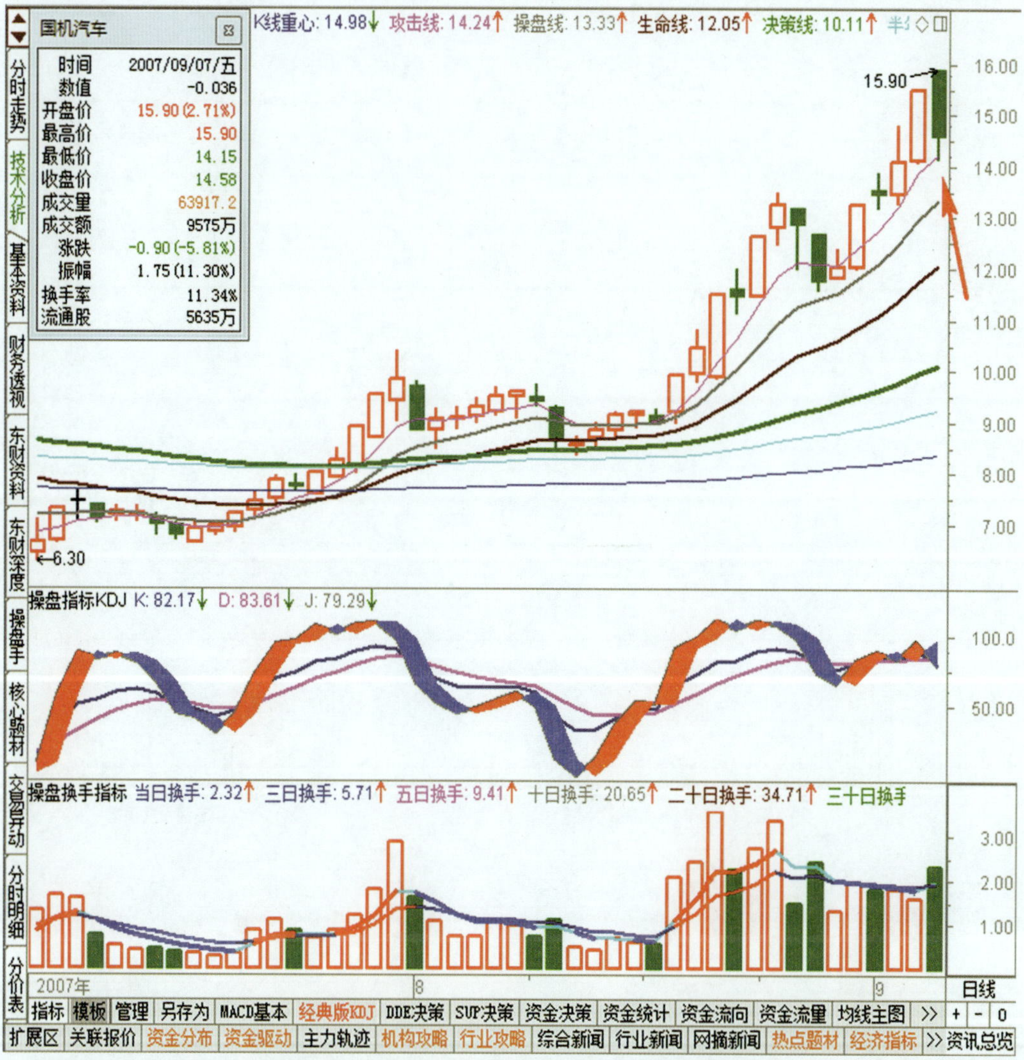

图例 181 国机汽车（600335）日 K 线走势图谱

技术研判与操盘决策：

该股居然高开低走，以大阴 K 线报收。成交量迅速放大，显示主力打压手法凶悍。昨日才刚刚加速，今日就迎头打击，看来对该股的判断要慎重分析。对于中长线主力而言，震荡盘升也不失为一个极高明的操盘策略。如果强势，该股应该在次日展开上涨，收复今日打压的失地。临盘谨慎持股，并调整好波段性滚动操盘的策略。

【道破K线天机】实战图谱182

图例182 国机汽车（600335）全天即时走势图谱

技术研判与操盘决策：

该股早盘低开快速震仓后，迅速展开向上攻击。第二时间段以一波拉升波形突破昨日收盘价。昨日下跌，今日上涨，主力在盘中采用复合型强势洗盘手法操盘。只有极强势的主力才会使用这一操盘手法。今日上涨明显出现乏力状态，股价没有突破昨天的高点。这种情况说明股价阶段性高点即将出现。临盘应该采用波段操作的策略，踏准主力操盘节奏。

【道破 K 线天机】实战图谱 183

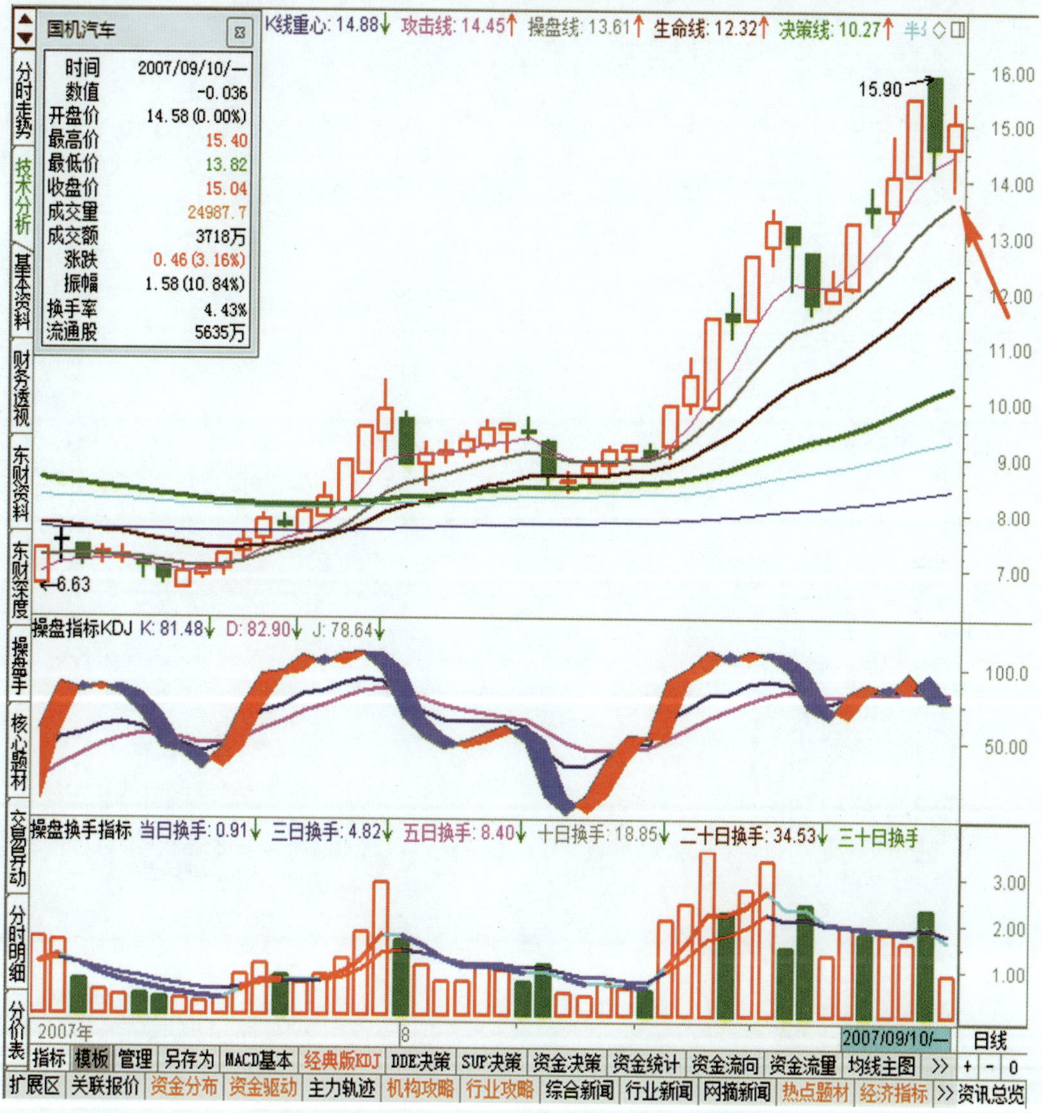

图例 183 国机汽车（600335）日 K 线走势图谱

技术研判与操盘决策：

该股经过前一波段行情冲高后进行回落。股价仅在 10 个点范围内展开长达一个月的震荡整理，这是强势主力操盘的重要特征。说明股价重心并未下移。成交量萎缩至地量结构，盘中筹码十分稳定。今日温和放量上涨，并以小阳 K 线报收，是股价结束调整的重要信号。短线机会已经来临，必须果断建仓狙击。

【道破K线天机】实战图谱184

图例184 国机汽车（600335）全天即时走势图谱

技术研判与操盘决策：

该股今日在盘中出现明显的流畅型攻击波形特征。攻击时，成交量迅速放大，并形成较好的量峰结构。这是区别股价攻击是否有力和强势的重要标志。股价已经经过了一个月的横盘整理。因此，今日盘中攻击是主力发动新一轮行情的信号。临盘必须果断加仓狙击，机不可失。

【道破K线天机】实战图谱185

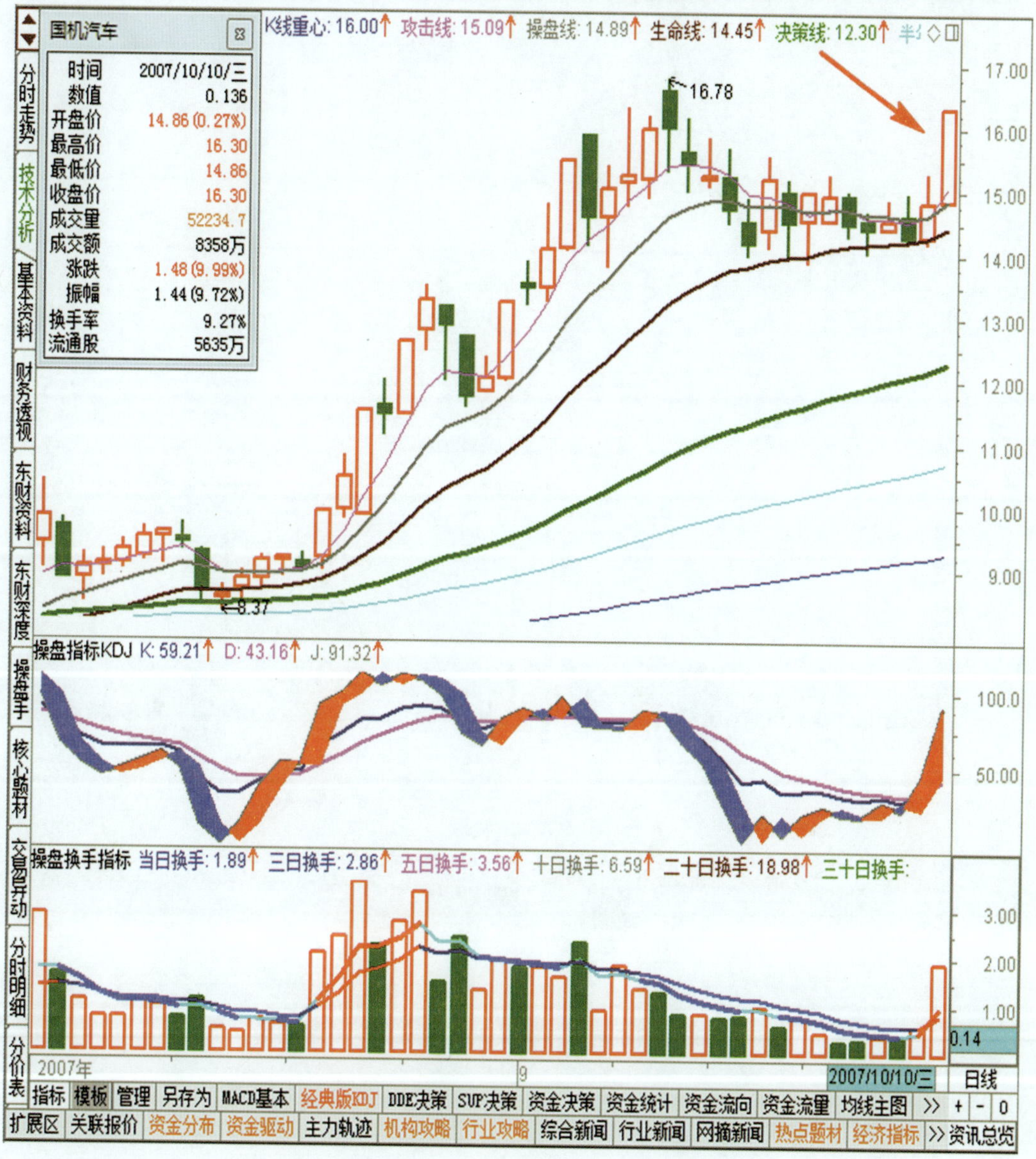

图例185 国机汽车（600335）日K线走势图谱

技术研判与操盘决策：

该股今日果然展开上涨，盘中涨停，并以大阳K线报收。成交量迅速放大，支撑股价展开有力攻击。从前一阶段的地量结构分析，该股主力还未大规模出货。因此，本轮上涨将打开股价的出货空间。临盘持股动，继续锁定仓位，扩大盈利。

【道破K线天机】实战图谱 186

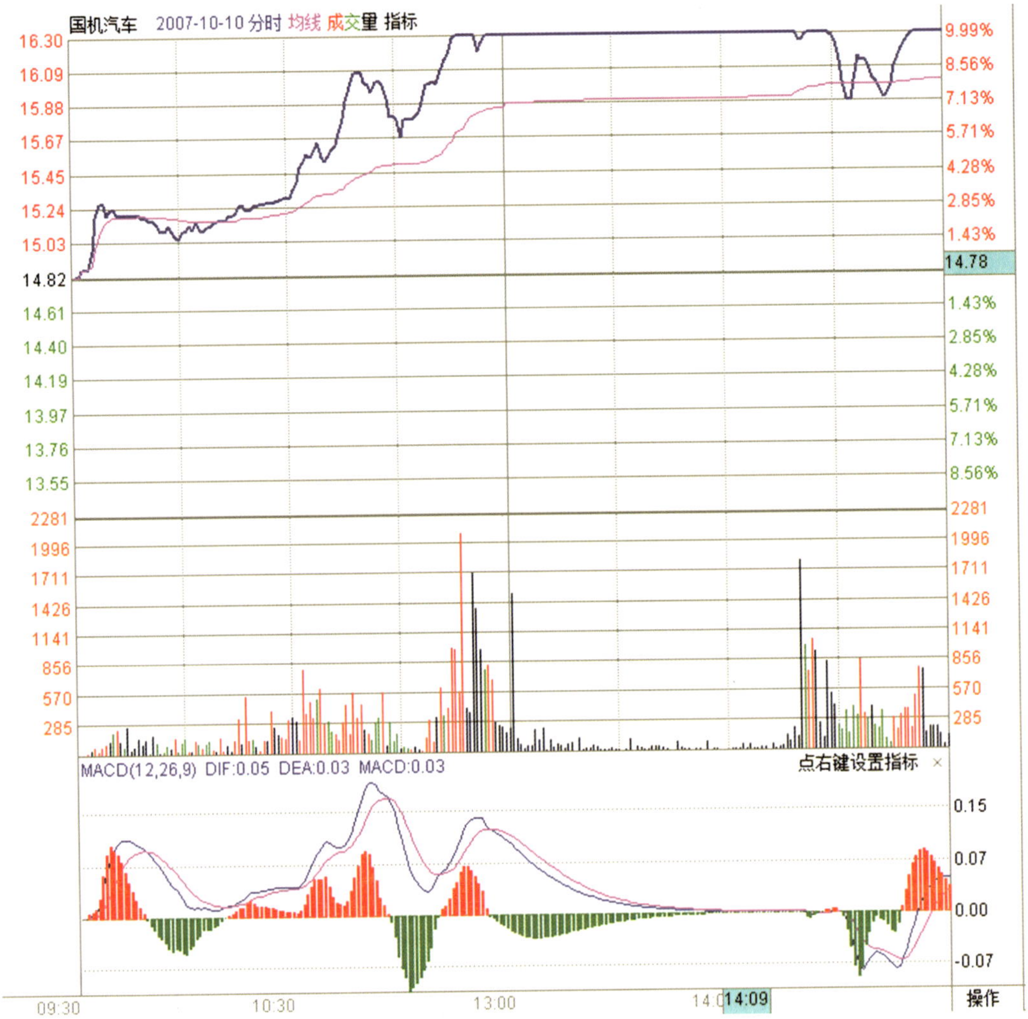

图例 186 国机汽车（600335）全天即时走势图谱

技术研判与操盘决策：

即时走势显示股价在尾盘出现开板。股价开板时，并没有出现异常巨量大单。这说明盘口抛压极轻。而盘中开板，只是主力虚晃一枪的诱空性动作。该股刚刚结束调整，因此，行情的弹性空间还将进一步拓开。短线投资者可在今日果断狙击。该股演变为中长线大黑马已经成为定局。临盘必须实施滚动操盘策略，以扩大账户盈利。

第七章

蜻蜓点水

股价从周期性大底部向上突破之后，处于上涨阶段初期状态。股价沿着攻击 5 线和操盘 10 线缓缓地反复震荡盘升，每天波动的幅度极小，而高点和低点却逐步抬高。生命 20 线和决策 60 线始终金叉向上运行，支撑股价中期强势上涨。在震荡盘升过程中，股价每次向下打压，均受到攻击 5 线和操盘 10 线的支撑。而盘中向上攻击时，均出现带冲击波型结构的攻击波和明显具有规律性的“量峰”结构。这种状态说明主力还在有计划性地滚动操盘，盘中带冲击波型结构是主力投入资金拉高建仓操盘的结果。而出现带规律性的“量峰”结构，说明主力按计划地投入实力操盘。股价每天的量比均控制在 1 倍以上，换手率控制在 5% 以内，涨跌幅控制在 5% 以内。当股价按这种操盘节奏，形成五个以上阴阳相间的并带有上下影线中小阴阳 K 线结构时，就形成了最经典的蜻蜓点水 K 线组合形态。蜻蜓点水 K 线组合出现在周 K 线中，是股价中级大波段行情发生前的重要标志。

第一节　蜻蜓点水 K 线解码

一、蜻蜓点水的定义

股价从周期性大底部向上突破之后，处于上涨阶段初期状态。股价沿着攻击 5 线和操盘 10 线缓缓地反复震荡盘升，每天波动的幅度极小，而高点和低点却逐步抬高。生命 20 线和决策 60 线始终金叉向上运行，支撑股价中期强势上涨。在震荡盘升过程中，股价每次向下打压，均受到攻击 5 线和操盘 10 线的支撑。而盘中向上攻击时，均出现带冲击波型结构的攻击波和明显具有规律性的“量峰”结构。这种状态说明主力还在有计划性地滚动操盘，盘中带冲击波型结构是主力投入资金拉高建仓操盘的结果。而出现带规律性的“量峰”结构，说明主力按计划地投入实力操盘。股价每天的量比均控制在 1 倍以上，换手率控制在 5% 以内，涨跌幅控制在 5% 以内。当股价按这种操盘节奏，形成五个以上阴阳相间的并带有上下影线中小阴阳 K 线结构时，就形成了最经典的蜻蜓点水 K 线组合形态。蜻蜓点水 K 线组合出现在周 K 线中，是股价中级大波段行情发生前的重要标志。

蜻蜓点水 K 线组合结构是中线或者中长线主力从底部向上突破之后，展开拉高建仓的计划性操盘所形成的结果。这种状态说明主力有意控制操盘节奏，消磨盘中散户的持仓耐心和持仓信心，并达到清洗浮筹拉高建仓的目的。蜻蜓点水 K 线组合出现在周K线形态中，则是中长线主力志存高远的操盘行为，接下来将会形成一轮巨大的加速行情，涨幅将至少在100%以上。蜻蜓点水K线组合出现在日K线形态中，则是中短线主力的波段操盘行为，随之而来的是股价将展开一波加速攻击行情，涨幅至少会在30%以上。

二、蜻蜓点水K线组合结构特征

从周期性大底部向上突破之后，股价处于上涨阶段初期状态。股价沿着攻击5线和操盘10线缓缓地反复震荡盘升。生命20线和决策60线金叉向上运行，支撑股价中期强势。盘中向上攻击时，会出现带冲击波型结构的攻击波和明显具有规律性的“量峰”结构。每天的量比均控制在1倍以上，换手率控制在5%以内，涨跌幅控制在5%以内。股价在攻击线和操盘线之上形成五个以上阴阳相间的中小阴阳K线结构组合。

三、蜻蜓点水与主力操盘计划

中线或者中长线主力从底部向上突破之后，展开拉高建仓的计划性操盘所形成的结果。

主力有意控制操盘节奏，消磨盘中散户的持仓耐心和持仓信心，并达到清洗浮筹拉高建仓的目的。蜻蜓点水K线组合出现在周K线形态中，中长线主力大行情操盘，接下来涨幅将至少在100%以上。蜻蜓点水K线组合出现在日K线形态中，中短线主力的波段操盘，涨幅至少会在30%以上。

四、蜻蜓点水的强弱法则

蜻蜓点水K线组合出现在日K线形态中，是中短线主力的波段操盘行为，行情相对较弱。蜻蜓点水K线组合出现在周K线形态中，中长线主力大行情操盘，行情相对较强。在股价大趋势下降的反弹行情阶段，出现五个以上类似K线结构组合，不属于蜻蜓点水特征。

任何下跌行情中，出现五个以上类似K线结构组合，均不属于蜻蜓点水特征。

五、蜻蜓点水的最佳狙击时机

当蜻蜓点水出现在日K线中时，主力即将发动波段行情，临盘应短线即时狙击。当蜻蜓点水出现在周K线中时，主力即将发动周期性大行情，临盘应中长线及时建仓狙击。

第二节　蜻蜓点水实战图谱

【道破 K 线天机】实战图谱 187

图例 187　宁波海运（600798）日 K 线走势图谱

技术分析与操盘策略：

该股在 2007 年 12 月 20 日放量突破决策线。之后，股价以小阳小阴十字 K 线结构组合在攻击 5 线上反复震荡盘升。成交量也随之配合温和放大，显示主力操盘计划正在有条不紊进行。这种带量小阴小阳 K 线组合就是典型的蜻蜓点水 K 线结构特征。蜻蜓点水出现在日 K 线底部突破初期，是中短级波段拉升的重要标志。一般情况下，股价自突破决策线起的量度涨幅在 30% ~50% 左右。当出现这种经典蜻蜓点水组合结构时，临盘应果断介入狙击。

【道破 K 线天机】实战图谱 188

图例 188 丽珠集团（000513）周 K 线走势图谱

技术分析与操盘策略：

该股在 2007 年 6 月 8 日 ~7 月 20 日连续 7 周出现蜻蜓点水 K 线结构。周 K 线出现这种 K 线组合是行情展开大涨的重要信号。在蜻蜓点水初期，成交量迅速放大，说明盘中换手积极。而蜻蜓点水后期，成交量有所减少，说明主力已经完成控盘，盘中筹码稳定。当成交量减少时，也是股价发生变盘的关键时刻。周K线在攻击5线和操盘10线发生的蜻蜓点水K线结构信号准确度达到90%以上。大部分主力均较难利用周K线形态骗线。注意：蜻蜓点水出现时必须是在攻击5线和操盘10线之上。且操盘线线不能向下。

【道破K线天机】实战图谱189

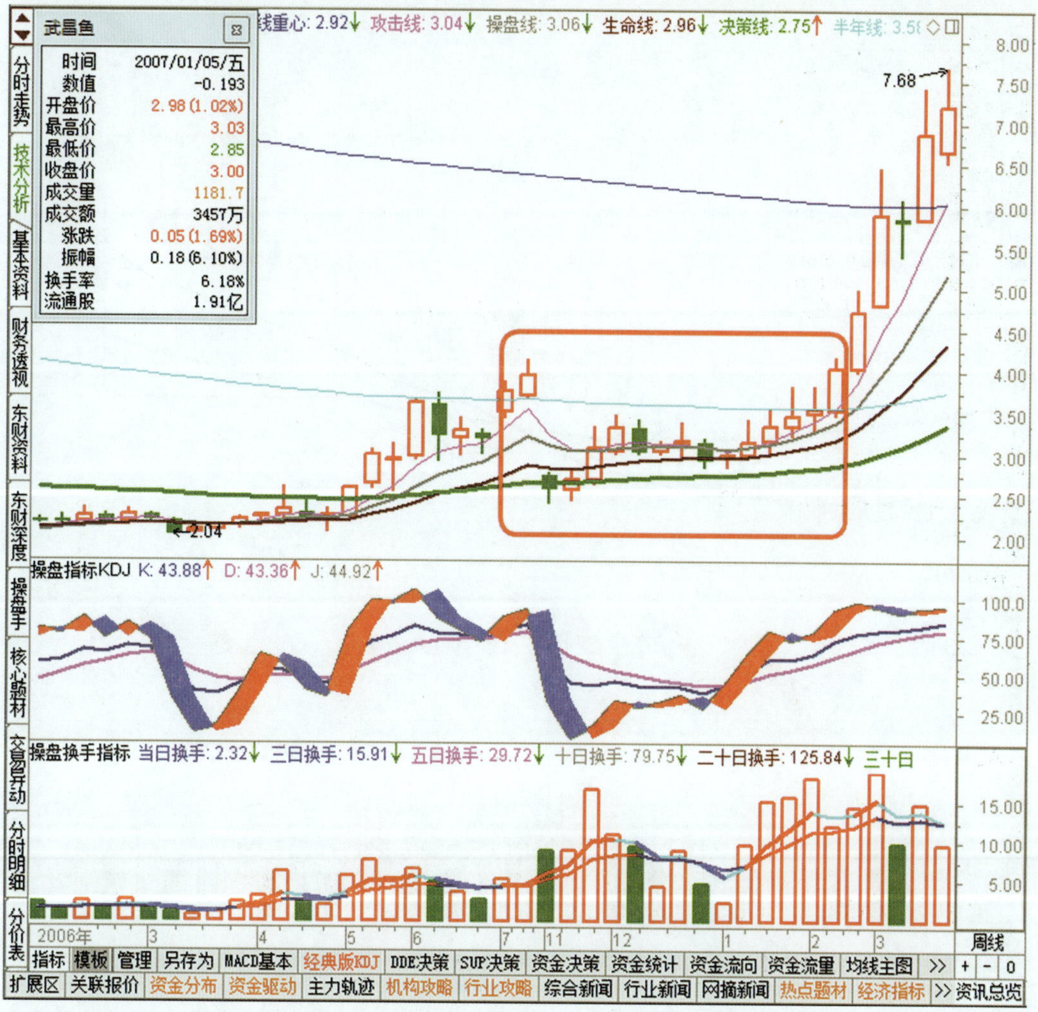

图例189 武昌鱼（600275）周K线走势图谱

技术分析与操盘策略：

该股在2007月1月5日~2月2日形成蜻蜓点水K线结构组合。攻击5线和操盘10线再度发生金叉向上。成交量从第二根蜻蜓K线开始持续放大。这种情况说明主力强力介入建仓性操盘，导致盘中换手积极。连续五周以小阳K线震荡盘升，未来行情将发生根本性变化。周K线在中期大底区域形成的蜻蜓点水结构是股价产生中级大波段行情的重要标志。

底部突破时形成的蜻蜓点水K线结构比波段中期时的信号准确度要高。临盘应以中线建仓为主，及时介入狙击，获利十拿九稳。

【道破K线天机】实战图谱190

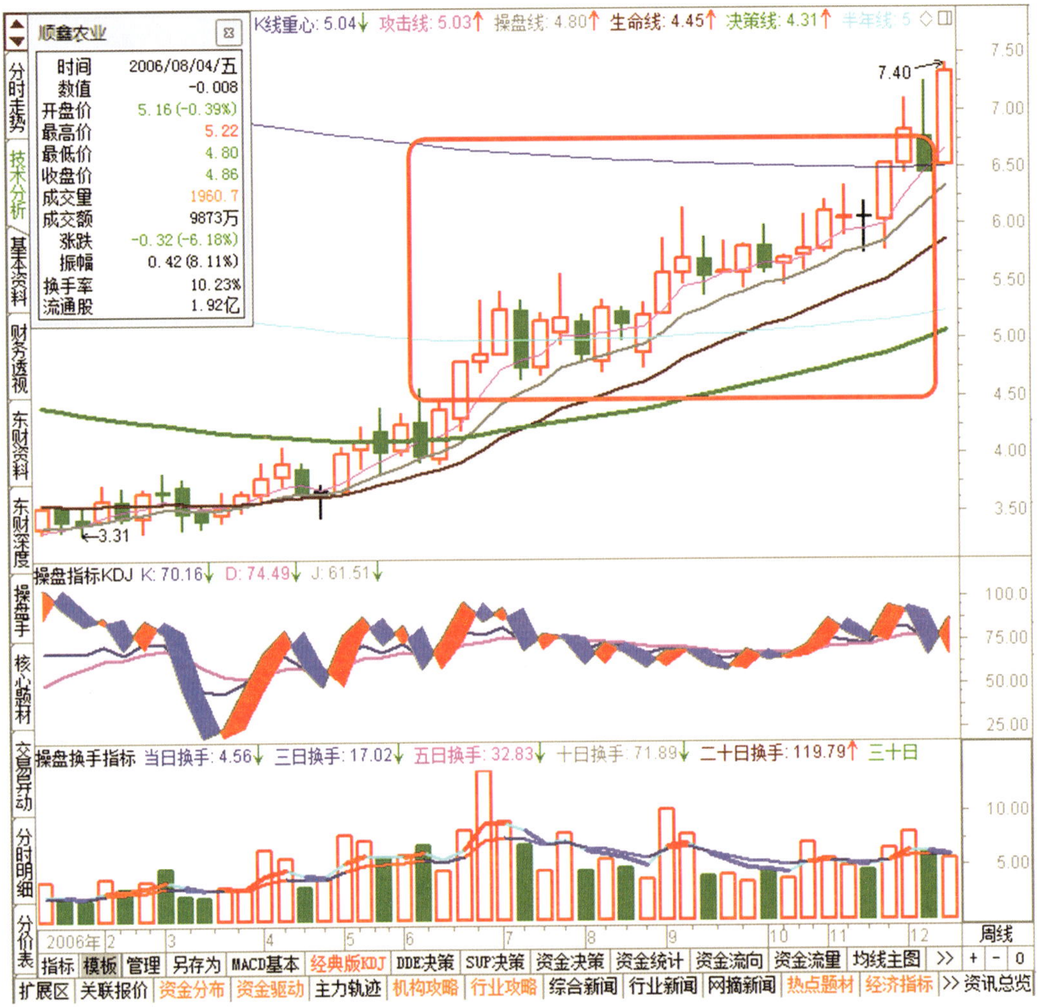

图例190　顺鑫农业（000860）周K线走势图谱

技术分析与操盘策略：

该股在2006年8月25日~11月17日形成典型的蜻蜓点水K线结构组合。在长达12个交易周的震荡整理过程中，攻击5线和操盘10线始终金叉向上。成交量逐步减少，说明主力基本完成控盘状态。从大底区域形成一波拉升之后的蜻蜓点水结构，一般均是中线主力拉高建仓的结果。在整理过程中，主力努力维持将股价在较窄的范围内波动。这种窄幅波动状态更有利于建仓的需要。当成交量由放大减少时，就表明主力建仓计划基本实现。临盘应果断实施中线建仓，踩准主力的操盘节奏。

【道破 K 线天机】实战图谱 191

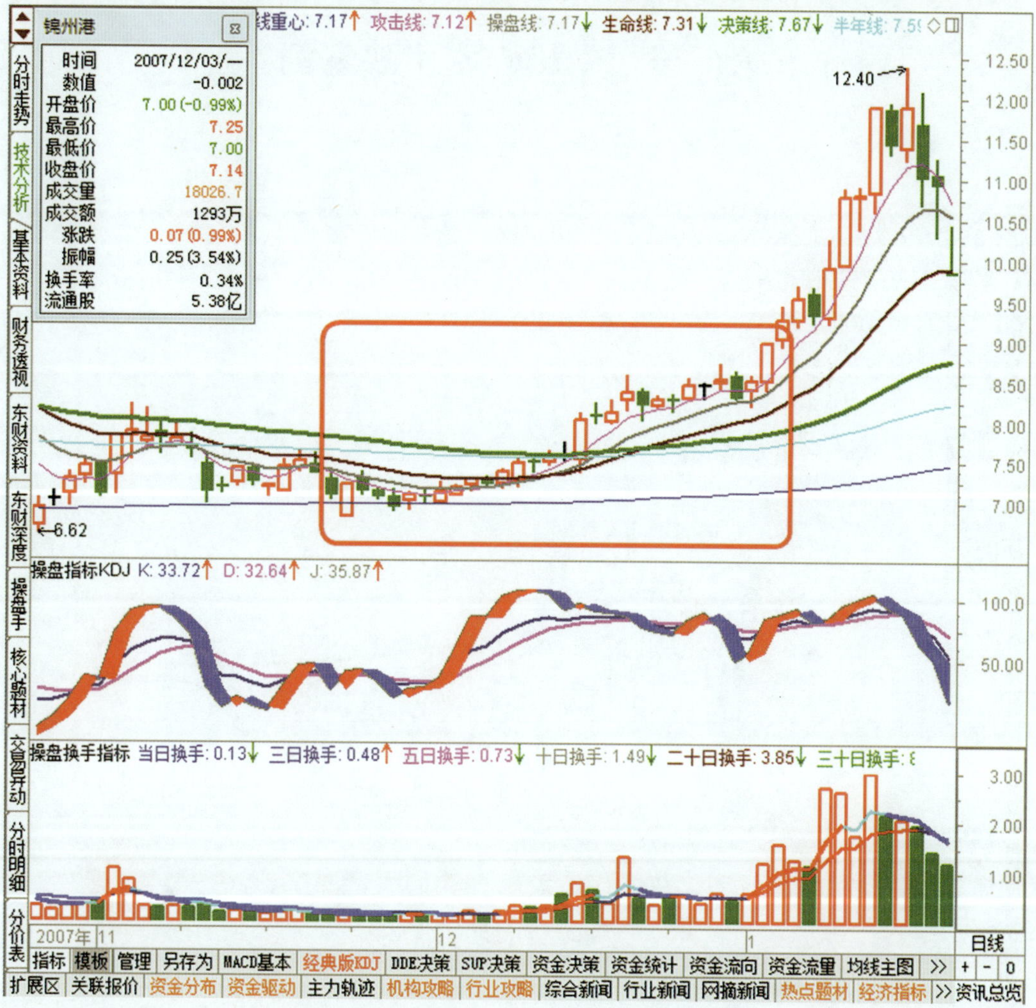

图例 191　锦州港（600190）日 K 线走势图谱

技术分析与操盘策略：

该股在 2007 年 12 月 14 日出现芙蓉出水 K 线技术特征，放量突破决策线。股价随即以小阳小阴十字 K 线结构组合在攻击 5 线上反复震荡盘升。成交量也随之配合温和放大，显示主力操盘计划正在有条不紊进行。这种带量小阴小阳 K 线组合就是典型的蜻蜓点水K线结构特征。蜻蜓点水出现在日K线底部突破初期，是中短级波段拉升的重要标志。股价在完成蜻蜓点水K线组合之后，均会产生加速上涨行情。一般情况下，股价自突破决策线起的量度涨幅在30%～50%左右。当出现这种经典蜻蜓点水组合结构时，临盘应果断介入狙击。

第三节　蜻蜓点水实战案例

【道破K线天机】实战图谱192

图例192　宁波海运（600798）日K线走势图谱

技术分析与操盘策略：

该股在 2007 年 12 月 20 日出现芙蓉出水 K 线技术特征，放量突破决策线。随后股价在 12 月 21 日 ~26 日连续以小阳 K 线形成蜻蜓点水 K 线组合。成交量持续温和放大，说明主力已经加大操盘力度。五连阳结构，已经表明市场趋势呈现强势特征。攻击 5 线和操盘 10 线金叉向上并向上穿决策 60 线，形成中级上升通道。这种形态已经形成中短线波段行情趋势。蜻蜓点水出现在底部突破初期，是中短线波段行情即将产生的重要标志。临盘应果断建仓，保持与主力同步的操盘节奏。

【道破 K 线天机】实战图谱 193

图例 193 宁波海运（600798）全天即时走势图谱

技术分析与操盘策略：

该股在2007年12月20日芙蓉出水K线当天的即时图形显示。股价在盘中以多波震荡盘升方式攻击突破。攻击波形中不断出现尖角状冲击波结构，说明主力在盘中拉高建仓。每一轮攻击波形均有成交量放大的现象，说明主力主动性攻击，量价配合十分健康。这种攻击形态出现是底部突破初期，通常会持续展开拉升行情。临盘应在均价线之上果断买入。

【道破K线天机】实战图谱194

图例194 宁波海运（600798）全天即时走势图谱

技术分析与操盘策略：

2007 年 12 月 20 日在盘中形成窄幅震荡。上下均在 1.5% 幅度范围内进行波动，走势十分健康。震荡波形中仍然不断出现冲击波结构，说明主力还在拉高建仓之中。盘中没有异常大单打压股价。成交量基本保持在均衡状态。表明主力有意控制操盘节奏。今日震荡波形中略显呆滞，有接近脉冲波状态，可能主力控盘量已经达到一定水平。临盘仍然积极建仓。

【道破 K 线天机】实战图谱 195

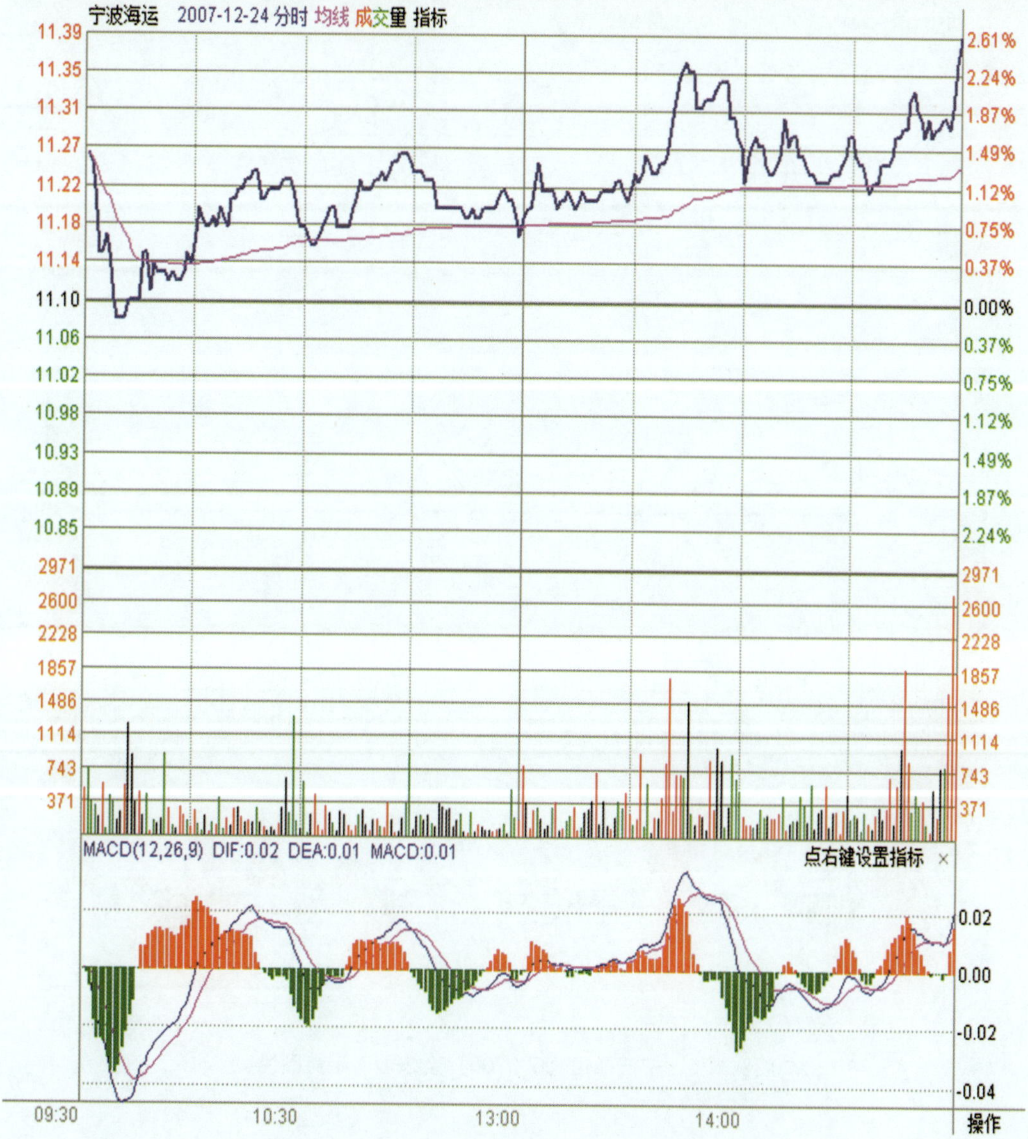

图例 195　宁波海运（600798）全天即时走势图谱

技术分析与操盘策略：

该股在2007年12月24日以震荡盘升姿态出现。股价全天以均价线之上运行。尾盘出现两笔十万级以上大单，这是主力在盘中收市前抢筹的表现。昨天窄幅整理，今天震荡盘升。主力在操盘节奏上快慢频率掌握较好。今天盘升过程中，出现脉冲式攻击波结构。说明主力已经拥有较好的控盘量了。临盘继续加紧建仓。股价离加速拉升时间不远了。

【道破K线天机】实战图谱196

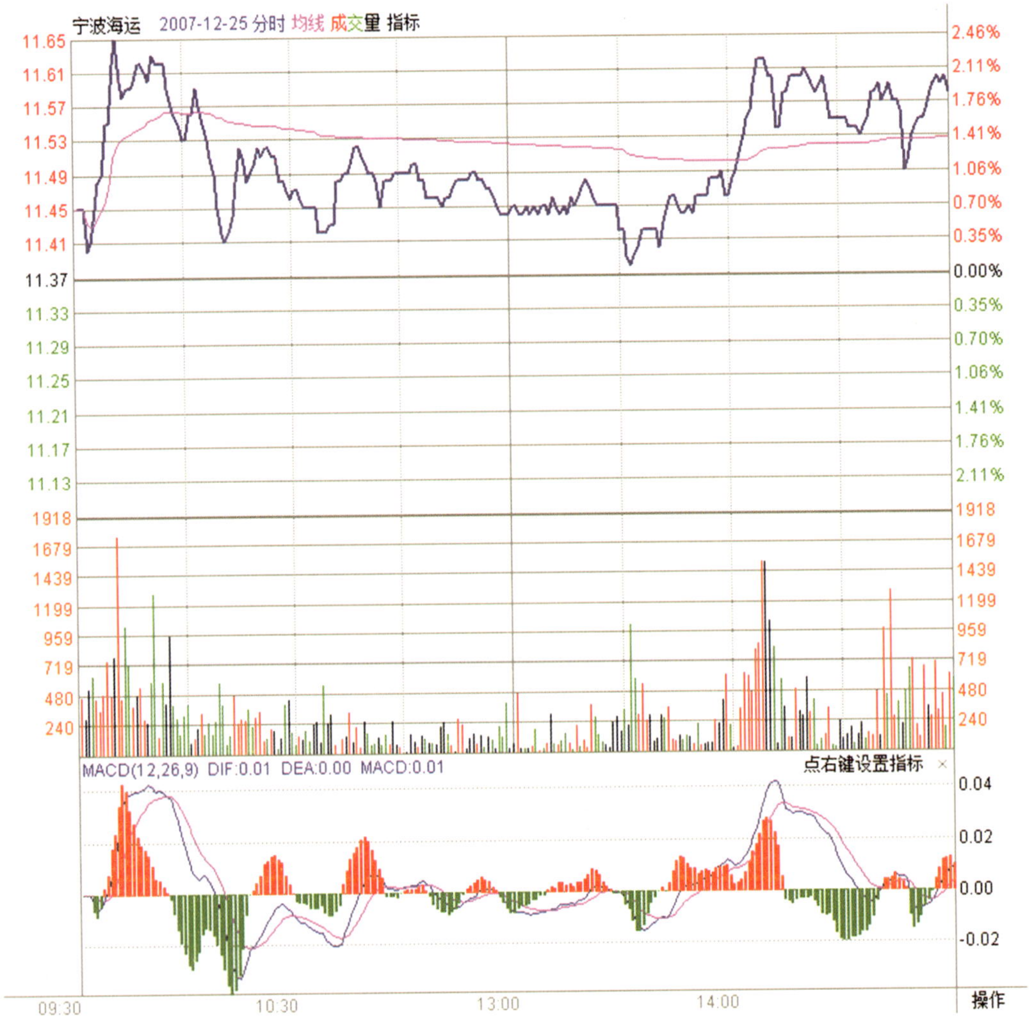

图例196 宁波海运（600798）全天即时走势图谱

技术分析与操盘策略：

该股在2007年12月25日盘中出现拧麻绳技术特征。拧麻绳是主力将股价在一个时间段内维持在极小的价格区间窄幅波动的操盘结果。这种操盘结果的直接信息是表明主力已经完成根本性控盘动作。震荡波形中继续出现脉冲波结构。看来主力进行蜻蜓点水 K 线结构组合已经接近尾声了。临盘继续加大建仓力度，完成第一仓基础仓的建设。

【道破 K 线天机】实战图谱 197

图例 197 宁波海运（600798）全天即时走势图谱

技术分析与操盘策略：

该股在 2007 年 12 月 26 日继续在盘中围绕昨天收盘价展开窄幅整理。最大震幅保持在 2% 范围之内，说明主力非常珍惜价格成本。只要主力没有用力往下调整，说明当前蜻蜓点水的组合K线就十分健康。从盘中波形走势发现。仍然出现冲击波和脉冲波的复合结构。这说明主力对盘中股价波动节奏把握极好。临盘打低就是最佳的低成本建仓机会。积极建仓，与主力共舞。

【道破K线天机】实战图谱198

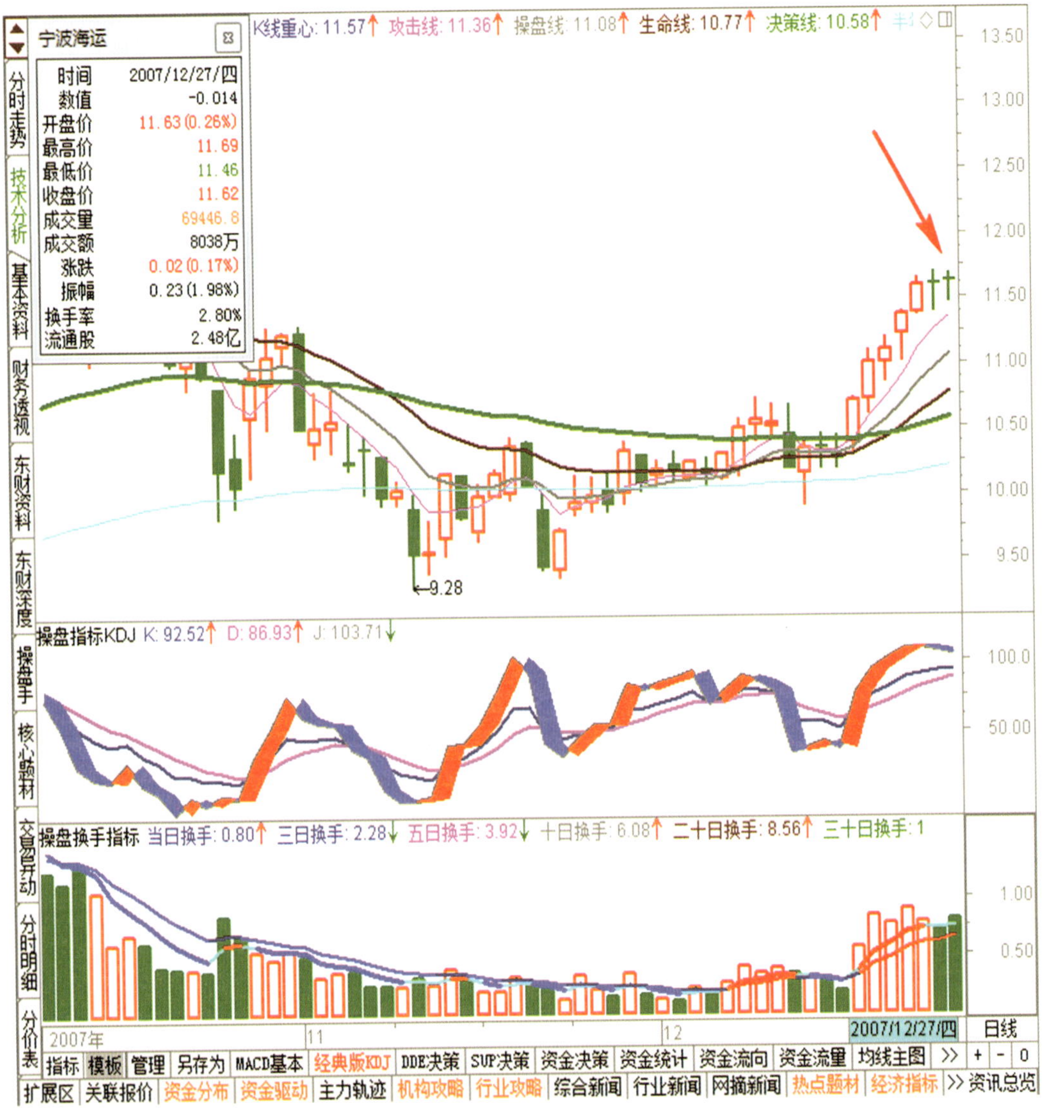

图例198 宁波海运（600798）日K线走势图谱

技术分析与操盘策略：

该股今日继续展开窄幅整理。K线结构形成极小的阴十字星结构。今天是蜻蜓点水K线组合的第六根K线。盘中每一次打压均未击穿攻击5线，可见股价走势极强。成交量连续六天保持均衡量结构，主力控盘形态与操盘节奏掌握极好。一般情况下，蜻蜓点水的第七天之后，最易发生加速上涨行情。临盘已经进入第二仓位的加仓阶段。

【道破K线天机】实战图谱199

图例199 宁波海运（600798）全天即时走势图谱

技术分析与操盘策略：

该股继续围绕昨天收盘价窄幅整理。震荡波形中不断出现密集的冲击波结构。从尾盘数笔大单分析，主力维持窄幅整理的操盘计划已经基本完成。股价应在未来三天内展开较大力度的攻击性拉升。临盘果断进入第二仓位的加仓阶段。

【道破K线天机】实战图谱200

图例200 宁波海运（600798）日K线走势图谱

技术分析与操盘策略：

该股今日继续以小阳十字星K线报收。长上影线显示股价在盘中曾经有过向上试盘性攻击动作。成交量出现突破决策60线以来的第一次萎缩。这种缩量特征是股价完成震荡整理的重要信号。说明主力即将进入总攻阶段。黎明前总是非常静悄悄。临盘继续加大第二仓的加仓力度和速度，积极迎接主升波行情的到来。

【道破K线天机】实战图谱201

图例201　宁波海运（600798）全天即时走势图谱

技术分析与操盘策略：

该股在早盘出现两波拉高的攻击性技术特征。攻击时，明显出现攻击性放量，并形成较好的量峰结构。股价随后展开回头波打压，但打压时并没有放量，说明打压仅仅是诱空行为。

尾盘收盘时，成交量再度放大，这是主力在盘中强势收集的结果。全天震荡波形中不断出现脉冲波结构，说明主力已经高度控盘。在震荡盘升过程，盘中持续出现脉冲波，应引起高度的重视。这是主力在控盘后展开波段拉升的重要特征。临盘继续加仓。

【道破K线天机】实战图谱202

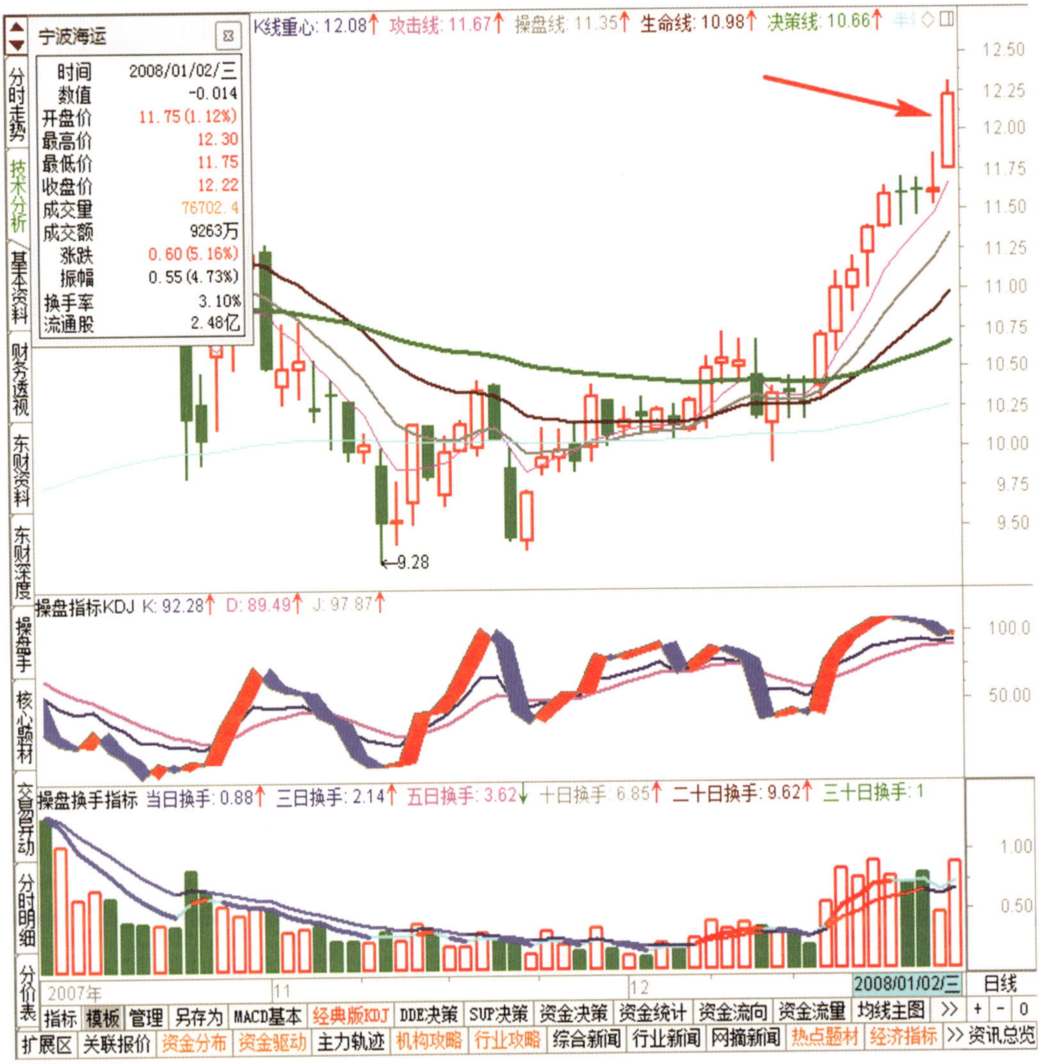

图例202　宁波海运（600798）日K线走势图谱

技术分析与操盘策略：

该股今日高开高走，果然展开攻击。盘中一改蜻蜓点水时的慢吞吞操盘手法，涨势十分果断凌厉。盘中以大阳K线报收，并形成典型的旭日东升K线技术特征。成交量迅速放大，配合十分完美健康。既然主力已经展开加速攻击，说明行情开始进入高潮状态。临盘应加紧加仓。迅速完成第二仓的加仓工作。这样一步一趟的操盘方式，才会紧跟主力的操盘节奏，不会被主力所抛弃。

【道破K线天机】实战图谱203

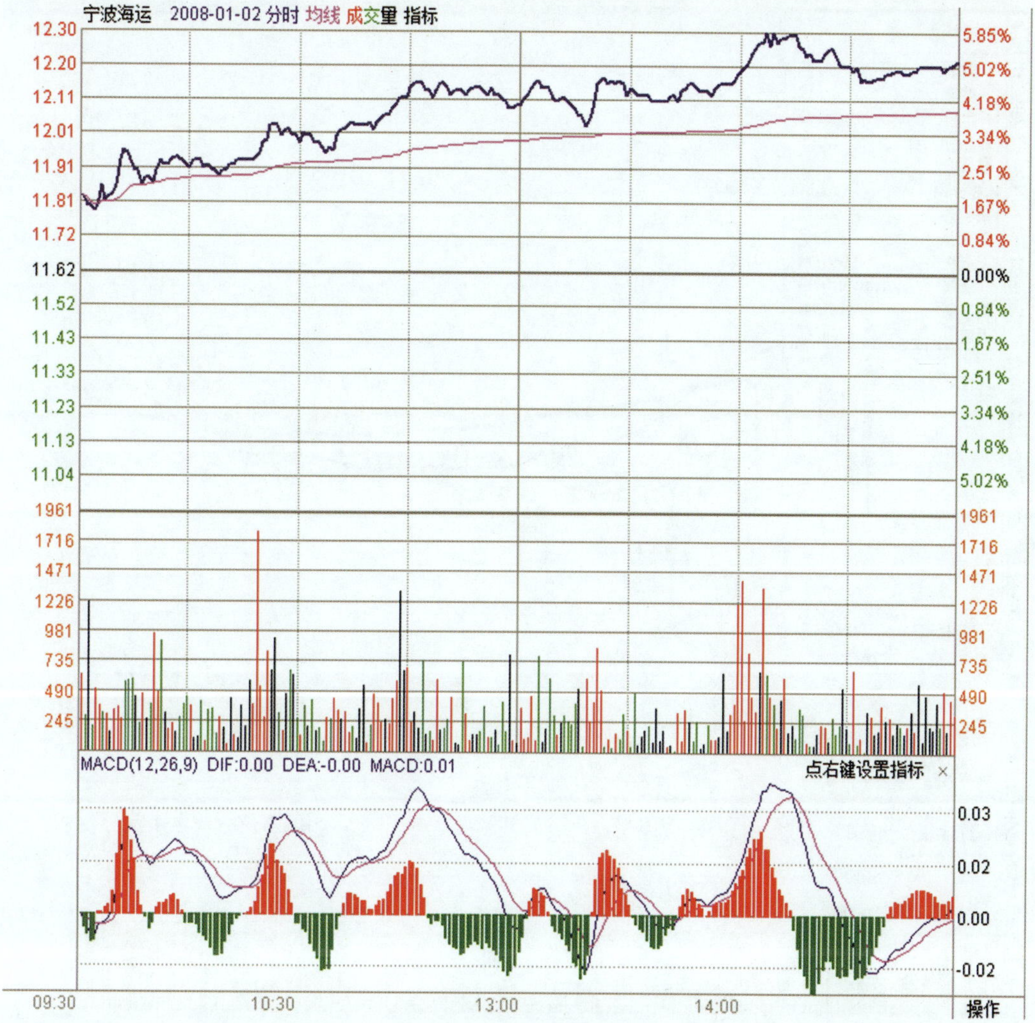

图例203 宁波海运（600798）全天即时走势图谱

技术分析与操盘策略：

该股在早盘高开，全天呈现反复震荡向上多波攻击技术特征。股价在盘中数次下调，均未击穿均价线。这是攻击行情中最健康的操盘标志。全天多波盘升攻击，是典型的逼空式拉升操盘手法。这种操盘手法的后面，是更进一步的加速拉升行情。临盘抓紧机会，迅速完成第二仓的加仓工作。仔细发现，盘中成交量没有明显的量峰结构，攻击力度略有欠缺。如果继续上涨，主力必须要调整量价配合节奏。

【道破K线天机】实战图谱204

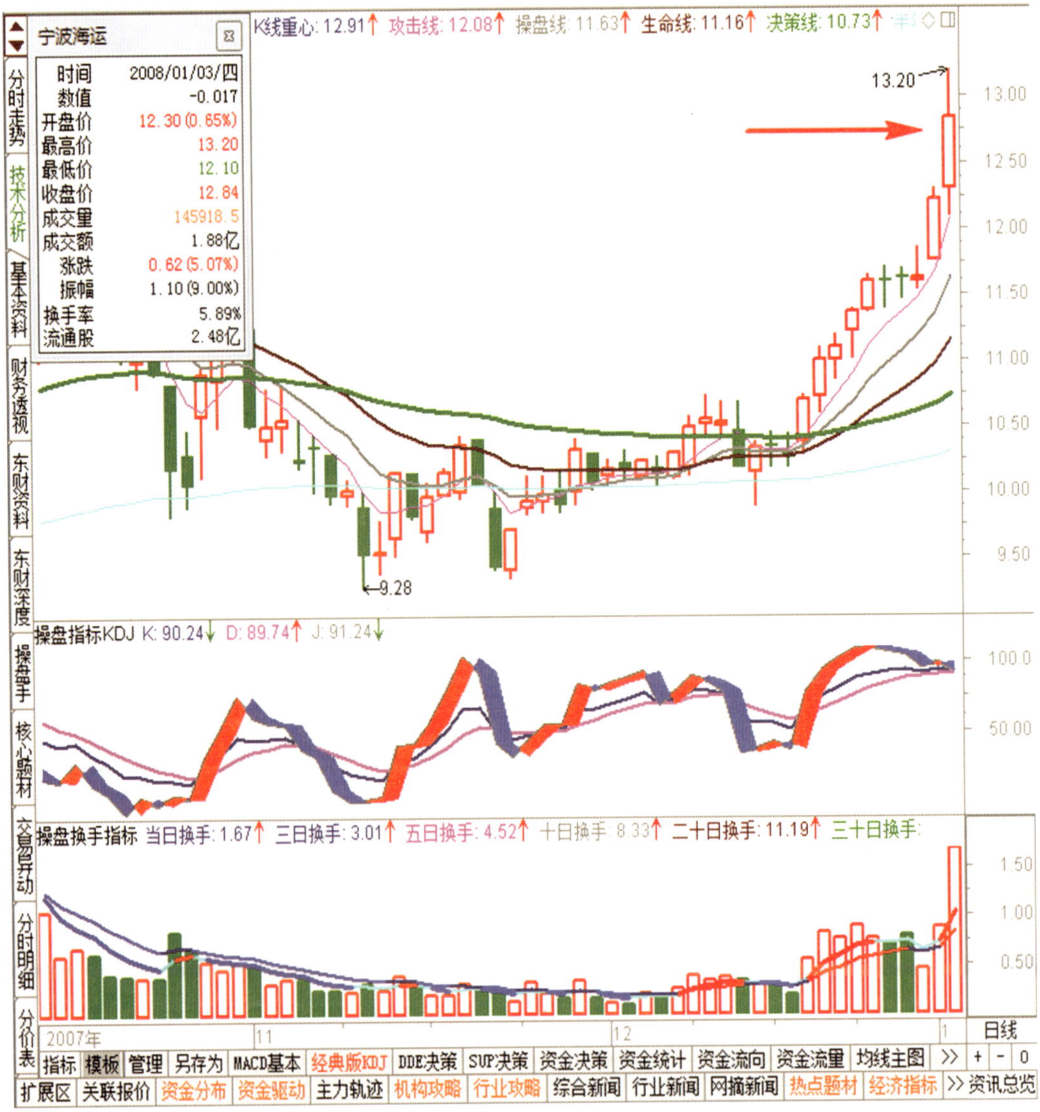

图例204　宁波海运（600798）日K线走势图谱

技术分析与操盘策略：

该股今日继续攻击，临盘以中阳K线报收。长上影线结构，似乎显示股价在上档遭遇价格阻力。成交量再次放大，形成上涨以来的巨量结构。这种巨量说明了上档抛压逐渐加大，主力操盘难度开始加大。如果继续形成巨量，必然会加大主力操盘成本，消耗主力的战略资金储备。因此，主力将会展开洗盘行情，以调节并化解操盘压力。临盘继续持股待涨。

【道破K线天机】实战图谱205

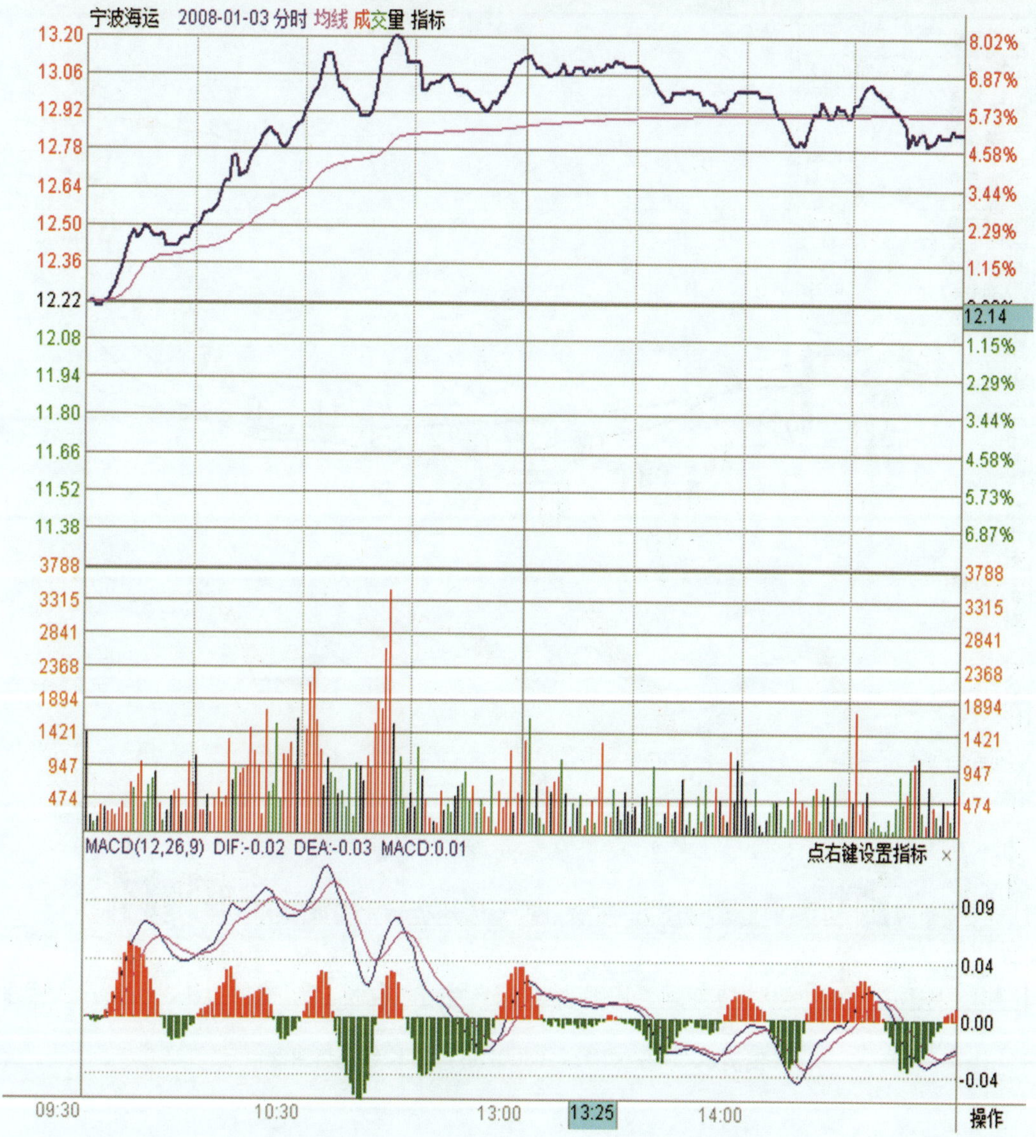

图例205 宁波海运（600798）全天即时走势图谱

技术分析与操盘策略：

该股在第三时间段后明显出现缩量打压的震仓手法。第五时间段后居然击穿赖之以维持强势的均价线，说明主力在上档遭遇较大压力。由于该股上涨以来还未很好进行洗盘。因此，当这种打压手法出现后，应小心未来三天内将出现洗盘行情。所以，如果未来三天一旦股价滞涨，就会进入主力的洗盘计划。临盘冷静观察盘面的细节，你就永远不会被主力抛弃。

【道破K线天机】实战图谱206

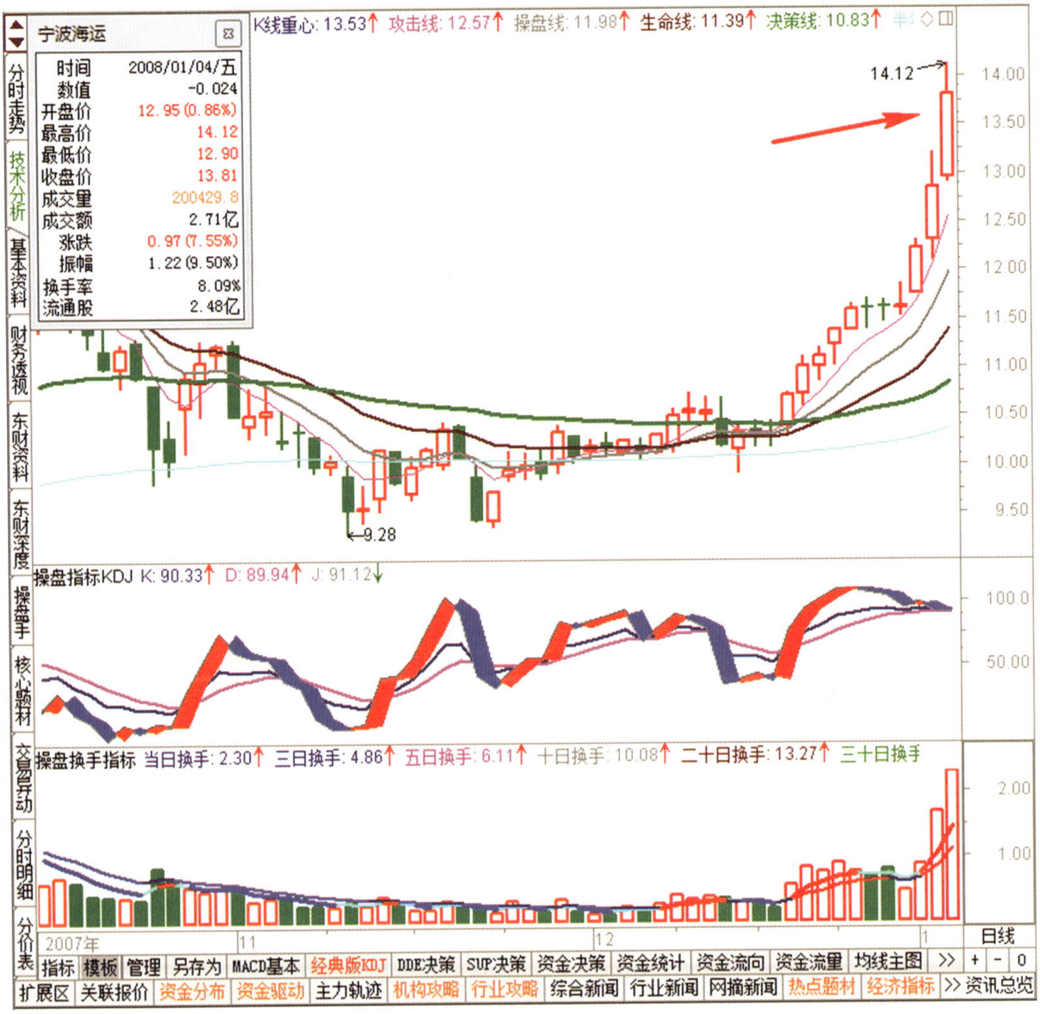

图例206 宁波海运（600798）日K线走势图谱

技术分析与操盘策略：

该股今天再次展开大幅度上涨，强势特征十分明显。临盘以大阳K线报收。但继续留下较长上影线结构，说明主力在盘遭遇的压力已经越来越大。从价格趋势来看，股价突破决策60线至今，已经形成了近40%的波段升幅。这种情况说明主力已经有条件展开阶段性洗盘行情了。临盘继续持股。一旦滞涨，则要进行阶段性减持。进行滚动式操盘，可保持与主力一样的高盈利结果。在同一轮波段拉升行情中，如果整体涨幅只有40%。但通过高抛低吸式的滚动操盘之后，实际盈利则可达60%以上。这就是滚动操盘的神妙之处。

【道破K线天机】实战图谱207

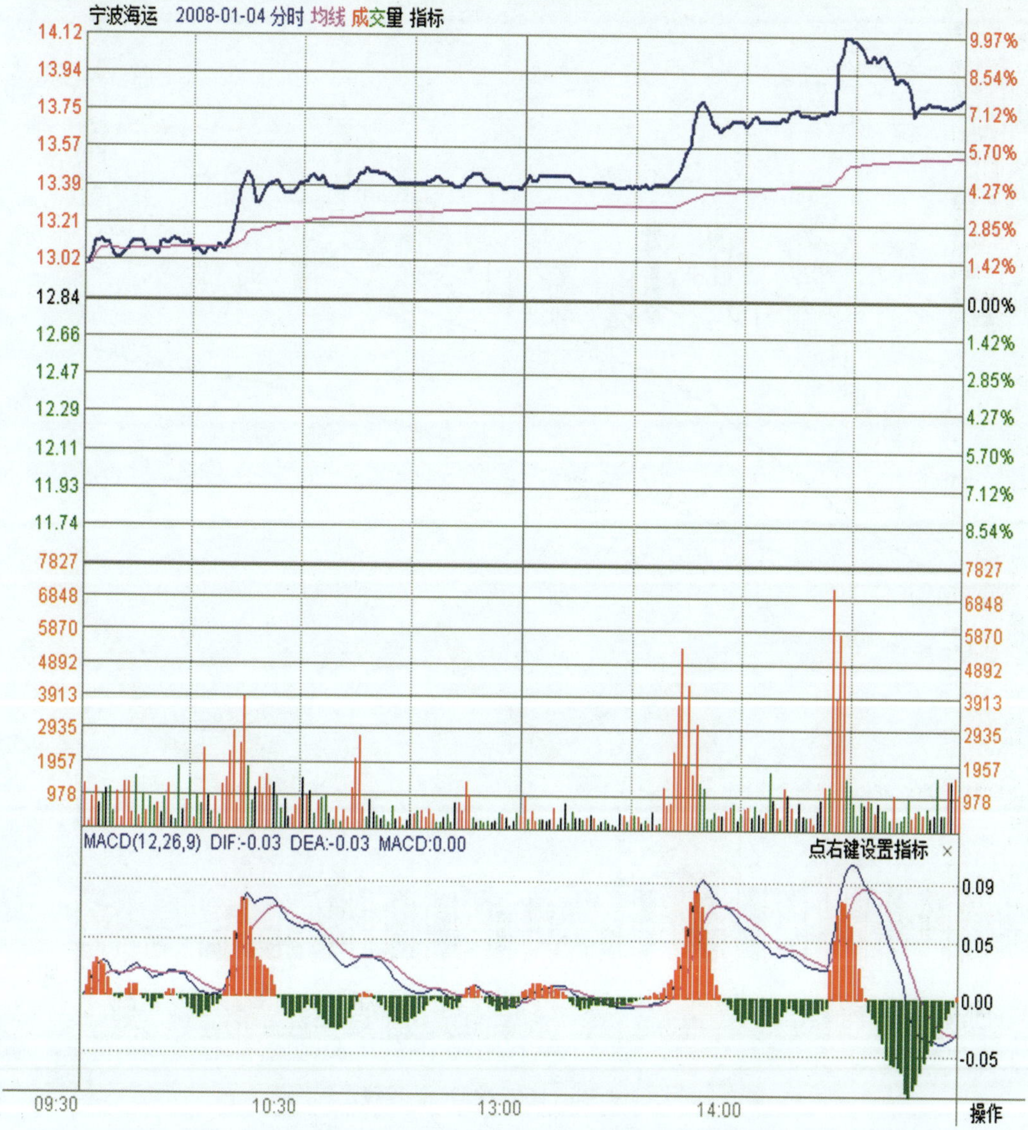

图例207 宁波海运（600798）全天即时走势图谱

技术分析与操盘策略：

该股即时图形显示，股价在尾盘攻击涨停时明显受阻。股价经过两个明显的量峰结构攻击，但仍未能封住涨停。从盘口看，上档确实存在较大的压力。这种现象，将会引发主力较大级别的洗盘行情。如果主力展开滚动操盘计划，则股价调整的时间将会延长。因此，我们也应该及时调整操盘策略，力图保持与主力同步。

【道破 K 线天机】实战图谱 208

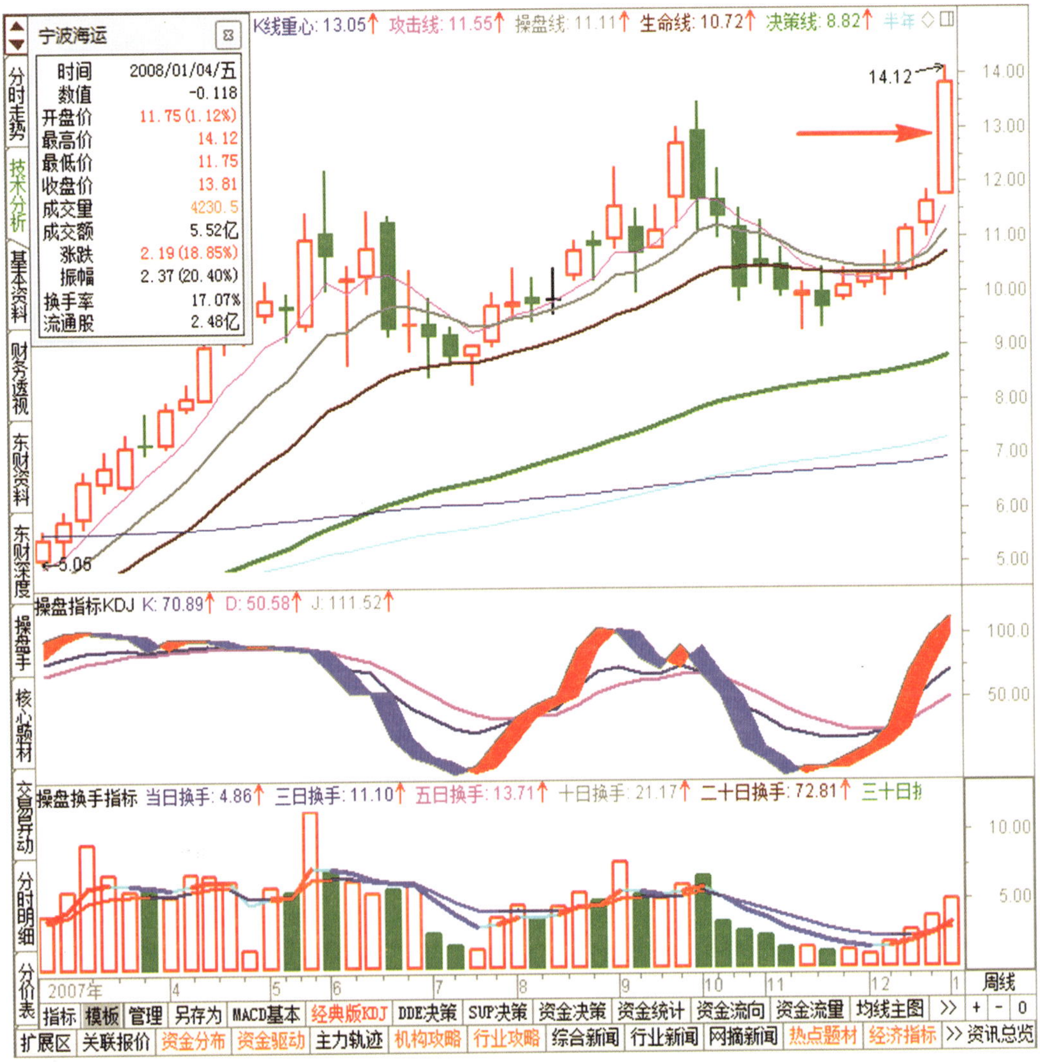

图例 208　宁波海运（600798）周 K 线走势图谱

技术分析与操盘策略：

该股在 2008 年 1 月 4 日的周 K 线技术形态显示。股价已经以大阳 K 线向上突破，创出历史新高。成交量连续四周温和放大，显示了很好的控盘性。周 K 线的量价结构形态进一步表明该股是由原中线主力在盘中操盘，掌控大局。这样的情况下，主力发动的本波段行情可以理解为最后的加速拉升波。最后加速拉升的目的是向上打开出货空间，以保持较高的盈利水平。因此，针对该股的操盘策略必须以滚动操盘为主。不能死抱着不放。

【道破K线天机】实战图谱 209

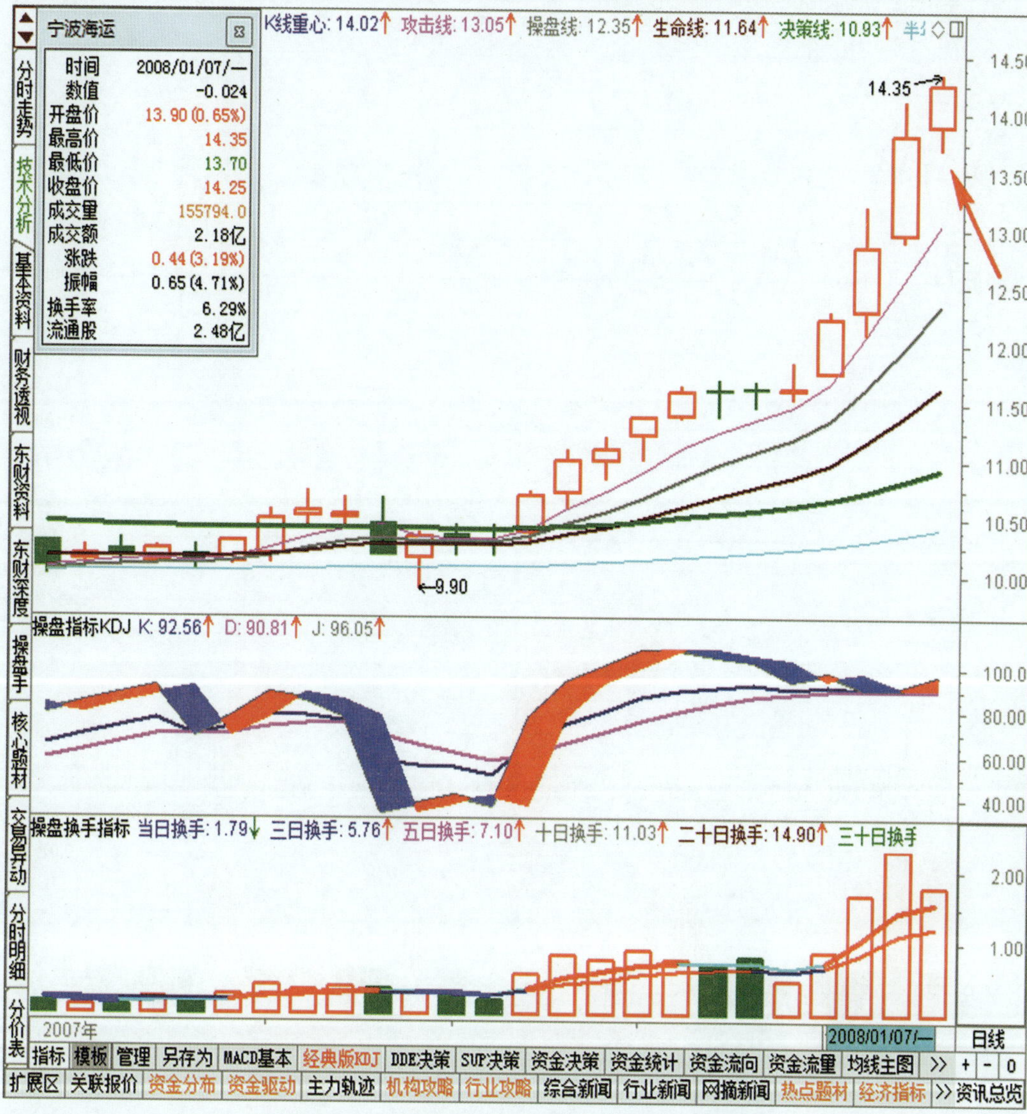

图例 209　宁波海运（600798）日 K 线走势图谱

技术分析与操盘策略：

该股继续高开，攻击力度明显减弱。股价以小阳 K 线报收，收盘价仍然创出历史新高。成交量仍然保持放大状态，但今天已经是明显的放量滞涨技术特征。这说明股价已经开始步入调整状态。如果次日股价不再展开主动性攻击，则必然进入较大级别的洗盘行情。临盘保持高度警惕，随时进行减持行动。

【道破K线天机】实战图谱210

图例210 宁波海运（600798）全天即时走势图谱

技术分析与操盘策略：

该股在尾盘展开两个波段攻击。第二个攻击波的量峰结构明显，但较为单薄，缺乏宽度。

这是股价攻击乏力的重要信号。说明主力已经在计划展开洗盘行情了。因此，该股的阶段性头部必然就在附近。临盘必须做好分批减持计划，以保持与主力操盘节奏一致。

【道破K线天机】实战图谱211

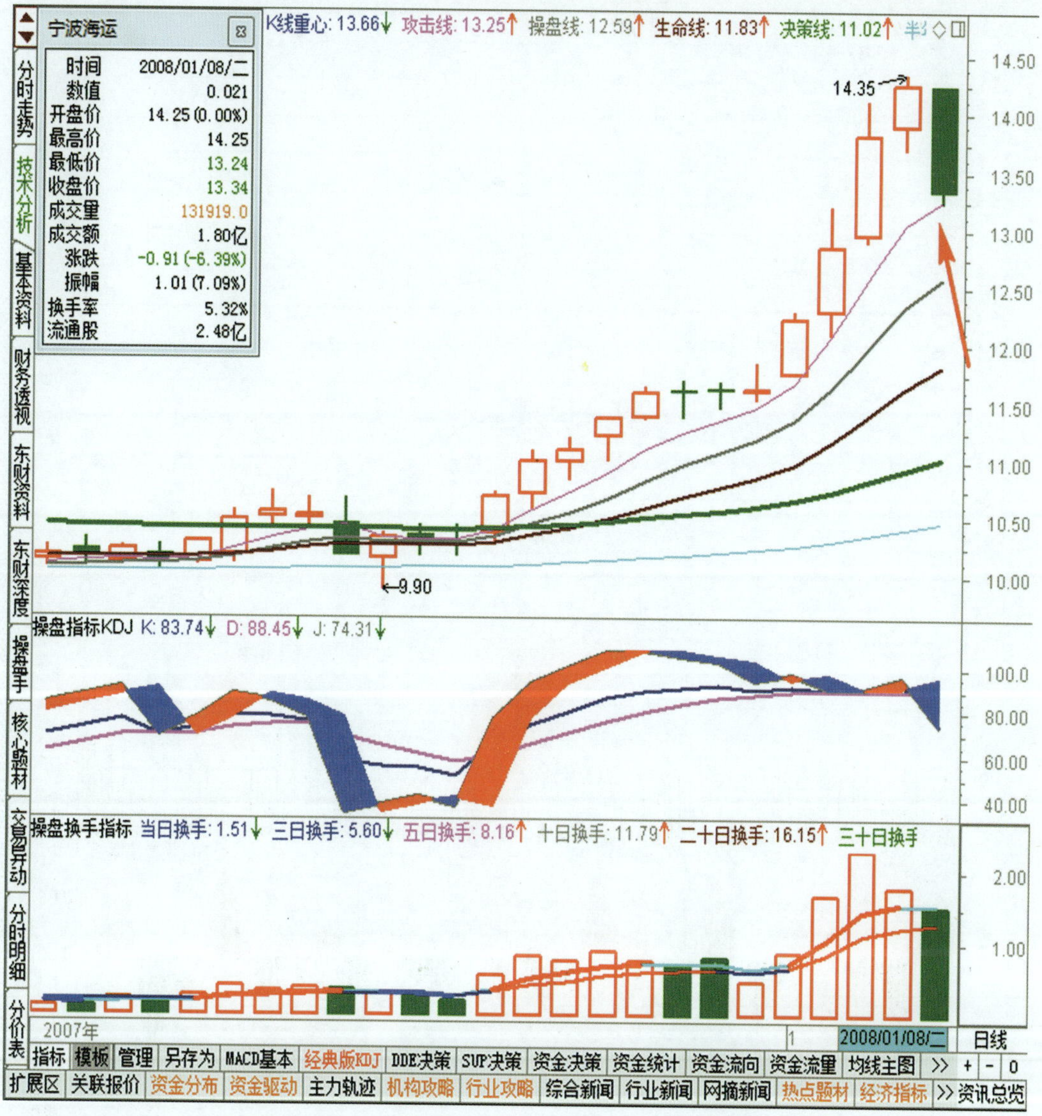

图例211 宁波海运（600798）日K线走势图谱

技术分析与操盘策略：

该股今天低开低走，盘中以大阴K线报收。成交量仍然保持放大特征。高位大量长阴，说明主力已经实施强力洗盘。仔细发现，收盘时，股价明显在攻击5线上止跌。快速下跌不利于主力清洗筹码，因此，今日下跌也必然会以快速拉升结束。次日股价如果展开上涨，并收复今天的失地，则说明今天的下跌是主力诱空性动作。临盘继续持股。

【道破K线天机】实战图谱212

图例212　宁波海运（600798）全天即时走势图谱

技术分析与操盘策略：

该股即时图形显示股价全天单边盘跌。盘中整天都在均价线之下运行。股价毫无还手之力。这种情况确实比较恐怖。但如果是主力大规模出货，必然不会展开这样的下跌动作。因此，这种下跌必然是主力诱空性的假动作。尾盘放量，一方面有恐慌盘杀出，另一方面则是主力大力收集筹码的表现结果。

【道破K线天机】实战图谱213

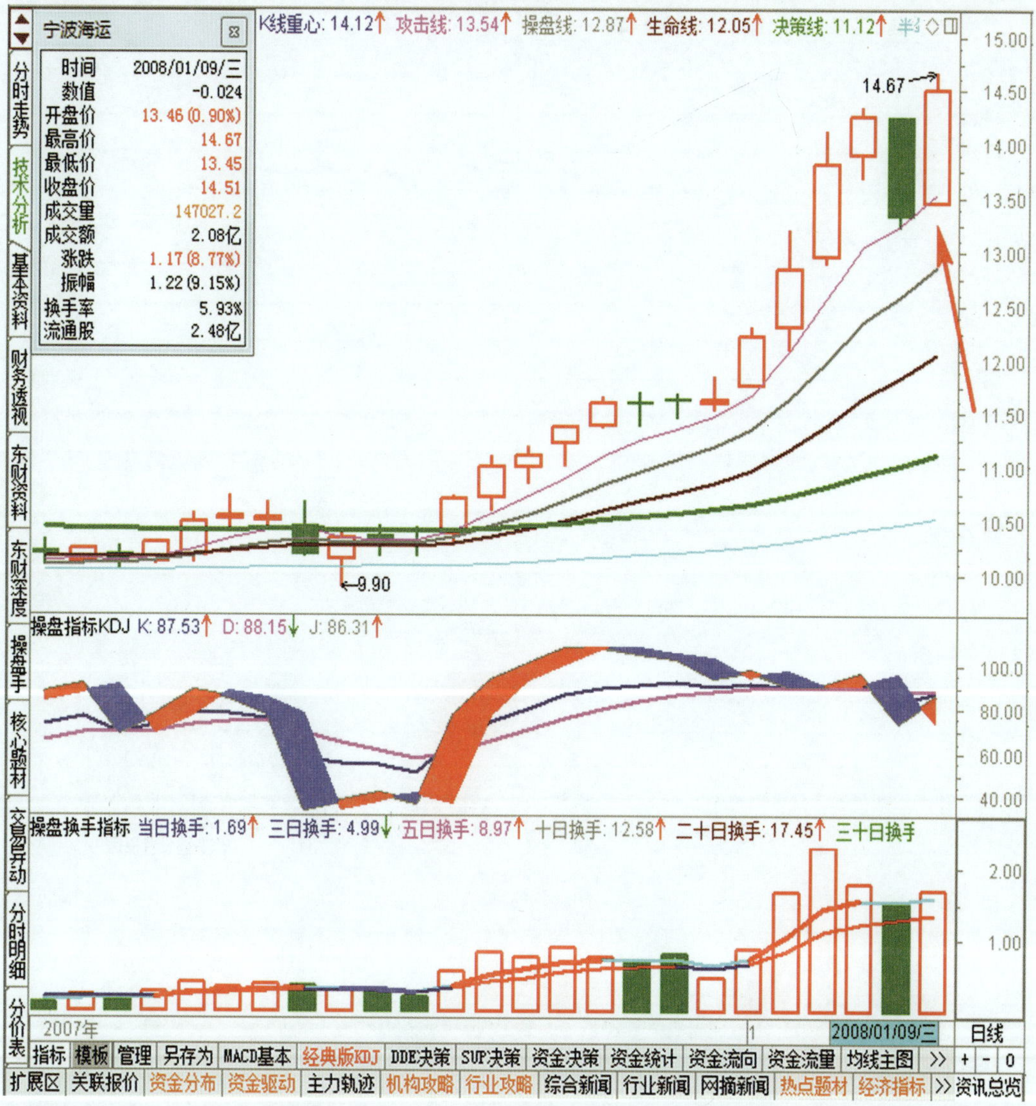

图例213 宁波海运（600798）日K线走势图谱

技术分析与操盘策略：

该股今日果然在攻击线上高开高走，展开强势攻击。股价以大阳K线报收，一举吞没昨日阴K线，形成阴包阴K线组合结构。成交量仍然维持在较高水平的放大特征。显示主力操盘力度十分强劲。股价突破昨日高点，再创新高已经成为必然。但持续放量的背后，则是离阶段性头部已经越来越近了。临盘保持高度的戒备，一旦再次滞涨，则必须进行减持。

【道破K线天机】实战图谱214

图例214 宁波海运（600798）全天即时走势图谱

技术分析与操盘策略：

该股早盘高开高走，回调不破昨天收盘价，显示了强势操盘风格。股价在尾盘涨停后居然开板。在阶段性高位涨停后开板，是主力攻击力竭的重要特征。这说明继续上攻的动能已经消耗怠尽，股价马上要阶段性见顶了。如果次日冲高时滞涨，并出现回头波特征，则应立即进行减持。

【道破K线天机】实战图谱215

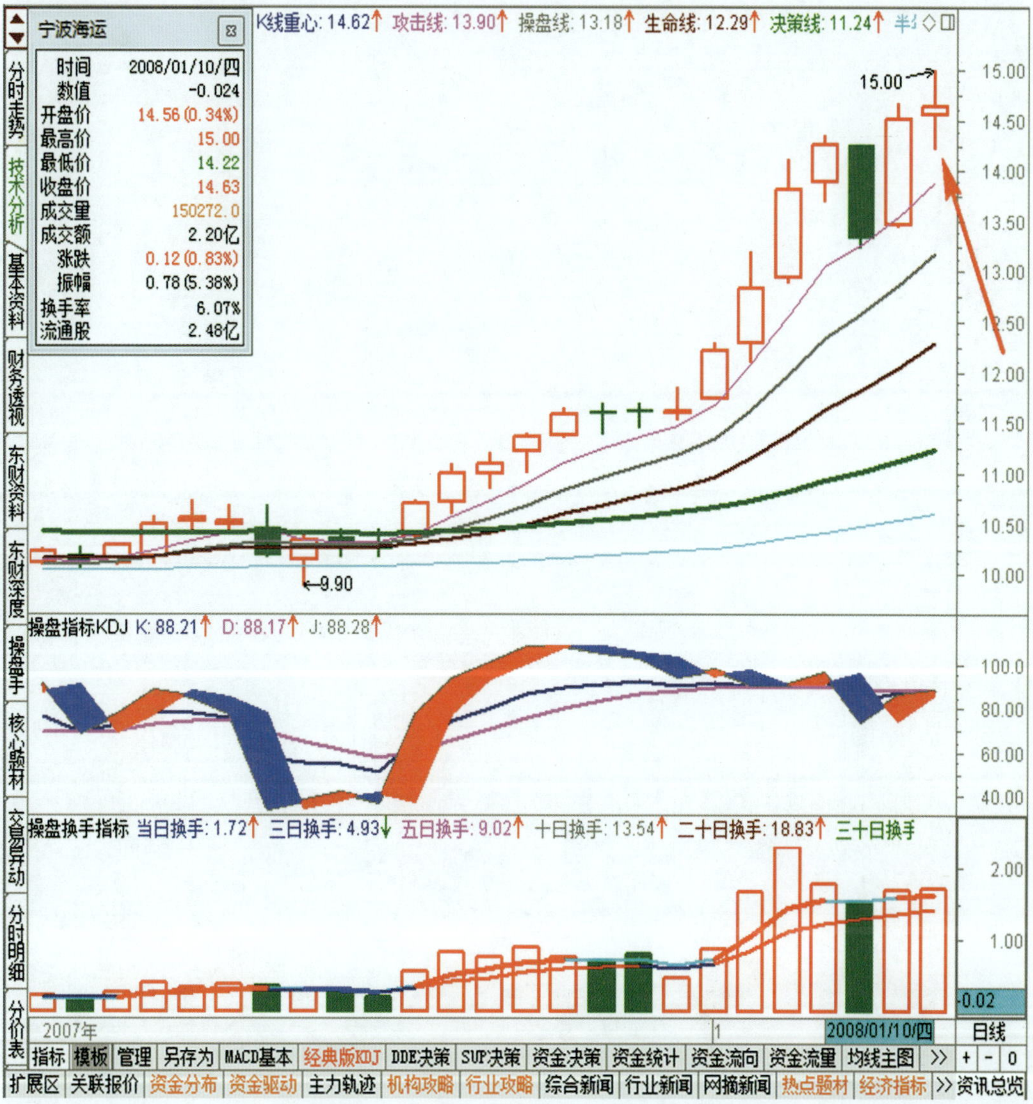

图例215 宁波海运(600798)日K线走势图谱

技术分析与操盘策略:

该股今日在高位展开窄幅整理，并以小十字星阳K线报收。这种K线结构出现在阶段性高位，是股价即将见顶的重要标志。成交量并未减少，说明主力已经开始在盘中实施阶段性出货计划了。但股价重心没有下移，应该还有高点出现。因此，临盘应继续持股。必须要卖在一个阶段性高位，让利润实现最大化。

【道破K线天机】实战图谱216

图例216 宁波海运（600798）全天即时走势图谱

技术分析与操盘策略：

该股即时图形显示早盘出现对敲性放量。盘中没有出现异常性的持续巨量大单，说明股价还未见顶。盘中调整时，波形结构出现明显的长波结构。这种长波是对敲性拉升或者打压的结果。长波拉升的好处是可以将股价维持在一个较高的价格区间进行减持。尾盘打压过程中持续放量，说明主力有分批出货迹象了。

【道破 K 线天机】实战图谱 217

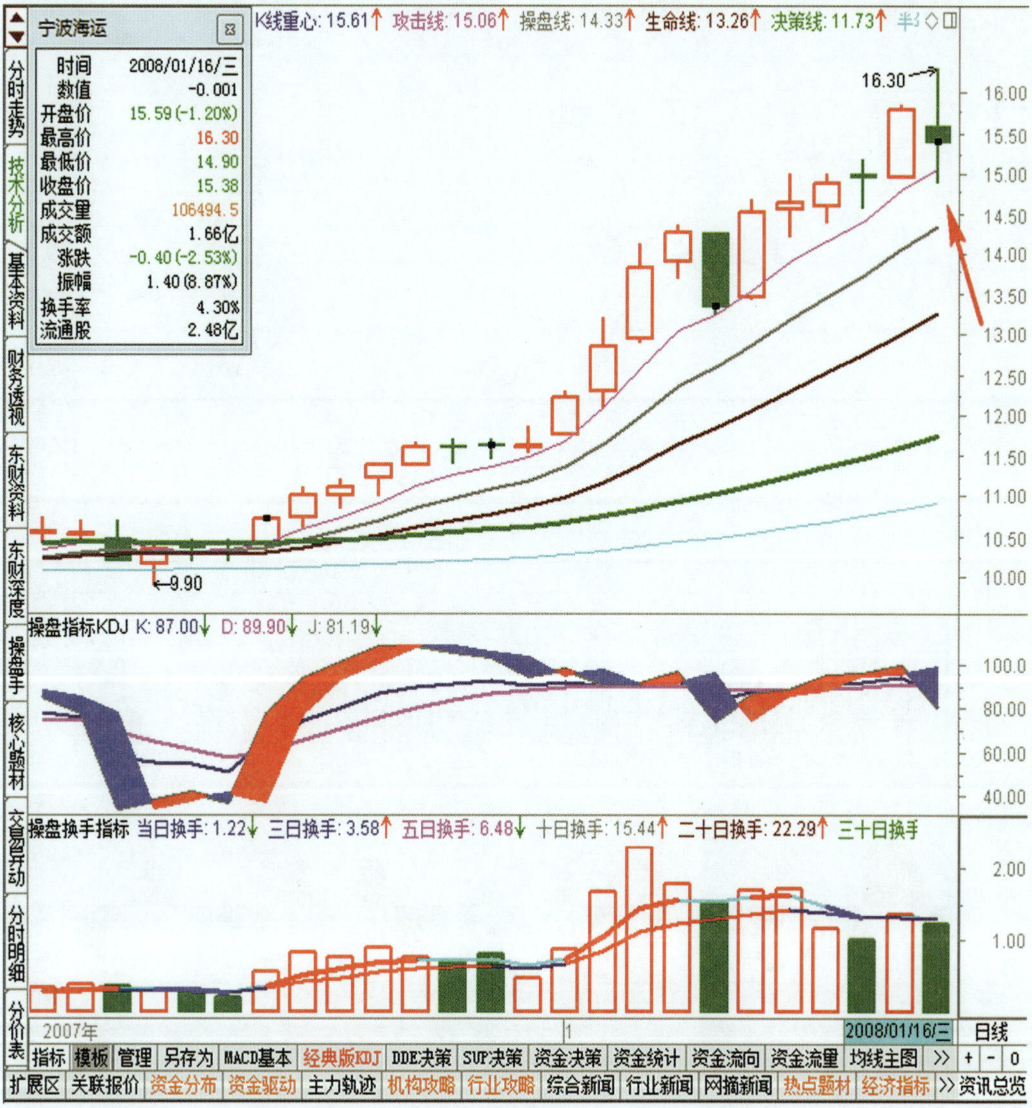

图例 217　宁波海运（600798）日 K 线走势图谱

技术分析与操盘策略：

该股今日低开高走，盘中以带长上影线的小阴 K 线报收。高位长上影线的小阴 K 线结构是下降转折点技术特征。关于这一技术特点，在教材《道破趋势天机》一书中有详细的介绍。成交量保持在高水平状态，说明主力盘中加紧出货之中。由于今天股价已经完全见顶，因此，盘中应果断实施分批减持计划。出手速度要快要狠，一定要赶在主力的前面出货。

【道破K线天机】实战图谱218

图例218 宁波海运（600798）全天即时走势图谱

技术分析与操盘策略：

该股在早盘低开高走，以一波长波拉升。随后主力实施回头波打压。高位回头波是股价阶段性见顶的重要标志。从第一时间段的对敲单量分析，拉升时没有持续性攻击放量，因此，攻击乏力。股价下跌在所难免。临盘必须果断出局，坚持与主力滚动操盘的策略。该股行情不会迅速终结。因此，当股价回调至生命20线上时，应再次建仓狙击第二波行情。

《道破 K 线天机》彩图版上册后记

在股市中，学习职业操盘技术是一个极其枯燥乏味的过程。任何一个高手的成长，都要经过痛苦、徬徨、孤独、无奈这样漫长的阶段。如果没有坚定的信念，没有一个人能够随随便便成功！同样，阅读职业操盘培训教材更将是一个痛苦的经历。因为，在这里没有惊艳的故事情节，和优美的文字描述，这里只有呆滞的图谱和不厌其烦的单调解说。一部分读者朋友在电子邮箱中诉说着他们这样的痛苦，太单调了、太枯燥了，有点读不下去了。而且，新股民朋友对于专业的词汇和术语，还缺乏基本的理解能力。然而，更多的读者朋友以及老股民给笔者发来电子邮件，感谢这套《中国证券职业操盘培训教程》系列丛书教材的出版问世，让他们一改过去的随意操作行为，找到了光明的职业操盘前景。因此，他们将这套教材视为珍藏，常常深入阅读，辛勤练习，通过教材中的技术指导不断获得一个又一个操盘战例的成功。笔者为此而感到巨大的荣幸和高兴。

和所有的股民朋友一样，笔者也是从无知到成功。经历了所有股民朋友都有过的痛苦过程，曾经在失败、徬徨、苦闷、孤独中度过一天又一天。在缺乏明师指点的环境中，笔者坚持必胜的信念和不服输的劲头，通过自我锻炼，在大量阅读前辈大师们的技术著作中获取经验和知识，创造性地进入系统化专业的职业操盘训练阶段，走向了通往光明之途，终于成就了自己。笔者坚信，只要你抱有必胜的信心，和坚定的职业投资信念，每一个人均能获得巨大的成功。而通过系统的职业化操盘培训教育，可以快速缩短成功的过程，达到事半功倍的效果。《中国证券职业操盘培训教程》系列丛书的问世，完全可以让所有的投资者通过自身的努力修炼，进而达到这个目标。

这些年来，笔者所经营的私募机构规模越来越庞大。而每年，笔者仍坚持训练一批又一批职业操盘精英们走向市场，投入到中国股市火热的行情之中。但是，日常操盘任务的繁重，仍然让笔者不胜其苦。加之为了尽快让这套教材出版，笔者更是夜以继日地工作。促使笔者如此忘我工作的，不是为了个人的名利，更重要的是一种使命感和责任感在催促笔者前行。

《中国证券职业操盘培训教程》系列丛书可能是中国第一套系统化的职业操盘培训教材。第一和第二，本身无关紧要。重要的是这个开头非常好！后来者可以在这个基础上做得更完善更好，这对所有的读者来说是最好不过的事情。果真如此，那么，这总算是笔者在另一个层面为广大读者和股民朋友做了一个贡献。这也是笔者在此生的幸运！

伍朝辉

2013 年 4 月 28 日

成功交易基础训练核心课程

本课程共 12 讲，为时 1 年

学前摸底测试

第一部分　成功交易技术基础

一、盘口技术基础

二、趋势技术基础

三、套利技术基础

第二部分　成功交易战术基础

一、观局判势精要

二、择机套利精要

三、交易策略精要

第三部分　成功交易战略基础

一、风控措施攻略

二、资金管理攻略

三、仓位布局攻略

第四部分　成功交易实战演练

一、交易计划稽核

二、实盘操作点评

三、复盘作业评估

学后结业考核

《成功交易培训教程》晋级考核标准

分为职业投资者系列和职业交易员系列

一、职业投资者系列

交易考核基准资金为 10 万元以上，100 万元以下

入门教程

盈利标准为 1%，每月考核一次，连续 12 月达标，就算合格。

初级教程

盈利标准为 5%，每月考核一次，连续 12 月达标，就算合格。

中级教程

盈利标准为 10%，每月考核一次，连续 12 月达标，就算合格。

高级教程

盈利标准为 20%，每月考核一次，连续 12 月达标，就算合格。

特级教程

盈利标准为 30%，每月考核一次，连续 12 月达标，就算合格。

二、职业交易员系列

交易考核基准资金为 100 万元以上，1000 万元以下

入门教程

盈利标准为 1%，每周考核一次，连续 12 周达标，就算合格。

初级教程

盈利标准为 5%，每周考核一次，连续 12 周达标，就算合格。

中级教程

盈利标准为 10%，每周考核一次，连续 12 周达标，就算合格。

高级教程

盈利标准为 20%，每周考核一次，连续 12 周达标，就算合格。

特级教程

盈利标准为 30%，每周考核一次，连续 12 周达标，就算合格。

以上实训课程仅适合于全职交易的读者参加，非全职交易者勿扰。特地说明。

前导学习课程为《中国证券职业交易培训课程》，属于实训前的基础学习内容。